U0154427

»虎口下的國家
臺灣與波蘭

黃秀端、Krzysztof Kozłowski ｜主編

五南圖書出版公司 印行

編者序

　　規劃許久的《虎口下的國家：臺灣與波蘭》一書終於要出版了。這本書是東吳大學政治學系和波蘭的華沙經濟學院兩校合作的結晶。這本書的發想者為華沙經濟學院的Krzysztof Kozłowski教授，他在2014年獲得外交部的臺灣獎學金來到臺灣研究四個月，東吳大學政治學系為他的接待學系。在這短短的幾個月中開始有合作的開端。

　　波蘭與臺灣地理位置上的距離遙遠，文化社會發展也不同。但是兩國又有許多相似之處，讓人彼此惺惺相惜。兩國同樣是在九〇年代轉型為民主的第三波民主化國家，又同時採取半總統制，有人民直選的總統以及向國會負責的行政院院長或總理。更重要的是，此兩個國家皆有個虎視眈眈的強國，臺灣的威脅來自中國，波蘭的威脅來自於俄羅斯。兩國皆在此種困境中努力向上，經濟成長皆能維持一定的水準。

　　我們各自從自己的同仁中找出對應的領域來撰寫文章。五位臺灣學者與五位波蘭學者分別從轉型正義、選舉制度的問題、公民不服從運動、臺灣與波蘭的政治區域性問題、從全球觀點來關注臺灣與波蘭地緣、政治、情勢等五個重要議題分別描述與分析臺灣與波蘭相對應的政治、經濟與社會層面。Krzysztof Kozłowski教授在「本書介紹」中曾經就這十篇文章進行簡單的介紹，在此就不再贅述。

　　這本書的完成除了要感謝Krzysztof Kozłowski教授之外，也要感謝其他所有臺灣與波蘭雙方的作者，同時，也要感謝林品貝博士與陳曉萱小姐，兩人將波蘭學者的英文文稿翻譯成中文。另外要感謝吳旻穗以及牟筱雯兩位助理對於文獻格式細心的校對。駐波蘭臺北經濟文化辦事處以及華沙貿易辦事處之幫忙與協助，也是本書完成的助力，在此一併感謝。

　　最後，要感謝東吳大學政治學系66級的大系友，也是富蘭克林集團亞洲地區總裁劉吉人先生歷年來對政治系慷慨的解囊，資助本專書的翻譯經費，這將是劉學長所支持的第四本專書，心中的感激難以用言語形容。還有，感謝五南不計成本的出版本書，五南出版團隊的專業與用心，一向令人佩服。希望這本書的出版對臺灣與波蘭關係有興趣的朋友會有所幫助。

東吳大學政治學系教授兼人社院院長

黃秀端 於 外雙溪

2017年9月28日

本書介紹

　　臺灣和波蘭，雖然在地理和文化上差距很大，但在社會和政治方面卻是非常類似。兩個國家都經歷了從威權主義到民主化的戲劇性政治變革過程，同時面臨著後威權轉型所帶來的經濟挑戰。除此之外，兩國還要面對來自強大且不一定總是友善的鄰國所塑造之複雜的地緣政治情況，因此，臺灣與波蘭雖然相距遙遠，面臨的困境卻是如此相似。

　　這些有關臺灣與波蘭的文章是東吳大學和華沙經濟學院的學者之學術熱忱產出的果實。這本書的目的是為了提供波蘭和臺灣讀者並引導他們理解，不只是臺灣和波蘭，也包含了東亞和東歐的複雜而又迷人的政治和經濟世界。臺灣是一個東亞經濟重鎮和一個政治上謎團；波蘭是一個經濟前景看好的國家，但在政治上中卻經常在歐洲舞臺扮演著出人意料的角色。從分析當代臺灣與波蘭的政治、社會與經濟的變化，給予大眾一個機緣去瞭解，不僅只是亞洲和歐洲兩個地區的成員的視野，也從鮮少被外人重視的當地角度來看這兩個地區。這件事情在二十一世紀初的前二十年中對兩大洲的國際情勢影響更為重要，臺灣和波蘭都在國際局勢困難的時期崛起並表現亮眼，然而，在未來的歲月裡，兩者都面臨著重大的經濟和政治挑戰。他們面對這些挑戰的方式不僅僅影響兩國的命運，同時也會影響亞洲和歐洲的未來。

　　因此特別出版本書，一方面描繪波蘭與臺灣相對應的政治、經濟與社

會層面的情形：另一方面呈現各自的特色。編輯者主要透過將臺灣與波蘭在面對地緣政治現實中的政策制定尋找出五個重要的問題來描述；另一方面為了展現了兩國各自的特徵，從一般問題領域來探討能夠反映波蘭或臺灣政治、經濟和社會的特殊性的特定議題。

　　第一個部分所關切的是，作者處理對於民主化與轉型正義的關係。過去威權時代的記憶仍然真切的存在於現今臺灣與波蘭的政治中，與過去和解的問題至今尚未得到答案。正如陳俊宏和鍾瀚慧在他們關於臺灣轉型正義的文章中所說，一個新興民主政府如何處置先前威權政體對人權的侵犯行為，是後轉型政治現實關鍵要素之一。作者認為臺灣從來沒有機會去反思威權制度造成的損害。正如在波蘭，臺灣民主政府必須面對的挑戰是，如何調解過去對威權政體的反民主支持者和避免民主奮鬥和犧牲的記憶被遺忘之間找到平衡點。Wojciech Morawski和Jerzy Łazor也提出相似的問題，他們試圖在現今波蘭找出系統解決波蘭人民共和國所造成的記憶與複雜性問題。雖然大多數波蘭社會認為共產主義制度是外來且壓迫的，但個人對共產主義的看法不僅只是支持與反對那樣涇渭分明的兩派。作者將焦點放在政黨和政治人物的共同記憶，特別是關於與共產主義政權合作的相關具有爭議的問題。這兩篇文章中出現的是兩種不同的記憶類型：一種強調和解，另一種強調前政權代表和民主反對成員之間的差異。

　　第二個部分討論對於臺灣與波蘭的民主品質的重要性不亞於前者，因為它涉及對選舉制度和投票行為的評價。林瓊珠針對臺灣於2008年所推出的新的立法委員選舉制度（單一選區兩票制）進行分析。研究著重在選民對新的選舉制度的理解，以及新選制對政黨制度的影響。除了造成國會中黨派數量的減少、小黨難以生存之結果，研究也發現臺灣的選民對於新的選舉制度並不那麼瞭解。這與Joachim Osiński和Bogusław Pytlik關於歐洲議會在波蘭的選舉之結論是一致的。他們討論有關歐洲議會選舉規定以及

選舉的制度背景。透過2014年歐洲議會選舉與2004年、2009年的歐洲議會選舉與其歷史與背景之比較，指出現在選舉面臨最大的挑戰就是投票率低的問題。造成這種結果的原因是因為人民對歐洲議會制度的不瞭解，以及波蘭公民對於歐洲和波蘭的政治、經濟社會有所不滿。因此，兩篇文章的作者得出結論，臺灣和波蘭的未來可能取決於選民是否有能力理解選舉活動並選出未來合適的議會成員。

　　前述的討論引領著讀者進入第三個部分，也是作者最關注的主題：憲政的發展與民主化。黃秀端提出近年來臺灣民主歷史中最重要的社會運動，也就是「太陽花學運」以及其對臺灣政治所帶來的影響。2014年3月的占領立法院行動不只讓許多觀察家跌破眼鏡，同時也為臺灣後威權時期開啓了新的篇章。筆者除了討論學運實際的運作活動外，還包含了為什麼學生的占領行動受到大家的支持，以及可能對未來造成的長遠的影響。在臺北街頭的這些抗議行動由Krzysztof Kozłowski的後蘇聯時期的顏色革命更進一步提出補充解釋。雖然玫瑰革命、橙色革命、鬱金香革命實際上並不是發生在波蘭，但前兩者對波蘭的政治造成很大的共鳴。同時也指出，對新興的後威權政治制度所產生的社會動盪進行分析，是瞭解目前基本社會與政治動態或是未來的改變的必要條件。對這兩場民主政治的社會運動評價，為所有後威權國家上了一課，這也是他們未來可能即將面臨的挑戰：如何經營社會大眾所形成大規模的公民不服從抗議行動，當執政政府的不遵循民主規則，且國際社會也不一定完全瞭解這些變革的實際內容。

　　第四個部分：臺灣與波蘭的政治區域性問題，湯智貿認為臺灣現在要面臨的挑戰是冷戰結束後，亞太地區的區域安全和經濟形勢發生了變化。一方面，東亞已經達成了雙邊和多邊自由貿易協定的現實。另一方面，該區域仍然存在高風險的區域衝突。從安全和經濟的角度來看，關注的焦點包含東海和南海的領土爭議、跨太平洋夥伴協定（TPP）、區域全面經濟

夥伴協定（RCEP），筆者說明了亞太地區國際政治經濟形勢的發展，臺灣在東亞地區的政治、經濟地位，及其為臺灣所創造的機會與挑戰。如同Ewa Latoszek和Agnieszka Kłos對波蘭研究的觀點，他們對東方夥伴計畫在歐洲睦鄰政策的架構的位置進行分析。就像臺灣一樣，波蘭的目標是增加它們的區域地位。東方夥伴計畫並非只是一個工具，用來將其他國家改造成符合歐盟標準的制度，最主要的利益是在於將這些夥伴國家整合於歐盟結構之下，並促使其成為重要的歐盟的區域外交政策工具。因此，東亞與東歐這種多邊的現實情勢，都提供了區域行動者之機會與挑戰。

　　第五個部分也是最後的研究部分：大國政治，從全球觀點來關注臺灣與波蘭地緣政治情勢。吳志中討論到，中國的崛起對亞洲區域政治所帶來的後果，以及從臺灣觀點來看，對區域安全所面臨的挑戰。該文分析了臺灣如何去面臨中國建立亞洲基礎設施投資銀行所形成的「一帶一路」戰略。作者所呈現的不只是臺灣特殊的位置，還有臺灣與中國關係的改變帶來的全球影響。Piotr Ostaszewski補充了這部分論文，比較了兩個國際關係中的非對立的不對稱案例：臺灣與美國之間以及波蘭與美國之間。筆者針對兩者之間的情形的不同與相同之處進行探討。這個研究的結果提供包含關於臺北與華沙之間的國際情勢、東歐與東亞政治發展比較方法的背景。

　　這些文章是臺北東吳大學政治系與華沙經濟大學社會經濟學院政治系密切合作的結果，論文集彙集了十多位來自臺灣和波蘭研究者的辛勤工作的結晶。本論文集亦受到駐波蘭臺北經濟文化辦事處以及華沙貿易辦事處之幫忙與協助。最後，編輯們要感謝作者、東吳大學、華沙經濟大學以及臺北和華沙辦事處的參與本書並給予支持。

Krzysztof Kozłowski

華沙經濟大學副校長

暨政治學系教授

目錄

第一章
臺灣與波蘭的比較

黃秀端

一、歷史背景與政治現況

　　波蘭共和國（簡稱波蘭），位於中歐，北面瀕臨波羅的海，西邊與德國接壤，南部與捷克和斯洛伐克為鄰，烏克蘭和白俄羅斯在其東部，東北部和立陶宛及俄羅斯加里寧格勒州接壤，面積312,679平方公里，人口約3,863萬人；臺灣是個小島，四面環海，西隔臺灣海峽與中國相望，南濱巴士海峽與菲律賓相望，北接東海，另外，東北方與琉球群島相接，面積約3.6萬平方公里，人口約2,300萬人。

　　臺灣與波蘭兩國在歷史上皆面臨強敵且命運多舛，波蘭曾經三次被德、俄、奧三國瓜分，並於二戰後為蘇聯所占領，成為共產國家；臺灣則曾經被荷蘭占領，也曾經被日本殖民五十一年。同時，兩國在二次大戰後都在獨裁統治之下，並在1980年代面臨民主轉型問題，在1990年代之後皆邁入民主國家之列。臺灣在1987年解嚴，1992年進行國會全面改選，1996年總統直選，從此被列入民主國家，也被稱為半總統制國家。至於波蘭在1990年修改憲法，將總統選舉改為由人民直接選舉，並於同年11月25日舉行首度總統直選，華勒沙（Lech Walesa）成為第一屆人民直選總統，成功轉型為民主國家。

　　臺灣自1996年開始[1]，波蘭自1990年開始邁入所謂半總統制時期。雙

---

[1] 有些學者認為在1997年修憲後，增加立法院對行政院的倒閣權，以及總統在倒閣案通過後解散立法院之權，臺灣才成為半總統制。

方除了有直選的總統外，總理或行政院院長須向國會負責，國會可以對其行使不信任投票權。就總統的選舉方式而言，臺灣採取相對多數制，波蘭則採取兩輪投票制。波蘭自1990年採取總統直選制度後，已經歷經六次總統選舉。除了2000年的總統選舉之外，爭取連任的克瓦希涅夫斯基（Aleksander Kwasniewski）在第一輪就以53.9%獲勝，未進入第二輪投票，其他四次都是第二輪才決勝負；臺灣亦歷經六次總統直選。總統的直選是正當性的來源，也常成為總統企圖凌駕總理權力的藉口。

半總統制最大的特徵就是除了有直選的總統之外，還有總理或行政院院長與總統分享行政權。臺灣在1996年修憲後，取消立法院對行政院院長之同意權，行政院院長由總統直接任命。波蘭總理由總統提名，總理在獲得總統提名後，須於十四日內提出部長會議施政計畫，並請求信任投票。眾院須有二分之一以上出席，以絕對多數通過。如未獲國會的信任，國會必須在十四日內提出總理與內閣人選，總統必須任命國會提出之人選。若國會不能在十四天之期限內提出人選，則主動權又回到總統，這樣的規定使得波蘭總統在提名總理時必須考量國會的政治生態；而臺灣在立委倒閣意願不高的情況下，使得總統得以在所屬政黨並未在國會獲得過半席次之下，任命同黨成員為行政院院長，至今並沒有共治的政府型態存在（黃秀端，2014）。

波蘭為兩院制國家，眾議院議員由比例代表制選舉產生，只有得票數超過5%的政黨或8%的政黨聯盟才能進入國會（少數民族政黨除外），議會每四年至少選舉一次。總統是波蘭的國家元首和軍隊的最高統帥，有否決議會通過法律的權力，但在其他方面大多只有象徵性權力。擁有否決權的總統，常因否決國會所通過的議案，而與總理發生衝突，總統任期五年，與國會議員的任期並不一致。2015年5月總統大選，由法律與正義黨提名的安傑伊·杜達（Andrzej Duda）在第二輪投票中擊敗連任的科莫羅夫斯成為現任總統。不過在當時的國會多數黨還是公民綱領黨，由該黨的埃娃·科帕奇（Ewa Kopacz）擔任總理，形成總統與總理不同政黨的

共治[2]現象。在同年10月的國會議員選舉中公民綱領黨失利，法律與正義黨獲得眾議院460席中的235席，占所有席次之51.08%。這是波蘭民主化二十五年來首度有政黨在國會取得過半席次（Cienski, 2015）。總統因此提名法律與正義黨的貝婭塔·希德沃（Beata Szydło）擔任總理。自2015年11月16日起，法律與正義黨完全執政，進入一致政府時代。

臺灣為一院制國家，立法委員自第七屆起由225席減為113席，任期由三年改為四年，且選舉制度也由複數選區單記相對多數制，改為單一選區相對多數制與比例代表制的混合，俗稱單一選區兩票制。之所以稱為兩票制，是因為選民有兩票，一票投給選區的候選人，另一票投給政黨。目前在國會中民進黨有68席（60.18%），國民黨35席（31.0%），時代力量5席（4.4%），親民黨3席（2.7%），無黨籍2席（1.77%）。2008年5月至2016年5月的八年期間是國民黨掌控總統與國會的完全執政時期，2016年5月至今則是民進黨完全執政時期。換言之，目前波蘭與臺灣都屬於一致政府，且總統所屬政黨在國會皆有過半之席次。

二、民主化與轉型正義

在獨裁統治之後，兩國都面臨轉型正義的問題。所謂轉型正義是一個社會在民主轉型之後，對過去威權獨裁體制的政治壓迫，以及因壓迫而導致的社會（政治的、族群的或種族的）分裂，所做的善後工作。這些工作包括：

1. 對遭受政治迫害的人給予正義，被沒收的財產必須歸還；遭受肉體、自由和生命損失的人或其家屬，必須加以賠償。
2. 對從事政治迫害的人，必須在法律上或道德上予以追究。
3. 對過去政治迫害的真相和歷史，必須完整地加以呈現。

---

[2] 在此只用「共治」，而未使用「左右共治」，是因為法律與正義黨及公民綱領黨在意識型態上皆屬右派政黨。

不同的民主轉型過程，可能影響其轉型正義的處理方式。Huntington（1991）將民主轉型的過程，依主導轉型力量的不同，分為：

1. 「變革」（Transformation）：威權體制的改革。
2. 「置換」（Replacement）：威權政權的推翻。
3. 「移轉」（Transplacement）：執政者與反對勢力就政權變遷進行談判。

就臺灣的民主轉型來看，並未發生激烈的「置換」，也就是執政黨並未被推翻取代。臺灣也不是國、民兩黨經談判而「移轉」之政權，當時的反對力量還不足以與執政黨平起平坐，因此臺灣的民主轉型比較近似「變革」。民主的變革主導的力量還是執政黨，反對黨只是扮演抗議的角色，因此轉型之後原來的舊菁英依舊掌權，在此種狀況很難進行轉型正義的處理。國民黨政府在李登輝總統時期於1991年成立「二二八事件研究小組」展開調查。在1995年2月28日，臺北市「二二八和平公園」之和平紀念碑落成，李登輝總統代表政府首次為二二八事件，向受難者家屬及全體人民道歉。1995年3月23日立法院更制定《二二八事件處理及補償條例》並於同年成立財團法人二二八事件紀念基金會以及1998年成立戒嚴時期不當叛亂暨匪諜審判案件補償基金會，負責受害者的補償。

然而，對受害者及其家屬以及整個社會而言，轉型正義並未能完成，因為政府始終未找出元兇與加害者。就如同陳俊宏與鍾瀚慧在本書中所提到的「臺灣在轉型正義的政治工程中，對受害者的補償幾乎是唯一的作為，至於對加害者進行法律或道德上的追訴，以及對真相的發掘工作幾乎付之闕如」，也就是採取「賠償被害人但不追究加害人」的模式。

民進黨於2000年執政之後，由於在國會並沒有掌握過半席次，因此在轉型正義的議題受挫，並沒有多大進展。二二八紀念基金會委託學者所發表的《二二八事件政治責任歸屬研究報告》指出蔣介石為二二八的元凶，應為該事件負責。隨後，民進黨政府有一連串的去蔣化活動，包括將中正

紀念堂改為臺灣民主紀念館、「大中至正」改掛自由廣場、中正機場改為桃園國際機場，皆引發國民黨的強烈反彈。在國民黨重新執政後，恢復過去「崇蔣」的規格及面貌。臺灣民主紀念館重新改為中正紀念堂。

2016年民進黨重新執政，蔡英文總統在就職演說中提出：

> 「我們將從真相的調查與整理出發，預計在三年之內，完成臺灣自己的轉型正義調查報告書。我們將會依據調查報告所揭示的真相，來進行後續的轉型正義工作。挖掘真相、彌平傷痕、釐清責任。從此以後，過去的歷史不再是臺灣分裂的原因，而是臺灣一起往前走的動力。」（蔡英文，2016）

蔡總統上臺之後，首先在立法院推動《政黨及其附隨組織不當取得財產處理條例》又稱為《不當黨產處理條例》，該法在2016年7月25日立法院三讀通過。接著於8月31日成立不當黨產處理委員會，負責臺灣戒嚴時期之政黨財產的調查、返還、追徵及權利回復。但是不當黨產的針對性太強，因為所有政黨中只有國民黨有龐大的不當黨產，引發國民黨立委的強烈不滿。

另外，還有〈促進轉型正義條例草案〉的提出。立法院司法及法制委員會在2016年6月22日初審通過該條例草案，該法若通過將會有專責機構推動「開放政治檔案」、「清除威權象徵、保存不義遺址」、「平復司法不法、還原歷史真相並促進社會和解」、「處理不當黨產」、「其他轉型正義事項」等五大任務，但是該法所觸及的問題相當複雜，目前仍躺在立法院。對很多人來說，他們求的是真相，而非僅是金錢的補償。

總而言之，臺灣自解嚴至今已三十年，不但沒有建立處理轉型正義的專責機構，政府和民間在這項工作的成就也不夠完整，這與當初轉型的過程有密切關係。陳俊宏與鍾瀚慧在本書〈未完成的民主化：臺灣的轉型正義〉有相當詳細的敘述。

波蘭是中歐國家中第一個推翻共產政權，卻是最後一個通過《除垢

法》（Lustration Law）的國家，這也與前面所說的轉型過程有關。

　　波蘭的團結工聯以及天主教的勢力相當龐大。全國約95%的居民信奉羅馬天主教。在共產黨統治之下，政府進行無神論宣傳和教育，對教會進行迫害，然而此種迫害並無法消滅民眾對宗教之信仰。1978年10月16日，波蘭出生的大主教沃伊蒂瓦被選為教宗若望‧保祿二世，一年後他造訪波蘭，其足跡所到之處，成千上萬的教徒無不匍匐在他的腳下，虔誠地聽其訓示。一時間，空前的宗教狂熱瀰漫整個波蘭，教宗的波蘭之行，顯示了天主教在波蘭的力量。1988年波蘭發生鋼鐵廠與煤礦場工人罷工，他們的罷工使原本經濟蕭條的波蘭經濟更形惡化，為了解決罷工問題，波共當局決定和團結工聯的華勒沙以及天主教在內的反對團體進行磋商，因此在1989年2月6日至4月4日舉辦圓桌會議，參與政黨與團體包括統一工人黨以及該黨的兩個附庸政黨統一農民黨（ZSL）與民主黨（SD）、團結工聯以及天主教。

　　「圓桌」妥協（Round Table compromise）雖然帶來了1989年6月4日的大選，團結工聯也在選舉中大獲全勝，然而由於圓桌論壇的妥協，前政權的代表仍控制部分官位，包括共黨頭子賈魯塞斯基仍擔任總統大位、首任非共黨總理的馬佐維耶茨基（Tadeusz Mazowiecki），在共產黨強烈要求下，國防部、內政部、對外關係不及交通部部長皆由共產黨指派。「移轉」可以說是波蘭民主轉型的模式，此種模式亦不利於轉型正義之處理。

　　前波蘭共產黨統一工人黨後來轉型為「民主左派聯盟」，繼續在民主化的波蘭扮演重要角色。在1993年到1997年間，「民主左派聯盟」和農民黨「波蘭人民黨」（PolskieStronnictwoLudowe，PSL）組成的聯盟當政，更不可能要他們處理轉型正義與追求真相等問題。

　　一直到1997年，才通過與實施《除垢法》（Lustration Law）。當時是因為「團結工聯選舉行動」（AkcjaWyborczaSolidarność, AWS）和「自由聯盟」（UniaWolności, UW）組成聯盟、重新執政，才將未決的歷史問題重新找回到政治場上。該法主要有三項議題：去共黨化、「淨化政策」，以及授權民眾取得舊政權迫害機構的檔案資料。1997年的《除垢

法》內容相當溫和，條文中規定，擔任特定職位或特定職位之候選人有義務向政府提交聲明書，說明自己於共黨統治時期是否曾與情治單位合作，並不處罰坦承過去與情治單位合作的「協力者」。1998年根據該法成立國家記憶研究院，負責蒐集、歸檔和處理波蘭共產時期的安全機構的文件。

　　不過，2001到2005年間，「民主左派聯盟」重新掌權，追求真相工作再度受阻。2005年右翼的法律與公正黨在雙胞胎兄弟卡欽斯基的領導下，執政之後，制定了2006年《除垢法》，2007年初大幅修正，以取代1997年《除垢法》。2007年修正案將人事清查範圍擴大至中階公務員及私部門，諸如學術人員、國營企業員工、記者、律師、私立學校與媒體等皆涵蓋在內，引發兩兄弟是否想藉此整肅異己的說法。但是波蘭憲法法院宣告2007年的《除垢法》修正案大部分條文違憲。

　　卡欽斯基總統的法律與正義黨在2007年的國會議員選舉失利，該黨僅獲得國會的166席（32.1%），遠低於其對手公民綱領黨的209席（41.5%），總統只好任命塔斯克（Donald Tusk）為總理。2010年4月10日卡欽斯基總統在前往俄羅斯參加紀念卡廷事件的途中飛機失事，試圖解決「波蘭人民共和國」歷史問題的議題又再度被推向政治舞臺的邊緣。

　　2015年底波蘭國會大選，法律與正義黨（PiS）在國會中取得過半席次，上臺後推動許多有爭議的改革與修法行動（例如憲法法院法修法、媒體法改革、教育制度改革與反墮胎法等等），遭致民主倒退的批評，波蘭各地民眾已多次上街遊行抗議，但是轉型正義問題還是未解決。

三、強權威脅下的國際關係

　　波蘭的地理位置造就了其在強權政治下的困境。除了前面提到三次被俄、普、奧瓜分之外，1939年9月1日，第二次世界大戰開始，波蘭的領土被納粹德國從西面入侵，同年9月17日蘇聯則是從東方入侵。也就是在二戰初期，波蘭分別被來自東方的德國與來自西方的蘇聯所瓜分占領。接著在1941年，蘇德戰爭爆發後，德國納粹很快的占領了波蘭全境。納粹德國親衛隊領導人希姆萊下令建造奧斯維辛集中營，估計約有110萬人在奧斯

維辛集中營被殺，總計約有共600萬波蘭人口在二戰中喪生。1944年夏，蘇聯趁軸心國勢力衰微之際，派軍隊攻入波蘭，並於盧布林成立了波蘭民族解放委員會（PKWN）。自此波蘭淪入共產黨的統治，內外政策上皆跟隨蘇聯老大哥，並實行一黨專政的共產黨獨裁統治，一直到1990年才脫離共產統治。

　　由於在地理位置上面臨德國與俄國兩個強權，也使得在脫離共產統治後，波蘭很快在1999年加入北大西洋公約組織，希望能尋求集體安全的保護。2003年6月波蘭舉行全民公決，決定加入歐洲聯盟。2004年5月1日，正式加入歐盟；2007年12月21日成為申根公約會員國。在歐盟的協助下，中歐四國迅速的市場化與民主化，然而由於過去的歷史，使得波蘭對德國時有猜忌，對俄國更是痛恨，尤其是目前執政的法律與正義黨激進的反俄、反德、反歐盟立場，讓波蘭沒有多少外交上的空間。

　　臺灣和波蘭都在強大鄰居的陰影底下，對波蘭來說是俄羅斯，對臺灣來說就是中國。2014年俄羅斯在美國及歐洲國家強烈的反對下，吞併烏克蘭克里米亞之後，中東歐國家人心惶惶，波蘭更不用說了。2016年10月，俄羅斯在位於波蘭和立陶宛之間的飛地加里寧格勒部署了能夠裝載核彈頭的伊斯坎德爾導彈，一個月後又部署了堡壘反艦導彈。面對俄羅斯虎視眈眈的威脅，波蘭與當中的北約成員國更積極與美國合作，希望美軍協助抗衡俄國勢力。2017年年初3,500位美軍進駐波蘭，配備了坦克、大炮等重型裝備，波蘭總理希德沃還親自到美軍駐軍總部所在的扎甘主持歡迎儀式，她形容美軍有助於確保波蘭及鄰近區域安全（文匯報，2017）。俄羅斯對於美國的舉動當然相當不高興，認為此威脅到俄國的利益和安全（BBC中文網，2017）。傳統上來說，在俄羅斯邊境任何一種軍事基地的駐軍，都會被莫斯科解讀為干預內部事務以及安全上的威脅（Blair, 2015）。

　　如同EwaLatoszek和Agnieszka Kłos的「歐盟與其他國家合作新模式：東部夥伴關係」一文指出，波蘭在歐盟積極推動「東方夥伴計畫」，希望透過這樣的計畫協助夥伴國家（包括亞美尼亞、亞塞拜然、白俄羅斯、喬

治亞、莫爾多瓦及烏克蘭）政治轉型，寄望其邁向民主法治。同時，若能將這些國家整合於歐盟結構之下，以歐盟強力的經濟及政治整合為後盾，這些夥伴國家才可能成功推行現代化及體制變革。也唯有如此，波蘭才能更有安全的保障。

　　臺灣的國際關係脫離不了與中國的關係。在李登輝時代，曾經因為接受德國之聲錄影專訪時提出，臺灣和中國大陸的關係早就已經是「國家與國家」，或「至少是特殊的國與國的關係」，而非「一合法政府、一叛亂團體」，或「一中央政府、一地方政府」的內部關係。李總統此句「國與國之間的特殊關係」，引發北京政府強烈的反應，嚴厲地批評李登輝與臺獨分裂勢力主張沆瀣一氣，一度暫停海協、海基兩會交流對話機制（王玉燕，1999）。2000年陳水扁當選總統之後，兩岸關係更不時出現緊張關係。2004年民進黨政府推出防禦性公投，中國隨即於2005年3月14日全國人民代表大會通過《反分裂法》，一方面明定以非和平方式對付臺灣若干情勢的發生；另一方面藉此重申「解決臺灣問題是中國內部事務」的主張，向國際宣示其對臺用武之合法性（卓慧菀，2009）。陳水扁總統於2007年提出「入聯公投」，此舉連美國副國務卿尼格羅龐提（John D. Negroponte）都表示美國將「入聯公投」解讀為臺灣「朝向宣布獨立的一步」（張宗智，2007），兩岸關係更形緊張。

　　2008年5月20日以後，再次政黨輪替，由主張兩岸和解的馬英九出任總統。馬總統上任不久，便於2008年6月派遣海峽交流基金會董事長江丙坤與海峽兩岸關係協會會長陳雲林在北京舉行會談，針對兩岸包機及大陸人民來臺觀光兩項議題進行協商簽訂。在2010年6月29日第五次江陳會時，正式簽署「兩岸經濟合作架構協議」，並於同年8月17日在一片混亂聲中，在立法院正式通過與大陸簽署的兩岸經濟合作架構協議（又稱ECFA）。

　　2013年6月21日兩岸兩會第九次高層會談簽署協議簽訂海峽兩岸服務貿易協議，然而服貿協議的內容牽涉臺灣600萬民眾的生計，在立法院引起反對黨的質疑，也引發許多民間團體的抗議。民進黨不斷用各種議事

拖延，內政委員會召委張慶忠利用朝野衝突時，以暗藏的無線麥克風，趁亂在三十秒內宣布「開會，將服貿協議案送院會存查」，隨即「宣布散會」，引起一片嘩然。最後，引發2014年3月18日開始的「太陽花學運」。學生占領立院共廿四天，在立法院王院長答應學生「先立法再審查」之下，於4月10日正式退場。海峽兩岸服務貿易協議至今沒能在立法院審查通過。

　　太陽花學運所引發的後續效應包含，民眾對於過於親中的兩岸政策不滿。兩岸經貿的熱絡往來，只有少數得利，絕大多數民眾未蒙受其利，反而感受到經濟的不平等以及社會的不正義。即使是2015年11月7日馬習會，馬英九與習近平以兩岸領導人的身分第一次會面，也未能激起臺灣民眾的認同。2016年選舉結果，國民黨慘敗，喪失執政權，民進黨再度執政後，兩岸協商中斷。

　　在蔡英文的就職演說中僅承認九二會談為歷史事實，但認為該會談未曾產生任何共識，兩岸關係因而急轉直下。2016年12月21日西非的小國聖多美普林西比與臺灣斷交，並與中國建交。隨後2017年世界衛生大會在中國的阻擾下，告知「無法邀請臺灣以觀察員身分出席」。另外，又有奈及利亞於2017年1月要求中華民國駐奈辦事處「摘牌更名、遷出首都」，甚至發生奈國政府派武警封鎖我辦事處的無理情況，有立委指出此乃中國施壓奈國，以回應美國對臺軍售。中國更於2017年6月13日與巴拿馬建立外交關係，並要求巴拿馬斷絕與我國的外交關係。巴拿馬是臺灣在中美洲最重要的貿易夥伴之一，臺灣第一個「自由貿易協定」（FTA）就是2003年和巴拿馬簽署的，因此意義相當重大。換言之，在中國的壓力之下，外交節節失利。

　　臺灣的外交困境遠甚於波蘭。波蘭與俄羅斯沒有主權的問題，臺灣卻面臨「一中問題」，只要與任何與主權有關的，包括國旗、國歌、國名等，或加入各種國際組織都會遭受到中國的打壓。至少，波蘭是聯合國會員，也是歐盟以及其他各種國際組織的會員國。

　　當中國經濟與軍事實力越來越龐大，對臺灣的打壓便越來越大，臺灣

的外交空間便越形縮小。北京政府在東海與南海不斷的擴張，即便是在兩岸關係最好的馬政府時代，也難以有所作為。中國的野心不止於此，他們想要藉由「一帶一路」經濟戰略，奪回全球貿易主導權，同時啟動籌建支持「一帶一路」的「亞洲基礎建設投資開發銀行」（BBC中文網，2014）。「一帶一路」涵蓋六十五個核心國家，覆蓋面積及區域經濟總量範圍相當廣，與亞投行相互搭配，其衝擊將難以忽視。臺灣新南向政策，要在威脅與機會的夾縫中生存困難重重（李沃牆，2017）。

四、結論

由於臺灣和波蘭的特殊地理位置以及民主化的時間與進程，使得此兩國的比較研究顯得格外有意義。臺灣與波蘭都是在和平之下由威權轉型為民主國家，並不約而同的採行半總統制，然而也由於舊政權菁英在民主轉型後依舊在位，使得轉型正義成為兩國未竟之業。

其次，臺灣和波蘭皆處於強鄰的巨大威脅之下，在臺灣此強國為中國，在波蘭則為俄羅斯。俄羅斯的入侵克里米亞，讓波蘭震驚與不安，任何俄羅斯在其邊界附近的軍事移動都讓波蘭寢食難安；臺灣則因為受制「一中原則」問題，在國際的空間相當有限，任何的國際的互動都會牽動兩岸敏感的神經。儘管如此，兩國都是處於不利環境，卻又力爭上游之國家。

參考書目

英文部分

BBC中文網。2014。〈中國推「一帶一路」戰略籌建海上絲綢之路銀行〉。2014/11/13。http://www.bbc.co.uk/zhongwen/trad/business/2014/11/141113_china_new_silkroad_bank。2015/01/07。（BBC Zhongwen.

2014. "China Promotes 'One Belt One Road' and Prepares the Maritime Silk Road Bank." 12 November 2014. in http://www.bbc.co.uk/zhongwen/ trad/business/2014/11/141113_china_new_silkroad_bank. Latest update 07 December 2015.）

BBC中文網。2017。〈俄羅斯：美國坦克和軍隊進波蘭威脅俄國〉。 2017/01/12。http://www.bbc.com/zhongwen/trad/world-38604016。 2017/08/10。

（BBC Zhongwen.2017. "US Tanks and Troops in Poland a Threat, Russia Says." 12 January 2017. in http://www.bbc.com/zhongwen/trad/ world-38604016. Latest update 10 August 2017.）

Blair, David. 2015. "Russia Condemns 'Aggressive' US Plan for Tanks in Eastern Europe." *The Telegraph* 15 June 2015. in http://www.telegraph.co.uk/ news/worldnews/europe/poland/11675648/Russia-condemns-aggressive-US-plan-for-tanks-in-Eastern-Europe.html. Latest update 20 August 2017.

Cienski, Jan. 2015. "Polish Right Sweeps Parliamentary Elections." *Politico* 26 October 2015. in http://www.politico.eu/article/polands-government-defeated-in-parliamentary-elections-2/. Latest update 15 July 2017.

Huntington, Samuel P. 1991. *The Third Wave: Democratization in the Late Twentieth Century*. Oklahoma: The University of Oklahoma Press.

中文部分

王玉燕。1999。〈中共決取消汪道涵訪臺〉。《聯合報》1999/07/26：1。 （Wang, Yu-Yan. 1999. "China to Cancel a Planned Visit to Taiwan by Wang Dao-han." *United Daily Newspaper* 26 July 1999: 1.）

文匯報。2017。〈3500美軍進駐波蘭制衡俄國〉。《文匯報》2017/01/16 http://paper.wenweipo.com/2017/01/16/GJ1701160029.htm。2017/08/10。 （WENWEIPO. 2017. "Poland Welcomes 3,500 US Troops amid to Counter Russian Aggression." *WENWEIPO* 16 January 2017 in http://paper.wenweipo.

com/2017/01/16/GJ1701160029.htm. Latest update 10 August 2017.）

張宗智，2007。〈入聯公投美副卿：視為走向臺獨〉。《聯合晚報》2007/08/28：1。（Chang, Tsung-Chih. 2007. "Taiwan's Referendum U.S. Deputy Secretary of State: As a Step towards a Declaration of Independence of Taiwan." *United Evening News* 28 August 2007: 1.）

黃秀端。2014。〈半總統制中總統的角色與憲政運作：臺灣與波蘭之比較〉。載於黃秀端主編《轉型中行政與立法的關係》：271-304。臺北：五南。（Hawang, Shiow-duan. 2014. "The Role of President and Constitutional Operation in Semi-Presidentialism: A Comparative Study of Taiwan and Poland." in Shiow-duan Hawang. ed. *Relationship between the Executive and the Legislative during the Transition Period*: 271-304. Taipei: Wunan.）

蔡英文，2016。〈蔡英文就職演說全文〉。《天下雜誌》2016/05/20。http://www.cw.com.tw/article/article.action?id=5076418。2017/08/20。（Tsai, Ing-wen. 2016. "Full Text of President Tsai's Inaugural Address." *Common Wealth Magazine* 20 May 2016. in http://www.cw.com.tw/article/article.action?id=5076418. Latest update 20 August 2017.）

卓慧菀。2009。〈中國「反分裂國家法」暨其影響之研析〉。《全球政治評論》25：53-80。（Cho, Hui-wan. 2009. "Analysis of China's Anti-Secession Law and Its Implications." *Review of Global Politics* 25: 53-80.）

李沃牆。2017。〈中國的「一帶一路」臺灣的威脅與機會〉。《會計研究月刊》380，21-26。（Lee, Wo-Chiang. 2017. "Taiwan's Threat and Opportunity on China's 'One Belt One Road'." *Accounting Research Monthly* 380, 21-26.）。

PART 1

民主化與轉型正義

第二章
未完成的民主化：
臺灣的轉型正義

陳俊宏、鍾瀚慧

壹、前言

　　一個新興民主政府如何針對先前威權政體對人權的侵犯行為，從事賠償或追究，是成就轉型正義（transitional justice）的重要政治工程。而如何透過制度設計與政策的規劃，整合先前威權政體下的支持者與受害者，在避免「太多的記憶或太多的遺忘之間」找到平衡點（Minow, 1998），以達致政治和解、確保惡行「永遠不再」（never again）的目標，更是一個民主轉型社會持續關注的課題。

　　如同許多亞洲國家，臺灣曾經歷一段殖民與威權統治的歷史，從1947至1987年，臺灣經歷三十八年的戒嚴統治，在現代歷史中從未有一個國家經歷如此長的戒嚴統治。而1987年解除戒嚴之後，臺灣開始進入自由化過程，同時邁向所謂第三波民主化的發展道路；1996年臺灣舉行首度的總統直接選舉，選出第一任的民選總統李登輝，象徵臺灣民主化的重要里程碑；2000年經歷首度的政黨輪替，由反對黨的候選人陳水扁先生當選總統，打敗了統治臺灣將近半世紀的中國國民黨；2008年國民黨再次取得執政。臺灣經歷兩次政權和平移轉，符合民主轉型的「兩次輪替檢定說」（two-turn-over test）（Huntington, 1991），順利達到「民主鞏固」的階段。

　　從1987年解嚴至今三十年後的眼光觀之，臺灣民主化的成就已相當程度地受到國際上的肯定與讚揚，然而仍存在一些過去被刻意壓抑且尚未被妥善解決的問題漸次地浮現，轉型正義便是明顯的例子。在轉型正義問題

上，臺灣採取了「賠償被害人但不追究加害人」的模式，然而此種金錢賠償機制，不僅無法處理所有轉型正義的議題所引發的政治與社會效應，進而影響了臺灣民主發展與政治的穩定性。

　　本文試圖描述臺灣民主化歷程中，實踐轉型正義的歷程與困境。第壹節將簡述臺灣民主化的歷程；第貳節將從聯合國的整合性觀點來探討何謂轉型正義；第參節將討論政體轉型的類型對於轉型正義的執行所造成的影響；第肆節將說明臺灣威權統治時期，從二二八事件到白色恐怖的政治案件類型；第伍節則將分析臺灣轉型正義未竟之業的原因。本文認為，臺灣在轉型正義的政治工程中，對受害者的補償幾乎是唯一的作為，而對加害者進行法律或道德上的追訴，以及對真相的發掘工作幾乎付之闕如。臺灣也從來沒機會對威權統治的加害系統進行反省，使得許多體制加害者或協力者，仍繼續在民主化後的政府擔任要職，導致有罪不罰（impunity）的現象盛行。此種只補償被害人，但不願意追究加害人、不尋求歷史真相的處理模式，不僅無法解決威權時代所留下的遺孽，更使臺灣出現民主治理的嚴重危機。如何嚴肅面對轉型正義，將是臺灣民主深化的一項重要課題。

貳、何謂轉型正義：聯合國的整合性觀點

　　所謂「轉型正義」，是指一個社會從威權體制轉型為民主社會之後，對於政府在威權統治時侵害人權的種種政治壓迫，及其導致的政治、族群或種族的分裂，為了正義回復與社會和解所做的善後工作。它尋求受害者被肯認，同時也試圖成就和平、和解與民主。因此「國際轉型正義中心」（International Center for Transitional Justice）對轉型正義作了以下的定義：

　　轉型正義是針對過去制度性或大規模人權侵害的回應。它尋求受害者被認知，同時也試圖成就和平、和解與民主。轉型正義並非特殊的正義，

而是於曾歷經大規模人權侵害、目前處於變遷的社會中追求正義。……因為這些變遷一般稱為民主轉型，此類正義乃稱為轉型正義。

在這個定義之下，轉型正義的主要工作包括：

1. 賠償遭受因政治迫害而受到肉體、自由和生命損失的人或其家屬，歸還其遭沒收之財產。
2. 追究從事政治迫害者之法律或道德上的責任。
3. 必須完整呈現政治迫害的真相和歷史[1]。

作為保障基本人權、維護世界和平的國際組織，聯合國多年來推動轉型正義工程不遺餘力，強調一個政治轉型的國家如何妥適處理過去的遺緒，是建立法治以及追求和解社會的前提[2]。而若要重建社會的信任，更是需要官方公開承認人權侵害的事實，並要求加害者負起責任，以及撫平受害者及其家屬的創傷。因此2004年聯合國前秘書長安南（Kofi Annan）在安理會的報告（S/2004/616）中明確指出，為了協助各國保障基本人權、維護區域和平，聯合國將特別關注正處在衝突當中，或是後衝突國

1　國際轉型正義中心主張轉型正義的工作還可以細分為：1.真相調查（Establishing the truth about the past）；2.起訴加害者（Prosecution of the perpetrators）；3.賠償受害者（Reparation of the victims）；4.追思與紀念（Memory and memorials）；5.和解措施（Reconciliation initiatives）；6.制度改革（Reforming institutions）；7.人事清查（Vetting and removing abusive public employees）等。

2　根據Ruti G. Teitel（2003）的觀察，二十世紀後半的轉型正義經驗可分為三個時期：（一）第一個時期始於二次世界大戰之後，以紐倫堡大審為其代表性案例；（二）第二個時期的轉型正義與所謂的第三波民主化有關，特別是葡萄牙獨裁政府於1974年垮臺之後，南歐、亞洲、拉丁美洲與東歐等地許多威權政體相繼瓦解，轉型民主國家，必須妥善處理威權遺緒，並兼顧民主鞏固與落實法治精神是這時期的主要課題；（三）第三時期出現在二十世紀末，轉型正義的追求從特例逐漸成了慣例，國際戰爭法與國際人道法成了正義的實質內容，1999年北約在科索沃的干預行動，是此一時期的里程碑。

家（post-conflict states）的轉型正義以及法治的問題。安南在此報告中將轉型正義定義為：「一個社會處理大規模濫權的遺緒，所進行和建立的所有程序和機制，其目標在確立責任、服膺正義，並成就和解。」（Annan, 2004）

　　而在聯合國的官方機構中，人權高級專員辦事處（Office of the High Commissioner for Human Rights）則是推動與執行聯合國轉型正義業務的主要機構。至目前為止，人權高級專員辦事處已經為全世界二十多個國家的轉型正義方案提供支援，內容包括協助制定國家協商計畫、支援設立真相調查委員會、建立司法課責的相關機制和賠償方案等等。另一方面，為了提供各國進行轉型正義具體的參考依據，人權高級專員辦事處出版〈後衝突國家的法治工具〉（Rule-of-law tools for post-conflict states），提供了一個包括追訴、賠償、起訴、特赦以及真相委員會等整全性的方案，以及各地的實務經驗與作法的彙整，作為任何追求轉型正義的國家之重要參考準則。

　　除了透過通過相關的指導原則，並訂定每年的3月24日為「瞭解真相與維護受害者尊嚴國際紀念日」，強調保存受害者記憶，以及瞭解真相的重要性。除出版系列報告書之外，2011年9月26日聯合國人權理事會第十八次的會議中，也進一步確認任命一位「促進真相、正義、賠償與保證不再發生之特別報告員」（Special Rapporteur on the promotion of truth, justice, reparation and guarantees of non-recurrence），負責轉型正義的相關業務。2012年3月22日聯合國人權理事會第十九次的會議中，正式任命「國際轉型正義中心」（International Center for Transitional Justice）前主任Pablo de Greiff為首任「促進真相、正義、賠償與保證不再發生之特別報告員」，任期三年，負責轉型正義的相關業務，展現了聯合國推動轉型正義的決心。自Pablo de Greiff上任以來，持續推動一個全面性的轉型正義途徑（holistic approach），強調「促進真相」、「正義」、「賠償」與「保證不再發生」，是轉型正義的四大元素，在概念和經驗上並非隨機的組合，而是彼此相關且具有互補的關係。許多國家推動轉型正義的經驗一再

證明，這四大元素間進行權衡取捨或是有所偏廢，都不利於轉型正義工程的進行，和解的目標更不可能在缺乏這些元素的前提下實現。

　　舉例而言，司法追訴不僅要求追求真相，還要求根據揭露的真相採取行動，因為僅僅揭露真相並不足以彌補罪行所帶來的傷害。而賠償方案需與起訴同步進行，賠償方案的受益人會較願意將這些方案提供的賠償金視為賠償，而非只是便宜行事的補償措施。另外，真相委員會所提出的最終報告（final report）本身，就是一項有助於重建公民信任的賠償措施，若沒有包括例如「人事審查」（vetting）等體制改革的措施，也不足以保證侵權行為不再發生。Pablo de Greiff也特別強調，轉型正義的推動是一種尋求公民信任（civic trust）的過程。藉由追求真相的過程，可以讓人民理解到在獨裁政權統治之下，受害者與旁觀者之間，以及公民與國家之間的恐懼感與不信任，同時可以體認在獨裁體制下，恐懼感如何在生活中發揮無與倫比的影響力，以及旁觀者因為政治恐懼所帶來的膽怯、懦弱及無力感，造成的維持體制的效果。正如已故政治哲學家Judith Shklar所言，政治恐懼感提供了一個知識論上的基礎（epistemic foundation），有助於我們認識政治世界的基礎及其限制（Shklar, 1987）。

　　另一方面，在先前獨裁政權體制性暴力所建構的霸權語境之下，政治受難者如何具體呈現不同於主流社會所呈現的歷史，並有力地回應對他們的歷史採取否定的真相否認者（truth deniers），就顯得非常困難。因此透過追訴或真相追求的過程，讓受害者及其家屬從一個政治失語（political aphasia）的壓迫狀態中回復，重新認可他們的思考、言說與行動的能力，將是政治和解過程的重要步驟。威權政體剝奪受害者言說能力的目的，除了剝奪他們表達具體遭遇的能力之外，同時也剝奪他們對於如何將自己在歷史中定位的權力，因此受害者聲音的呈現以及政治失語的矯正，是真相發掘過程的重要前奏曲。透過賠償措施的實行，可以展現政治體制對待過去種種侵權行為的嚴肅態度，從而促進公民對體制的信任。最後，透過對公職人員的人事清查（vetting），可以展示出對新的民主體制建立系統性規範，重建公務人員聘用和留用、紀律監督的規範和防止任人唯親的決

心,亦可促進公民對體制的信任。如果體制內仍然充斥著加害者,則即便其中少數人受到了起訴,受害者未必會願意信任這種體制。

　　更重要的是,轉型正義的目標,不僅在於集體療癒與賠償,而是如何恢復政治受害者及其家屬的政治主體性。重建其公民身分所應有的權利與自尊,使其不再僅是真相的提供者,而是成為重構集體記憶的參與者,以及積極捍衛集體記憶的公民。例如在2007年的秘魯大選中,政治受難者團體在大選中明確指出某位候選人不當的人權侵害紀錄,並進行遊行表達訴求,他們的角色不僅是集體記憶的保護者,更成為防範民主倒退、威權復辟的守門者。

　　這種強調全面性的轉型正義途徑,近年來也在經驗層次上獲得證實。根據Leigh A. Payne, Tricia D. Olsen, and Andrew G. Reiter等三位政治學者針對161個國家所採用的848個機制所進行橫跨將進四十年(1970至2007)的追蹤研究顯示,使用單一機制(特赦、審判、真相委員會)通常對於民主與人權的保障不會有正面的效果,因此作者們強調整合不同機制的方式較能促進人權與民主(Payne et al., 2010)。

　　追尋並面對黑暗的歷史並不容易,尤其是當那些侵權的作為與機構曾以合法的狀態存在,並造成人民長期的恐懼和噤聲。但是從整合性途徑可知,當一個社會能從上述工作中,向人民宣示其所崇尚的民主與人權價值時,也同時宣示了這個社會對於過去的不義,不會選擇遺忘和忽視,而是會面對錯誤,防止再度犯錯。透過真相和歷史的呈現,也會一再提醒並教育後代,沒有歷史正義的社會,民主就無法確立。然而由於政治迫害往往造成大規模的長期社會分裂,使得追求轉型正義的工作具有高度政治敏感性。

　　另一方面,由於不同的國家因為歷史和政治環境的不同,經常以不同的方式來處理以上的工作,例如對加害者的追究,因為這項工作經常會危及新民主的政治穩定和社會分裂,所以不同的國家採取不同的處理方式。Huntington(1991)即指出,新的民主政府成立後,是否追溯威權體制中的罪行,其決定因素往往並不是道德或倫理的考量,而完全是政治的,亦

即民主轉型過程的本質[3]，以及轉型期間[4]和轉型之後的權力平衡[5]，決定了該國是否、以及如何進行轉型正義。因此各國會依其歷史和政治環境之差異，以不同的方式謹慎處理威權遺緒，讓分裂的社會可以和解，又能創造民主文化以鞏固新民主。

參、臺灣威權體制與政治轉型

　　許多學者描述在1947年以前，在臺灣國民黨統治下的政權是一個威權政體，而所謂的威權政體即為「一個限制性的，而非為多元主義負責的政體；一個精神性的，而非意識型態的政體；一個控制性的，而非動員性的政體」（Linz, 1975）。除此之外，不同於菲律賓或其他被殖民統治的國家，是由自由民主的西方強權國家所建立，臺灣制度化的普及始於日本帝國殖民統治時期，而有鑑於此，臺灣在人權與民主價值的傳承上是相當少的（Cheng, 1989: 473）。

　　1945年，國民黨從日本手中接管並統治臺灣領土，隨後在蔣介石所帶領的國民黨被共產黨撤離中國之後，於1949年播遷來臺。蔣氏在1949年播遷來臺後，成立了事實主權的國家（*de facto state*）──中華民國

3　Huntington即指出三種民主轉型的方式會導致不同轉型正義的推動類型：1. transformation：新的執政菁英由上而下進行轉型，同時舊的執政菁英在轉型之後，仍將保有甚大的政治權力，例如西班牙以及臺灣；2. replacement：由反對派所發動，例如捷克；3. Transplacement：由朝野共同發動，例如阿根廷、智利與南非等國。

4　威權體制的性質也會決定轉型正義是否推動。例如Tina Rosenberg（1995）認為，東歐共黨政權是屬於犯罪的政權（criminal regimes），其藉由意識型態的教化而統治，並要求人民積極參與、支持與配合，因此統治期間出現的政治暴力行為較少；反之，拉丁美洲政權是屬於罪犯的政權（regimes of criminals），統治期間採取高壓統治，出現不少殘酷的政治暴力，但針對對象大多只限於政敵。

5　換言之，民主轉型之後，各個政治勢力在權力結構中的比重也會影響轉型正義的進行。例如，威權體制的舊勢力越大，則轉型正義的問題越不易解決。

（R.O.C），以代表其在大陸所失去的政治權威。同年，臺灣警備總司令部宣告實施戒嚴，雖然戒嚴法的實施是立於國共內戰的基礎，並擬定為暫時性的措施，但臺灣實施戒嚴法長達三十八年，直至1987年方才告終。當時，國家統治的政治氣氛明白的限制人權，並藉由鎮壓社會運動延伸至社會領域；而在文化領域上，國家訴諸於意識形態的教化並操控大眾媒體，讓臺灣的新聞輿論，一度在一連串嚴密的法律規範與媒體管制政策的桎梏之中。[6]

根據Chao與Myers（1994）的說法，這樣的威權體制堅定致力於四個政治規則，以便在可接受與不可接受的政治行為間，描繪界線：

1. 暫時凍結1947年憲法，以《動員戡亂時期臨時條款》作為在臺時期所有法律的基礎，以符合統治權僅及於臺灣省的政治現實。許許多多公民權利與政治權利被禁止（circumscribed）、限制，[7]憲政結構因此屈服於威權統治。
2. 維持國民黨的一黨統治。國民黨強調對中國的抗戰尚未結束，即便國民黨政權轉移到臺灣，在漢賊不兩立的思維之下，中華民國當局仍堅稱只有一個中國，而中華民國是唯一的代表。
3. 提倡地方參與，但不允許新的政黨組織或推派候選人參選。1948年，國民黨政府通過《動員勘亂時期臨時條款》，延遲了中央層級的立法機關選舉，因此競爭性選舉限於地方層級舉辦（Cheng, 1989; Tien, 1989）。

---

[6]　主要的法律規章來源是《動員戡亂時期臨時條款》、《戒嚴法》與《出版法》。詳見 Tien（1989: ch9）。

[7]　事實上，憲法列舉了重要的公民與政治權利。比方說，憲法本文第9條至第24條，包含了言論自由、集會與結社自由、著作與出版自由、信仰宗教自由，以及秘密通訊之自由；工作權、財產權、受教權及應考試、服公職之權等等。中華民國憲法看似和世界上多數的民主國家無異，然而，這些權利都基於緊急命令（Emergency Provisions）的限制，而被劃禁。

4. 准許一個有限的思想自由空間，但不容許任何與馬克思主義、列寧主義、社會主義思想，以及任何會動搖政權合法性而虛偽的批判主義的存在（Chao & Myers, 1994: 216）。國民黨有一個據於孫中山「三民主義」的官方意識型態，除此之外，分離主義與臺灣獨立的主張也是被禁止的。

在殖民統治與威權體制的羈絆之下，無庸置疑的，過去威權體制時期出現許多違反人權的事件發生。實行戒嚴期間人權是受到侵害的，輕易地以危害國家安全之名逮捕、監禁或處決，舉例來說，禁止人民組織政黨，並剝奪部分的言論自由、集會自由、結社自由與通訊自由。我們可以這麼說，蔣介石將軍一黨獨裁的樣貌，是一個半列寧式與半殖民式混合的右翼政體。

1947年的2月，也就是《世界人權宣言》頒布的前一年，國民黨政府觸發了全島暴動的「二二八事件」，將近數千名民眾被屠殺，發布「為清鄉告民書」實施清鄉，建築了另一段國家恐怖時期。這段國家恐怖時期的高峰發生在1955年，亦即廣為人知的「白色恐怖」時期。

雖然在如此嚴酷的政治統治下，諷刺的是，國民黨並未拒絕接受國際人權規範對政權統治的有效性。在那些時日，國民黨不僅是聯合國成員國，也是聯合國安理會常任理事國。國民黨政府不僅協助通過《世界人權宣言》並正式簽署，也批准及交付了〈防止及懲治滅絕種族罪公約〉（Huang, 2001: 3）。雖然國民黨虛偽的訂定滅絕種族罪公約的國內法版本，並在1953年將之列入臺灣的法律書籍，但「白色恐怖」時期也在同一時間攀入高峰。在1971年臺灣尚未退出聯合國之前，中華民國的確簽署並批准七項人權公約，諸如公民及政治權利國際公約，以及經濟社會文化權利國際公約（簡稱兩公約）等，儘管一完成正式文件便正式的深鎖於外交部的檔案庫之中，為了要打亮「自由中國」的形象，國民黨政府將這些公約當作國家門面的裝飾。冷戰期間，美國政府看重中華民國為非共產主義陣營的盟軍，偕同打擊中國人民共和國，直到吉米·卡特總統上任決意完

成與中華人民共和國的正常化關係為止。自1945年，美國接受並保護國民黨得以有效的統治臺灣本島，強調國民黨政權是中國唯一的合法性政府。1950年7月韓戰爆發之後，臺灣被美國視為西方防範共產勢力擴張努力下的「環太平洋基石」。[8]作為美國盟軍並借助美國支持，國民黨政府儘管已經失去了中國大陸的合法統治權，仍維持其1949年以前作為中國唯一合法代表的宣稱（Tien, 1989: 217）。「反攻大陸」的口號，強化了國民黨政權的地位，作為內部實行戒嚴的理由，讓國民黨政權得以強化威權統治。

除此之外，由於韓戰的爆發，美國承諾協防臺灣，蔣介石安心無虞的將力量集中在其手中，清鄉措施隨即展開。

在實行戒嚴之下，蓬勃的公民社會未能存在，其中一個原因在於多數的地方菁英於「白色恐怖」時期被殺害、入監、恐嚇或被迫逃亡，因此要針對當局並具組織性的反對勢力難以成形；另一個原因是戒嚴的實施，成功的消滅所有企圖組織的政治反對勢力。

隨著1987年解嚴之後，臺灣進入了自由化的進程，並成為所謂「第三波民主化浪潮」其中的一部分。人們的恐懼開始消退，隨著1996年總統直選李登輝的當選，臺灣開始轉型為穩定、開放且民主的體制。李登輝經常提及人權規範來描述、評論自己執政的作為，並區別他者，例如李登輝和李光耀的對立立場。李登輝嚴厲的批判了李光耀所謂的「亞洲價值說」（Asian Value Discourse），並對自己的民主成就感到驕傲，西方媒體則稱呼他為「民主先生」。

然而，在體制改變之後，國民黨並未隨之瓦解，仍然掌權執政直至2000年，這在第三波民主化浪潮的國家之中，算是一個奇特的案例。當民主化的進程展開之後，西方國家緩解了對臺灣實踐民主轉型的壓力，並將焦點移轉至其他國家。儘管並未解除對特定公民與政治權利的管制，國民

---

[8]　1954年中美共同防禦條約，讓中美兩國在艾森豪、杜勒斯以軍事同盟圍堵共產陣營的全球策略下，成為軍事同盟國，詳見Tien（1989: 217）。

黨政府亦未積極開放更多其他的權利，有著民主國家的幻象，來自國際社會關注的壓力隨之降低。終於，作為反對黨的民進黨在2000年的選舉之中，成功地擊敗了國民黨政府——亦即，新的政體用實際的作為來表達其反對的意見。於2000年的5月，民進黨籍的陳水扁總統在其就職演說中承諾，將會遵守國際人權標準，創立一個獨立的國家人權會議，並參照國際特赦組織及國際法學家委員會的建議，以實現其誓言。[9]同時，陳水扁總統也設立了一個由副總統全權負責的人權諮詢委員會，並在教育部成立人權教育委員會。

　　然而，民進黨執政的八年間，對於轉型正義的推動並無超越李登輝時代，他們關注於黨外時期的美麗島事件平反、追討國民黨黨產的議題。前者攸關從黨外成為執政者的自身評價，出版了相關書籍；後者則使臺灣社會忽略「轉型正義」的真正意義，使許多人將「追討國民黨黨產」視為轉型正義的代名詞，以及藍綠政黨的分野。陳水扁總統直至第二任任期，才開始進行較為具體的轉型正義作為，例如在2004年以政治力直接下令國防部進行叛亂案件的清查。但2008年政黨再次輪替，國民黨再次取得執政，新任總統馬英九雖逐年出席紀念二二八、白色恐怖的官方場合，不吝於道歉，不過，他亦從不間斷地前往獨裁者蔣介石與蔣經國的靈寢謁靈，表現其對於前元首的追思。顯見代表國民黨政權的領導人，並未領悟兩者之間的道德與認知衝突，更遑論其人及其政權對轉型正義能有何作為。

　　正如Samuel Huntington（1991）所指出，新的民主政府成立後是否，以及如何追溯威權體制中的罪行，其決定因素往往並不是道德或倫理的考量，而是民主轉型過程的本質以及轉型期間和轉型之後的權力平衡，決定了該國是否，以及如何進行轉型正義。由於臺灣的轉型正義工程是由執政菁英由上而下進行轉型，同時舊的執政菁英在轉型之後，仍將保有甚大的政治權力，導致在臺灣民主化的過程中，並不像其他新興民主國家，在民主化之後由政府成立類似「真相與和解委員會」的專責機構，以政府的資

9　詳見http://www.taiwanheadlines.gov.tw/chen/chen01.htm。

源和公權力來處理轉型正義。反之,臺灣政府對於威權遺緒的處理,僅偏
重於對於政治案件受難者的補償,其他諸如對加害體制的反省、歷史真相
的嚴肅調查,乃至司法或道德責任的追究等牽涉深層民主價值的工作,幾
乎置若罔聞。

肆、臺灣白色恐怖的政治案件類型

　　臺灣在1949年5月20日起宣告戒嚴後,依《戒嚴法》第8條「軍事審判
權之擴大」規定,戒嚴時期之內亂罪、外患罪,軍事機關得自行審判或交
法院審判之。而自1935年中華民國刑法公布施行後,其中第100條第1項規
定:意圖破壞國體、竊據國土,或以非法之方法變更國憲、顛覆政府而著
手實行者處七年以上有期徒刑,首謀者處無期徒刑;第2項:預備犯或陰
謀犯前項之罪者,處六月以上五年以下有期徒刑。意即,不但處罰陰謀
犯,且「著手實行」不限於以強暴、脅迫之方法,使得在言論或思想層次
也可能構成普通內亂罪。

　　因此,從1948年中華民國進入動員戡亂時期,1949年臺灣實施戒嚴,
直到1987年解嚴,在長達三十八年的戒嚴體制下,有許多平民因涉內亂
罪、外患罪的上述各種政治案件,不分臺灣省籍或中國其他省籍,也不分
職業、受教育的程度,皆遭到不當的軍法審判;而任軍職者,也因當時的
統治性質,受到更為嚴厲的軍法審判。在這麼多政治受難者中,知名者在
解嚴後得以多次接受訪問或提筆寫下回憶錄,使後人略悉其人其事,但有
更多的政治受難者,從未告訴他人自己的經歷,亦未曾留下歷史見證便逐
漸凋零[10]。

---

[10]　2007年底,由一群關心轉型正義的臺灣學者和文史工作者成立的「社團法人臺灣民間
真相與和解促進會」,開始長期進行「威權時期政治受難者訪談計畫」,培訓了近百
名青年訪員,共訪談239位受難者及家屬,其中多是耄耋之年,卻是首度對外述說其受
難經驗。亦有年輕學者林傳凱等人,自費進行五○年代中共地下黨的口述歷史訪談,

　　臺灣在解嚴後，雖有許多學者從事政治案件研究[11]，但由於口述歷史的缺乏、國家檔案的封閉，我們至今尚無法確知在漫長的戒嚴時期，有多少人遭到政治迫害及其案件類型的統計分析，使得對於「政治受難者」的數量研究之描述模糊且落差甚大。李筱峰（2001）引述謝聰敏調查有14萬人受難；謝聰敏（2007）則根據李敖所言，認為政治案件共有29,000餘件。此係因臺灣轉型正義工作的長期受到忽視，官方進行政治檔案開放的閉鎖與不積極，使得至今仍無法確實掌握白色恐怖中政治受難者的人數與完整圖像，不過，我們仍能從目前已知的數據中，獲得可供參考的有力歸納。目前最值得參考的數據，一是民進黨籍的陳水扁在2004年連任總統後，下令國防部進行「叛亂清查」，國防部在2005年公布「清查戒嚴時期叛亂暨匪諜審判案件專案」，指1945年至1994年，國防部所管叛亂、匪諜、資匪案件檔，有16,132人，其中包括被捕者、被判刑者，以及僅有案卡資料者；二是1998年戒嚴時期不當叛亂暨匪諜審判案件補償條例通過後，截至2013年4月，共有7,838人獲得補償，其中有判刑、感訓者6,638人。補償基金會藉補償工作取得的大量官方政治檔案和受難者本人之自我陳述所作出的死刑年代與省籍統計，亦十分值得參考。雖然確切數據有待進一步研究和估算，上述二者歸納政治案件及其相關者的基準亦不同，但以上間接的數據仍可供分析白色恐怖案件的基本框架，例如不管是16,132人或6,868件，五〇年代的案件約占全部的60%～70%以上（見表2-1及表2-2）。

　　釐清臺灣白色恐怖歷史。在這些民間自發的「追尋歷史真相」的行動中，我們得逐步拼湊出在威權時期中人們經歷的軌跡，其中最重要的發現，當是挖掘出更多的案件類型，並得以進一步分析歷史的結構與影響。

[11] 例如陳儀深對臺獨案件之研究、陳翠蓮（2009）對特務體系之研究、范燕秋（2009）對原住民菁英叛亂案之研究、吳叡人（2008）對國家建制的探討、張炎憲等人（2000）對鹿窟案之訪談研究、薛化元、楊秀菁（2004）對臺灣史中的威權體制與民主進程之研究、李筱峰（2001）對政治案件類型之研究等。

表2-1　戰後臺灣（1945-1994）叛亂暨匪諜審判案件統計表

年代	數量	比例
1945-1949	398	2.47%
1950-1959	9,478	58.75%
1960-1969	1,844	11.43%
1970-1979	1,532	9.50%
1980-1989	2,850	17.66%
1990-1994	30	0.19%
總數	16,132	100.00%

資料來源：邱榮舉、謝欣如（2006：68）。

表2-2　戒嚴時期不當叛亂暨匪諜審判案件補償基金會法律處概算

年代	數目	比例
1949-1950	1,395	20.31%
1951-1960	3,807	55.43%
1961-1970	933	13.59%
1971-1980	634	9.23%
1981-1989	99	1.44%
總數	6,868	100.00%

資料來源：財團法人戒嚴時期不當叛亂暨匪諜審判案件補償基金會網站公布截至2008年5月12日止之資料。網站已在2014年業務終止後關閉，此係本文作者留存資料整理而成。

　　另一方面，根據「戒嚴時期不當叛亂暨匪諜審判案件補償基金會」的補償資料統計，臺灣籍政治犯約占57%，外省籍則占43%，職業別則以軍人和公務人員為最多，餘則士農工商皆有之，連學生亦不在少數。本省籍受難者數量雖較多，但外省人涉案的比例高於其人口比例；涉案者各行各業皆有之：1953年後臺共大致瓦解，為確認統治個體以及需安置的難民數量，1956年進行了戶口普查，當時非本土籍人口約93萬人，加上未設籍

表2-3　補償基金會與張炎憲「根據判決書之省籍＆死刑統計」

類別	省籍	1949-1960	1961-1987	合計
一般	本省	2799	449	3248
	外省	907	514	1421
死刑	本省	600	12	612
	外省	139	47	186

資料來源：邱榮舉、張炎憲與戴寶村（2009：61）（未出版）。

軍人27萬人，共約120萬人，約占當時臺灣人口937萬人中的13%。但是，外省人涉案的比例是總數的30%，死刑比例則高達死刑總數的23%[12]（見表2-3）。

　　若以政治案件的類型而言，則性質相當具異質性。例如邱榮舉、張炎憲與戴寶村（2009）指出（見表2-4），若依判決書上的案情描述，可分為18類案情，以數量上來看，「中共地下黨」[13]約占總數三分之一，但自1961年後降幅甚大；而「匪嫌」亦占三分之一，平均分配在整個戒嚴時期[14]；此外，「有利叛徒宣傳」約占30%，尤其在1961年後增加不少比例[15]。

---

[12] 但目前除已知的政治案件外，尚有未知數量的外省籍政治受難者在澎湖七一三事件、各種集體秘密處決、海軍先鋒營，以及至今仍無法掌握的案件中蒙難。

[13] 1945年底，蔡孝乾等人籌劃臺灣省工作委員會，採取列寧式的革命先鋒黨（vanguard party）原則：秘密活動、單線領導。所以，當時的幾個地下組織如臺灣省工作委員會、臺灣民主自治同盟、愛國青年會等，其實皆為同源發展出的地下系統。他們由上海華東局領導，臺灣省工作委員會的幾位省委主導。試圖在各地發展「市區工作委員會」與「地區工作委員會」，另也發展三個全島性「郵電、學生、山地工作委員會」。在地方系統中，多按照鄉鎮的行政區域，或以工廠為單位，發展「支部」、「小組」及「外圍組織」。

[14] 所謂「匪嫌」，包括思想左傾、資匪、知匪不報、包庇、任職、附匪投匪嫌疑、未自首、被俘等。

[15] 「有利叛徒宣傳」則包括為匪宣傳、聽匪廣播、塗鴉、發表不滿言論。上述於今日看來皆屬思想、言論層次，但刑罰卻可能為感訓三年至無期不等。

表2-4　補償基金會與張炎憲「根據判決書之案情分類與數量」

案情分類	1949-1960	1961-1987	合計
中共地下黨	339	134	473
匪嫌	183	258	469
有利叛徒宣傳	45	271	316
臺獨組織	6	52	58
讀書會	5	25	30
民主運動	1	2	3
原住民獨立運動	0	2	2
其他政治勢力團體	13	5	21
政治權力鬥爭	0	1	1
軍人投敵	16	11	27
洩漏軍機	22	45	67
洩漏公務機密	5	3	8
軍人非法團體	4	3	7
意圖兵變	2	3	5
意圖武力反抗政府	0	3	3
學生充兵	2	0	2
誣陷他人	14	30	44
其他（含無罪）	3	1	4
合計	660	849	1509

資料來源：邱榮舉、張炎憲與戴寶村（2009：58）（未出版）。

伍、臺灣轉型正義的未竟之業

在李登輝任內，自1950年代即在海外出現的二二八事件[16]紀念活動，一直到1987年始的島內「二二八和平日促進會」與臺灣基督長老教會所開啟的平反運動才見曙光，與1980年代的臺灣新興社會運動齊放異聲。1995年3月23日，立法院通過「二二八事件處理及補償條例」，同年12月行政院成立「財團法人二二八事件紀念基金會」。1997年，「二二八事件處理及補償條例」將補償修正為賠償，並修正全文。1998年6月17日，立法院通過「戒嚴時期不當叛亂暨匪諜審判案件補償條例」；截至2014年7月31日止，共有8,030人接受補償[17]。

在李登輝任內，除了賠償以及追思紀念以外，轉型正義的議題仍舊無法有所進展。轉型正義在臺灣為何無法順利的推動，吳乃德（2006）認為最主要的原因是，威權體制的執政黨在民主轉型之後，仍於李登輝的領導下繼續執政了十多年，國民黨當然不可能自動檢視它過去對人權的侵害，

---

[16] 1945年二次大戰結束後，中國政府派遣不諳臺灣民情之陳儀為行政長官，肩負接收治臺重任，未料源自中國人治社會的霸權劣習，導致施政偏頗、歧視臺民，外加官紀敗壞、產銷失調、物價飛漲、失業嚴重，讓民眾不滿情緒瀕臨沸點。1947年2月27日，專賣局人員在臺北因查緝私菸，打傷女販、誤殺路人，激起民憤。次日，群眾聚集遊行示威要求懲兇竟遭槍擊，死傷數人，也點燃了全臺灣抗爭怒火。為解決爭端，各地仕紳組成處理委員會居中協調，提出改革要求。陳儀卻以仕紳為奸匪暴徒，向國民政府請兵來臺鎮壓、清鄉，數月之間造成民眾生命、財產的重大損害（財團法人二二八事件紀念基金會，2006）。

[17] 在受害者的補償方面，1995年成立「二二八事件紀念基金會」。對白色恐怖政治壓迫受害者的補償，亦於1998年成立「戒嚴時期不當叛亂暨匪諜審判案件補償基金會」來負責這項工作。兩個基金會補償的對象不同，補償則以同一標準：處決或失蹤的補償金是600萬元；每一年的監禁補償50萬元，最高不得超過500萬元；財產損失的補償最高200萬元；可是每一人總共可以獲得的補償不得超過600萬元。也就是說，如果一位受害者被監禁十年，那麼他的財產損失只能補償100萬元。如果他被監禁超過十二年，總共也只能獲得500萬元的賠償。相較於其他國家，如阿根廷，這樣的補償標準並不算大方。阿根廷的年平均國民所得只有臺灣的三分之一，可是對喪生者的補償是美金22萬元（超過臺幣700萬元）（吳乃德，2006）。

更不可能在道德上否定自己的過去。而李登輝長久於威權體制中服務的公職生涯、他和獨裁者蔣經國的關係，則為臺灣對轉型正義的追求設立了基本的方向和聲調（吳乃德，2006）。即使李登輝任職期間，成立「研究二二八事件小組」研究二二八事件的真相，出版《二二八事件研究報告》，並廣建二二八事件紀念碑，補償二二八及白色恐怖受難者。而部分白色恐怖受難者也因此對李登輝懷有感謝之意。然而，占據臺灣戰後歷史長達三十八年的「白色恐怖」，並未因解嚴日久而更顯清晰。遭苦難之人傷痕猶在，今人卻已不知其由來，臺灣社會顯然沒有因為民主轉型而有機會徹底地認識曾經發生在「這裡」遍處可循的國家暴力黑暗歷史。於是，後來幾乎所有與白色恐怖相關的討論都會因各種政治、社會脈絡的影響，而在轉型正義工作中消失，而所謂「歷史真相」的直面意義，即以「過去威權體制中侵害人權的各種事例」的方式再現。

例如，當歷史學者對於政治犯的訪談集中在少數的組織案件，所記錄者多以政治案件主要參與者為主軸時，不僅難以描繪出較為清晰的統治結構，而且容易忽略具有社會學意義的個人與社會脈絡互動的生命史。此將使臺灣社會仍未能清楚掌握戒嚴時期的統治結構，讓原本即欠缺白色恐怖認知的臺灣社會對政治案件存在片面的印象，形成民主社會的反挫。例如認為戒嚴確保了臺灣在國共內戰下不被赤化；或如臺灣社會常將「追尋歷史真相」視為「撕裂族群」、「挑起歷史的傷口」，此不僅起因於人們對「轉型正義」的無知，更由於臺灣基本上缺乏民主的、歷史的教育。人民的故事若不能記載於史冊、留存於民間，那麼他們的身影只會被各種不同的當權者利用，所謂的「歷史」只會是為官方服務的工具。所以，從白色恐怖的口述歷史中得知，這些遭受政治迫害的人們，有的被指為背叛者但終生仍懷革命心志，也有受害者因盲昧害怕或自保的任何理由，仍仰慕、相信加害的政府與領袖。而那些成為政治犯家屬的女性，在政治、社會的雙重性別壓迫結構下，沒有政治受難者的光環加頂，他們經歷的苦難，也許難有回復正義的可能。「白色恐怖」的歷史圖像，不僅止於「案件」的數據與過程，更是政治受難者當事人及其家屬的真實生命體驗。在戒嚴體

制與政治恐懼的時代氛圍中，除了政治受難者本人之外，他們的家屬也都
無可避免地被政治風暴襲捲與籠罩，除了政治壓迫與恐懼，更必須面對社
會集體的排斥與冷漠，然而臺灣對於這一段歷史的理解仍存在人云亦云的
階段！

　　例如2011年6月，前行政院長郝柏村在其新書《解讀蔣公日記
一九四五～一九四九》發表會上，宣稱：「說是白色恐怖，是醜化國民黨
了！且受到牽連的，多是大陸來臺的將領，根本就沒有什麼本省人！」郝
柏村說，在戒嚴時期被查到匪諜的案例，大多都是外省將領，例如前參謀
總長吳石、少將蔡小傑、中將李玉堂等，以及王曉波母親的匪諜案等，都
是外省人，故說「當時被查出來的，沒有什麼本省人！」郝認為，當時
蔣介石與國民黨政府的所作所為「都是捍衛臺灣的第一步！」2011年10
月，郝柏村於在中正紀念堂向蔣中正致敬時，再度表示：「如果沒有過去
的戒嚴，就沒有今天的自由民主，媒體往往顛倒因果。白色恐怖手段雖然
嚴厲，雖不免有人因私人恩怨出現冤案，卻是為了消滅潛伏在臺灣社會的
共黨分子，這不是戒嚴的政治錯誤。」[18]郝伯村的發言，凸顯了國家暴力
之所以恐怖，在於合理化其對於人民的戕害。合理化之後，即使做錯了，
也不用去理解或道歉。其對於威權歷史與維護人權的無感與無知，顯現臺
灣政府在民主化的進程中，一再錯失追究過去不正義的行為的機會，並且
也不曾為了完整的轉型正義而努力[19]。

18　此番言論引發臺灣民間真相與和解促進會、臺灣人權促進會、陳文成博士紀念基金
　　會、鄭南榕基金會、臺灣廢除死刑推動聯盟、人本教育文教基金會、臺灣勞動陣線等
　　民間團體的抗議，發表聯合聲明——「沒有戒嚴，哪來民主？譴責前行政院長郝柏村
　　之言論」。

19　此一事實凸顯出，身為國家統治菁英的郝柏村及當權者，即使補償基金會成立了十
　　年，國家檔案漸次公開、口述歷史材料不斷累積，但他仍然可以忽略那麼多曾經親身
　　經歷國家暴力所荼毒的人民的存在。在其發言的脈絡下，等於已接受補償的4,000名本
　　省籍受難者不存在，三十八年隨政府來臺的各階層外省受難者不存在，澎湖案、海軍
　　案中低階的外省受難者不存在，六〇年代來臺的反共義士、難胞等外省受難者也都不
　　存在。

　　雖然，政治力的介入在轉型正義的議題上，常常是最快且具成果，但必須奠基於政府和民間對於轉型正義的正確理解和努力。縱然臺灣政府在轉型正義上令人失望，但民間對於轉型正義的努力仍持續進行，例如1981年在警總約談後第二天陳屍於臺大校園的學人陳文成，臺大師生歷經三年的努力，終於在2015年經臺大校務會議通過，將其陳屍地點命名為「陳文成事件紀念廣場」；以及國立臺灣師範大學在2016年重新編修校史，將1949年發生政府大規模逮捕學生的政治案件「四六事件」納入校史。

陸、結論

　　相較於當前國際社會的發展趨勢，臺灣顯然自外於國際潮流。臺灣民主化至今已逾二十年，不但沒有建立處理轉型正義的專責機構，政府和民間在這項工作的成就也並不完整。臺灣在轉型正義的政治工程中，對受害者的補償幾乎是唯一的作為，而對加害者進行法律或道德上的追訴，以及對真相的發掘工作幾乎付之闕如。二二八事件、白色恐怖時期諸多政治審判至今仍是真相未明。近日所引發的高中〈歷史課綱〉及〈公民與社會課綱〉「微調」事件的爭議，試圖刪除白色恐怖歷史的舉動，更凸顯執政當局昧於史實、美化威權統治的企圖甚為明顯，而臺灣也從來沒機會對獨裁統治的加害系統進行反省。依照《戒嚴法》第10條規定，人民均得於解嚴之翌日起，對於軍事機關前揭內亂確定判決，依法上訴。但執政當局卻在解嚴前夕修改《國家安全法》第9條禁止政治案件的上訴，後經大法官釋字第272號解釋作出此乃「為謀裁判安定與維護社會秩序」所必要的合憲法律，使臺灣無法對涉嫌不法行為（包括酷刑、非法取供、羅織假案等等）之公職人員進行追訴、審判與究責，使得許多體制加害者或協力者，仍繼續在民主化後的政府擔任要職，導致有罪不罰（impunity）的現象盛行。而政府未曾設置「真相委員會」之調查機制，積極投入資源進行歷史真相的調查和公布，回復受害者的尊嚴、檔案整理與開放、鼓勵相關研

究、人權教育的推廣等，使得臺灣對於這一段威權統治歷史的理解仍存在人云亦云的階段。近來檔案局甚至屢以《政府資訊公開法》和《個人資料保護法》為由，阻礙政治檔案之開放與近用，凡此皆使大量政治案件真相迄今未明。更嚴重的是，此種只補償被害人，但不願意追究加害人並尋求真相的處理模式，不僅無法解決威權時代所留下的遺孽，更使臺灣出現民主治理的嚴重危機；這種情況在2016年民進黨執政後或見轉機，新政府擬在總統府內設置「真相與和解委員會」，並由行政院成立專責的委員會，擬具《促進轉型正義條例》草案。然而，上述二者皆未具實質轉型正義工作內容，諸如政治檔案開放、白色恐怖真相調查、教育與推廣等層面，對於促進臺灣轉型正義的效果有限。總統蔡英文雖有意在轉型正義上著力，卻提名在威權時期參與江南案、美麗島案特別調查小組的檢察官謝文定擔任司法院院長。上述種種只能預期臺灣的轉型正義之路仍然十分漫長。

　　由於我國特殊的外交處境，長期以來臺灣社會對於聯合國相關的決議文書，以及以聯合國為主軸的國際人權體系一向感到陌生，遑論對聯合國近期在轉型正義工程所做努力的理解。或許有人會質疑，臺灣既然不是聯合國的會員國，討論聯合國在轉型正義議題所提出的整合性途徑，對於思考臺灣的處境有何幫助？事實上，2013年2月25至28日，臺灣首次舉行了兩公約初次國家報告的國際審查，其中的委員就有幾位長期擔任聯合國重要職務的國際人權法的學者以及轉型正義議題的推動者。例如Manfred Nowak及Theo Van Boven。Manfred Nowak曾經擔任聯合國《酷刑與其他殘忍、不人道或侮辱之處遇或懲罰》特別報告員，是國際知名的國際人權法學者。其中特別值得一提的是Theo Van Boven教授，Von Boven教授不僅擔任過聯合國《酷刑與其他殘忍、不人道或侮辱之處遇或懲罰》特別報告員，也是聯合國《受害者補償權利特別報告次委員會》的特別報告員。2005年12月16日，聯合國通過《嚴重侵犯國際人權法和嚴重違反國際人道法行為受害人獲得補救和賠償的權利基本原則和準則》（Basic Principles and Guidelines on the Right to a Remedy and Reparation for Victims of Gross Violations of International Human Rights Law and Serious Violations of International Humanitarian Law）的第60／147號決議，在這份決議中指出了國家對於大規模侵犯國際人權與人道法的義務，以及重申受害人獲得賠償的權利（大會第60／147號決議），並對於何謂受害者作了明確的定義。這套準則正是出自Van Boven與另一位學者Cherif Bassiouni之手，因此又稱為Van Boven／Bassiouni Principles。在審查過程中，轉型正義議題在官方報告中隻字未提，充分顯示政府對轉型正義議題的漠視。本文作者代表臺灣民間真相與和解促進會，在〈核心文件〉（core documents）的審查中提出我國政府推動轉型正義的種種問題，並提供相關資料供審查委員參考，期待能獲得Van Boven教授與其他委員的積極回應。隨後在進行官方報告的審查過程中，Van Boven教授果然提出這一個原本不在官方報告中的議題，要求相關部門提出具體主張與回應。而在大會最後提出的81點〈結論性觀察與建議書〉中的第24、25點中特別提出有關推動轉型正義的具體建議，同時呼應了聯合國所強調包括追求真相、服膺正義、進行賠償等基本元素：

24.解嚴之前的壓迫與大規模的人權侵犯事件對中華民國（臺灣）社會留下巨大傷痕。政府為了撫平歷史傷口及賠償受害者而採取了某些措施，包括通過二二八事件處理及賠償條例以及興建二二八事件紀念碑。然而，轉型時期尚未結束，需要政府更多作為來促成中華民國（臺灣）社會的和解。賠償權應包括被害人在社會與心理層面的復原，也應同時賦予追求真相與正義的權利。

25.專家建議政府應採取措施揭露白色恐怖年代大規模人權侵犯事件的完整真相。此外，為賠償正義之所需，政府亦應確認被害人所經歷的折磨與苦難。對此，政府應保證被害人與研究人員能夠有效取用相關的國家檔案。

這是臺灣首次藉由自己的方式與規格參與聯合國主導的人權報告審查，會後馬英九總統召開國際記者會信誓旦旦承諾將履行專家建議，落實

「人權治國」的理想，然而國際審查至今已過了一年，當國際鎂光燈不再關注之際，執政政府似乎早已將落實這些建議的承諾拋諸腦後。儘管我們對於情勢的發展一點也不感到意外，然而，我們仍應善用這個國際專家所提出的具體建議，以及保持與國際人權網絡的緊密聯繫，持續向國際社會發聲，藉此向政府施壓，要求政府必須履行專家所提出的具體建議，讓成就轉型正義的目標不再是政治人物口惠而實不至的政治修辭。倘若我們持續漠視，不但無法確保惡行「永遠不再」（never again）的目標得以達成，也無視於所有政治受難者及家屬曾經遭逢的苦難。臺灣實已錯過了許多追求轉型正義的最佳時機，如何處理此一事涉民主、正義、人權等價值的轉型工程，將是政府刻不容緩的政治承諾，也應是全民共同檢視其施政作為的一項重要指標。

參考書目

英文文獻

Annan, Kofi. 2004. "The Rule of Law and Transitional Justice in Conflict and Post-Conflict Society: Report of the Secretary-General." S/2004/616. in http://www. ipu.org/splz-e/unga07/law.pdf. Latest update 15 October 2015.

Chao, Linda, and Ramon. H. Myers. 1994. "The First Chinese Democracy." *Asian Survey* 34, 3: 213-230.

Cheng, Tun-Jun. 1989. "Democratizing the Quasi-Leninist Regime in Taiwan." *World Politics* 61, 4: 471-99.

Huang, Peter. 2001. "The Paradox of Taiwan's Human Rights Conditions." presented at the International Conference on National Human Rights Commission: Promoting and Protecting Human Rights. 2-4 January 2001 Taipei, Taiwan.

Huntington, Samuel. 1991. *The Third Wave: Democratization in the Late Twen-*

tieth Century. Norman: University of Oklahoma Press.

Linz, Juan. 1975. "Authoritarianism and Totalitarianism" in Fred Greenstein and Nelson W. Polsby *Handbook of Political Science Vol 3, Macro-political Theory*. Reading: Addison-Wesley Publishing CO.

Minow, Martha L. 1998. *Between Vengeance and Forgiveness: Facing History After Genocide and Mass Violence*. Boston :Beacon Press.

Payne Leigh A., Tricia D. Olsen, and Andrew G. Reiter. 2010. "Transitional Justice in the World, 1970-2007: Insights from a New Dataset." *Journal of Peace Research* 47, 6 : 803-809

Rosenberg, Tina. 1995. "Overcoming the Legacies of Dictatorship." *Foreign Affairs* 74, 3: 134-52.

Shklar, Judith. 1989. "The Liberalism of Fear." in Shaun Young. ed. *Political Liberalism: Variations on a Theme*: 149-166. Albany: State University of New York Press.

Teitel., Ruti G. 2003. "Transitional Justice as Liberal Narrative," in Michael Likosky. ed. *Transnational Legal Processes* :316-324. Lexis Nexis: Butterworths. reprinted as "Transitional Justice as Liberal Narrative." A. Sajo. ed. *In and Out of Authoritarian Law*: 3-13. Netherland: Kluwer.

Tien, Hung Mao. 1989. *The Great Transition: Political and Social Change I the Republic of China*. Stanford: Hoover Institution Press.

中文文獻

吳乃德。2006。〈轉型正義和歷史記憶：臺灣民主化的未竟之業〉。《思想季刊》。2：1-34。（Wu, Nai-te. 2006. "Transitional Justice and Historical Memory: The Unfinished Task of Taiwan's Democratization." *Reflection Quarterly* 2: 1-34.）

吳叡人。2008。〈國家建構、內部殖民與冷戰：戰後臺灣國家暴力的歷史脈絡〉。李禎祥等編《人權之路：臺灣民主人權回顧，2008年新版》：

168-173。臺北：陳文成基金會。（Wu, Jui-jen. 2008. "National Construction, Internal Colonialism and the Cold War: The Historical Context of the Postwar Taiwan State Violence." in W.C. Chen. ed. *Way to Human Rights: The Reflection on Taiwan's Democracy and Human RightsII*: 168-173. Taipei: Dr. Chen Wen-chen Memorial Foundation.）

李筱峰。2001。〈臺灣戒嚴時期政治案件的類型〉。倪子修總編《戒嚴時期政治案件之法律與歷史探討》。臺北：財團法人戒嚴時期不當叛亂暨匪諜審判案件補償基金會。（Li, Hsiao-feng. 2001. "The Type of Taiwan's Political Cases in the Martial Law Period." in T.H. Ni. ed. *Legal and Historical Research of Political Cases During the Martial Law Period*:119-37. Taipei: the Compensation Foundation on the False Trial Cases of Rebellion and Bandit Spies during the Martial Law Period.）

邱榮舉、張炎憲與戴寶村。2009。〈「戰後臺灣政治案件數量與類型分析（1949-1987）」〉。財團法人戒嚴時期不當叛亂暨匪諜審判案件補償基金會專案計畫。臺北：財團法人戒嚴時期不當叛亂暨匪諜審判案件補償基金會。（Chiu, Jung-chu, Yenhsien Chang and Pao-tsun Tai. 2008. "Analysis of Numbers and Types of Taiwan's Postwar Political Cases (1949-1987)." Project Plan of the Compensation Foundation on the False Trial Cases of Rebellion and Bandit Spies during the Martial Law Period. Taipei: the Compensation Foundation on the False Trial Cases of Rebellion and Bandit Spies during the Martial Law Period.）

邱榮舉、謝欣如。2006。〈美麗島事件之政治解析〉。陳志龍等編《臺灣人權與政治事件學術研討會論文集》：64-72。臺北：戒嚴時期不當叛亂暨匪諜審判案件補償基金會。（Chiu, jung-chu and Hsin-ju Hsieh. 2006. "Political Analysis of Kaohsiung Incident." in C. L. Chen. ed. *Taiwan Human Rights and Political Events Symposium*: 64-72. Taipei: The Compensation Foundation on the False Trial Cases of Rebellion and Bandit Spies during the Martial Law Period.）

范燕秋。2009。〈原住民菁英的整肅：「湯守仁等叛亂案」〉。《戒嚴時

期白色恐怖與轉型正義研討會》：222-252。2009月5月16日。臺北：臺灣大學集思會館。（Fan, Yen-chiu. 2009. "The Cleaning Up of the Aboriginal Elite: Tang Shou-ren and the Others' Rebellion Case." *The White Terror and Transitional Justice Seminar of the Martial Law Period*: 222-252. 16 May 2009. Taipei: GIS NTU Convention Center.）

財團法人二二八事件紀念基金會。2006。《二二八事件責任歸屬研究報告》。臺北：二二八基金會。（The Memorial Foundation of 228. 2006. "Research Report on the Responsibility of 228 Massacres." Taipei: The Memorial Foundation of 228.）

張炎憲。2008。《戰後臺灣媒體與轉型正義論文集》。臺北：吳三進臺灣史料基金會。

陳翠蓮。2009。〈特務統治與白色恐怖氛圍〉。《戒嚴時期白色恐怖與轉型正義研討會論文集》。2009年5月16日。臺北：臺灣大學集思會館。（Chen, Tsui-Lien. 2009. "Spy Domination and White Terror Atmosphere." *Proceedingof the White Terror and Transitional Justice Seminar during the Martial Law Period.* 16 May 2009. Taipei: GIS NTU Convention Center.）

張炎憲、陳鳳華。2000。《寒村的哭泣：鹿窟事件》。臺北縣：臺北縣文化局。（Chang, Yen-hsien and Feng-huaChen. 2000. "Crying of Han Village: Luku Incident." TaipeiCounty: Culture Affairs Department.）

薛化元、楊秀菁。2004。〈強人威權體制的建構與轉變（1949-1992）〉。李永熾等編《人權理論與歷史國際學術研討會論文集》：268-315。臺北：國史館。（Hsueh, Hua-yuen and Hsiu-chingYang. 2004. "Construction and Transformation of Strongman Authoritarian Regime (1949-1992)." Yung Chih Li et al. eds. *International Symposium on Human Rights and History the National History Institute*: 268-815. Taipei: Academia Historica.）

謝聰敏。2007。《談景美軍法看守所》。臺北：前衛出版社。（Hsieh, Tsung-min. 2007. *Talking about the Military Detention Center in Jingmei District.* Taipei: Avanguard Publishing House.）

Unfinished Democracy:
Transitional Justice in Taiwan

Chun-hung Chen and Han-hui Chung

Abstract

The article attempts to describe Taiwan's progress and a difficult position in practicing transitional justice during its democratic process. The first section reviews Taiwan's democratic progress and the impact on the implementation of transitional justice caused by a regime transition type. The second section describes Taiwan's authoritarian rule period, from February 28 Incident to the White Terror's political types of political cases. The third section analyses the reasons for Taiwan's unfinished transitional justice. The article claims that during Taiwan's political engineering of transitional justice, compensation for the victims was almost the only act of it and at the same time lacking legal or moral prosecution of the inflictors and the truth discovery. Taiwan has never had an opportunity to reflect on the damage caused by the system of the authoritarian rule, so that many inflictors or cooperators of the system have continued to serve in the democratized government in key positions, which has resulted in the prevailing phenomenon of impunity. Such a handling mode to compensate the victims, not willing to investigate the inflictors and seeking the historical truth, cannot solve the crime left by the authoritarian era alone, but it can also bring about a serious crisis of democratic governance in Taiwan.

Keywords: Transitional Justice, Human Rights, Political Reconciliation, Taiwan

第三章
波蘭第三共和的共黨波蘭記憶：
系統化的嘗試

Jerzy Łazor、Wojciech Morawski

壹、前言

2014年12月5日，波蘭國會紀念兩名政治經歷互異人士的過世：反共黨活動家卡茲米爾司·史雲頓（Kazimierz Świtoń）和以共黨時代電視劇《比生命更高的賭注》（Stawka większa niż życie）知名的演員斯坦尼斯瓦夫·米庫爾斯基（Stanisław Mikulski）。後者代表舊政權的所作所為，包括身為執政的「波蘭統一工人黨」（Polish United Communist Party，PZPR）黨員的身分，激怒了許多評論者，然而，一般大眾記得的是米庫爾斯基的演出，而非他其他作為，因此對評論界的反應感到不解。同時，在11月地方選舉後，右翼的「法律與正義黨」（Law and Justice party，波蘭文Prawo i Sprawiedliwość，PiS）結合紀念波蘭戒嚴法於1981年12月13日實施的年度遊行，對據稱的選舉舞弊進行抗爭，政界其餘人士認為此舉毫無意義。該年12月間，單單一週內的頭條新聞顯示，對「波蘭人民共和國」（Polish People's Republic，PPR，波蘭文Polska Republika Ludowa[1]）的記憶仍然強力影響「波蘭第三共和」的政治場景和人民的情緒。

1989年共產解體前末年間，波蘭的政治論述基礎為政府當局和社會的強烈對立。在某個程度上，這反映了當年的現實：弱化的政權受到「團結

---

1 「波蘭人民共和國」於1952年正式成立，延續至1989年。依一般使用習慣，本文使用此國名以指自二次世界大戰後整個共黨統治波蘭時代。

工聯」（Solidarity，波蘭文Solidarność）號召下的有力聯盟挑戰。然而，特別是在早期，反對派並未獲得全面的支持，因此將二分對立移植到整個「波蘭人民共和國」時代並不真確（Artwińska, 2013: 140-144）。波蘭社會普遍視共產體系為無法接受的外界強加高壓系統，由選舉舞弊及蘇聯干預的威脅所支撐。即使如此，各界的反應不一，對於共產主義有不同的解讀途徑。

　　本文的目的在於顯示這些理解途徑如何導引出對過去時期的不同記憶（Grabowska, 2004; Fik et al, 1996; Skibiński, Wiścicki, Wysocki, 2011）。作者聚焦於政黨和政治人物的集體記憶，尤其是和共黨政權合作的爭議，以及前反對派成員的革命老兵資格。這是兩則記憶的故事：一者強調和解、二者強調區別（Czapliński, 2006: 75）。個人的記憶與其說是政治化，不如說是具「私密性」，部分原因為自我書寫記憶的自然演化，部分原因為波蘭社會在1990年代以降的「意識的合理解釋化」（pragmatisation of consciousness）（Kula, 2006: 44; Ziółkowski, 2001: 16）。

　　越來越多民眾對前政權無甚記憶，他們對「波蘭人民共和國」的「後記憶」（post-memory）來自間接來源。學校課程的建構導致正式教育對此歷史時期的著墨極為有限，因此年輕人尤其是易被父執輩的故事、媒體上的簡化版本（題材通常是由不瞭解之前時代的人所準備），或者主要政黨的論述所左右（Nijakowski, 2008: 205; Nycz, 2013: 7; Malicki, 2012）。這使得本文討論的宏觀政治敘事更形重要。

　　本文分為兩個部分：第貳節依時間順序簡述波蘭在共產年代後採行的不同政治途徑，解釋反共產勢力的組成；第參節分為四點，顯示這些途徑如何影響「波蘭第三共和」對過去的政治記憶。

貳、走過「波蘭人民共和國」

　　雅爾達會議和蘇聯軍事勝利的結果，波蘭落入莫斯科控制的共產黨手

中，經過一段轉型時間，當時某些政治行動還是可能的。1948年之後，該國受到史達林主義之首當其衝，受到政治壓迫和社會變革的影響。史達林死於1953年。1956年史達林主義在波蘭終結，哥穆爾卡（Władysław Gomułka）掌權。自1948年以來，第一次有一些政治空間是可能的。

自由派的知識分子在1956年之前不被鼓勵參與政治活動，現在則歡迎更高程度的自由，然而，其成員瞭解此解禁的侷限以及其脆弱、朝夕可變的性質。此項憂慮很快就獲證實，造成的結果是，此團體的許多成員採取一個在波蘭獨具的實證主義意義上的「新實證主義」（neo-positivism）態度。此姿態起源於十九世紀，表現出的立場為，在面臨占據波蘭的強權勢力下，放棄軍事和政治上的反抗，而集中於該國社會、經濟和文化的成長。1956年後的自由程度似乎足以滿足這項需求，基於相信秘密警察無所不在的普遍假設，因此任何政治倡議均受不信任以對或常被視為挑釁。

「新實證主義」的態度漸漸成為所有非馬克斯主義團體的準則。然而此心態亦成了陷阱：一方面這有助於波蘭的文化和發展，二方面卻成了懦弱和機會主義的方便藉口。為了進行對社會有益的計畫，願意接受多少政府當局的幫助？在此情境下是誰利用了誰？如何規劃職業生涯而不觸犯不成文的廉恥禮度？這些問題沒有簡單的答案，也激起熱烈的論戰。

1956年對天主教會的直接壓迫亦告終。哥穆爾卡認可天主教會在波蘭眾議院（the Sejm）的象徵性代表權。教會分為兩派：第一，「和平聯盟」（Pax Society），起源自戰前宣揚民族主義和反猶太口號的民族主義團體，和部分共黨派系頗為親近。天主教會內教士階級視之為共黨為了分裂教會而創造的聲東擊西的手段；第二，「徵象聯盟」（Znak association）代表自由派的俗世觀點，和坐過史達林黑獄的樞機大主教維辛斯基（Stefan Wyszyński）領導下的主教團合作。

此外尚有其他途徑可行。許多在1950年代初期成年的波蘭人，是真誠地受到共產意識型態的吸引和感召（相對於基於機會主義而參與當局活動的其他人士）（Świda-Ziemba, 2010: 85-134）。對這些人來說，史達林罪行在1956年被揭露，是真正的驚嚇，有些人因此變得犬儒厭世，而有些人

則藉著改革共產體系，使其更為民主以尋求贖罪。後者組成了1956年10月支持改革力量中最激進的團體，在哥穆爾卡放棄改革後，他們的希望幻滅，但同時，新政權領導人開始將他們打為「修正主義者」。此團體一度錯誤地認為改革可以由共黨內部啟動，在這個信念下，庫倫（Jacek Kuroń）和莫德茲勞斯基（Karol Modzelewski）在1964年發表了給共黨黨員的著名公開信（Kuroń & Modzelewski, 1966），但此舉非但未引發有意義的討論，反而激起一連串的鎮壓，兩名作者均入獄。

1968年3月，被共黨文宣稱為「突擊隊」的「修正主義者」，成了學生反抗運動的中心。由於這些事件後接連的高壓、反猶宣傳，以及波蘭參與「華沙公約組織」（Warsaw Pact）對捷克斯洛伐克的軍事介入，前「修正主義者」和馬克思主義決裂，由先前在體制內的反對者，轉而公開對抗體制、奉民主為價值中心。

前「修正主義者」現身反對陣營，改變了遊戲規則。這些「突擊隊員」不採「新實證主義」的立場，而投身於政治。他們有較好的準備，因此很快地主導了反體制的論述。

即便如此，反對陣營並未能呈統一陣線。自由派知識分子和天主教會不忘「修正主義者」先前對政權的支持。對和馬克思主義沒有牽連的人士而言，1968年事件顯得不過是共黨內的幫派械鬥。天主教徒記得「突擊隊員」並未在1966年支持教會，學生也不忘工人未在1968年施與支持，而工人也不忘知識界在1970年12月的沒有作為，要建立對抗共產政權的統一反對陣線，還待時間和諒解。

這些不同團體在吉瑞克（Edward Gierek）書記早期顯得較為安定的時期，建立了彼此間的橋樑。1974年，樞機大主教維新斯基於其系列「聖十字傳道書」（Świętokrzyskie Sermons）中強調教會對人權的重視。兩年後，「突擊隊」的領袖米奇尼克（Adam Michnik）在其所著書《教會、左派和對話》（Church, the Left, and Dialogue）中表示俗世左派對教會的態度；天主教神父蒂什納（Józef Tischner）以其著作《波蘭對話的成形》（The Shape of the Polish Dialogue）回應。共同行動的架構於1975年出

現，掀起反對修憲的抗議信運動[2]，自由派、天主教，以及後馬克思團體找到了共同基礎。最後，在1976年工人抗議運動後，一個有組織的反對陣營成形，其中包括「工人反抗委員會」（Worker's Defence Committee，波蘭文Komitet Obrony Robotników，KOR）（Friszke, 1994; Friszke, 1996）。[3]

反對運動在「赫爾辛基協議」（Helsinki Accords）提供的保障下運作，活動合法但採取密謀模式，其行為在法律許可之內，但試圖改變法律和憲法體制。民眾以本名加入反對運動，因此暴露在壓迫的威脅之下。長期監禁徒刑不常見，但拘留、禁止國外旅行，以及失去工作的危險在預期之中。數以千計的人民組成反對勢力，其中，數百人放棄相對正常的體制內生活，選擇投身政治活動，而成為反對運動中心的職業家。

具運作能力的反對陣營的出線，更加深「新實證主義」分子選擇的困難。持續採取此消極姿態依然可行，但其決定的邊界條件已然改變。現在，即使是對反對運動成員有孺慕之情者，也必須決定要作為工人還是行動家，方能對國家有更高的貢獻。此外，較以往更明顯的是，自絕於政治之外的決定，可能有意識無意識地是被恐懼和投機心態所趨動。

到目前為止，我們集中於討論當代評論家和未來歷史學者注意的政治活躍人士。然而，活躍人士總是少數，多數人對政治冷淡。在史達林主義早期，此兩項行為間的區隔不大，但早在1950年代中期，年輕人就開始反叛官式、嚴格的社會規範，這個被稱為「道德反判」（moral opposition）

---

[2]　此次修憲後，憲法將列入條款，明訂和「蘇維埃社會主義共和國聯邦」的同盟關係，以及人民須盡公民義務後方能享有公民權。在抗議之後，當局將後一款修正地較為和緩，但國會在1976年通過此修憲案，僅一票棄權，其為「徵象聯盟」的國會議員Stanisław Stomma。

[3]　「工人反抗委員會」在1976建立，1977年反對派的右翼創了「人權與公民權防衛運動」（Movement for Defense of Human and Civic Rights，波蘭文Ruch Obrony Praw Człowieka i Obywatela，ROBCiO）。1979年「獨立波蘭聯盟」（Confederation of Independent Poland，波蘭文Konfederacja Polski Niepodległej，KPN）成立。

的世代，抗拒意識型態、對官方說法（mowa-trawa）過敏，並有尖銳的幽默感（Swida-Ziemba, 2010: 135-223）。其成員尋求在親近群體內的歸屬感，故意在穿著、髮型和對音樂的品味上，展現傾美和傾西方的態度，明知這些行為讓當局不安。

當局稱他們為「西方時尚的奴隸」（bikiniarze），試圖阻撓其活動，但並不打算公然鎮壓。在哥穆爾卡當政，稱為「小幅穩定調整」（Small Stabilisation）的時期，不關心政治及退縮至私人領域的態度成為常態。在和官方現實接觸中，幽默扮演越來越大的角色，在史達林主義的恐怖年代後，「波蘭人民共和國」可說是變得越來越「搞笑」了。這個時期的波蘭文化展現了此一變化，例如1970年以來馬瑞克‧皮瓦斯基（Marek Piwowski）的電影《往下游的旅程》（A Trip Down the River，波蘭片名Rejs）以及巴瑞亞（Stanisław Bareja）的系列邪典電影（Cult Film，或稱次文化電影），此時期也出了許多精采的諷刺歌廳秀（cabaret），這給了波蘭「共產主義陣營中最歡樂的小屋」這個稱號，諷刺作家逐漸取代政府，掌握了民心（至少是知識界的民心）。當局試著管控此趨勢，但視其為安全閥，因此並不試圖嚴加禁止。

共產主義體系透過教育及拆解戰前社會秩序，提供了社會地位的向上流動管道，波蘭大多數知識分子受惠於此。在一段時期內，知識界普遍接受「這樣的社會流動只會發生在共產政權之下，在市場經濟體制下是不可能的」之論調。然而隨著政治體系的轉變，新一代的知識分子變得更會挑戰上述論點，不認為為了其社會地位的提升，就必須付出、犧牲基本民權的代價。

當局瞭解無法依恃公眾支持，因此集中注意力在加深社會的分化，透過巧妙地營造秘密警察無所不在、無所不能的形象，強化人民對參與公眾事務的遲疑態度，相信秘密警察萬能的人們常會草木皆兵，處處都見到挑撥。以外，1980年以前普遍的假設是，這個世代不會見到共產主義的瓦解，結果是，如果移民不是選項，個人就得找個自己的小角落，在不違犯廉恥禮度下過著儘可能正常的生活。

　　若望・保祿二世（John Paul II）在1978年被選為教宗以及他在次年6月第一次前往波蘭的朝聖，成為突破的契機。數以千計的民眾上街迎接教宗的造訪，在此同時親眼見證了自身的力量，瞭解到他們可在未獲當局首肯下組織大型活動。這在一年後就開花結果，數百萬人支持的「團結工聯」在極短時間內便告誕生。

　　「團結工聯」運動的大規模性質有幾項因素：一項為道德價值回到政治領域；另一項為公眾重拾權力感，認知到共產主義可能在可見的未來內瓦解；以及人民相信政權無法壓迫每一個人，因此不再過度擔憂、猜測他們其間誰具秘密警察特務的身分，這打破了恐懼的藩籬。

　　這樣的氣氛只能短暫維持，反對陣營內解體的徵兆在1981年12月沃依切赫・雅魯澤爾斯基將軍（Wojciech Jaruzelski）任波蘭共產黨總書記時施行戒嚴令的數個月前就已顯現。此事穩住了反對陣營，但大幅減少了其成員，將數百萬「團結工聯」的支持者推回冷漠狀態，「大笑」成了因應荒謬無望的情勢的常見反應。這由藝術家組織「橘色替代路線」（The Orange Alternative，波蘭文Pomarańczowa alternatywa）大出風頭中可見。此團體發跡於弗羅茨瓦夫（Wrocław），由自命少校的弗里德里奇（Waldermar Frydrych）領頭，組織嘲諷軍隊及官方行禮如宜的展演（Fydrych, 2002）。

　　「團結工聯」回到政治舞臺及其在1989年選舉的勝利，是基於戈巴契夫（Mikhail Gorbachev）掌政以後政治趨勢的變化；另一項重要因素是波蘭共黨領袖相信其體制已窮盡了成長的可能性。「團結工聯」本身，雖取得勝利，卻不復先前一呼百應的力量。

參、記憶的途徑

一、和解

　　波蘭政治體制的改變不經流血，而是透過協議演變而來，大多數波蘭人及國際評論者將此視之為傲人的成就。然而，部分人士自初始即視其為腐敗的妥協，寧願有個明確的轉捩點，得以在象徵及道德層面上將新自由波蘭和「波蘭人民共和國」作個絕斷。更激進的論者雖然不公開說，但私下表示寧可來場「血洗」（Nijakowski, 2008）。改革的和平特徵和「波蘭統一工人黨」前黨員對新政府的效忠，的確模糊了分野，對解決歷史遺緒也沒有幫助。

　　「圓桌」妥協（Round Table compromise）帶來了1989年6月4日的大選，此次選舉算是部分程度上自由。前政權的代表仍控制部分官位：雅魯澤爾斯基取得總統大位、首任非共黨總理的塔德烏什・馬佐維耶茨基（Tadeusz Mazowiecki）。政府內，國防部部長和內務部部長由兩名前政權將軍佛羅安・西維基（Florian Siwicki）和切斯瓦夫・基什恰克（Czesław Kiszczak）擔任。馬佐維耶茨基在該年9月的公開聲明中，使用之前常被拿來批評他的「劃清界線」這個用詞，表示應以一條「粗重的界線」（gruba kreska）將過去歷史區隔開來。他想表達的是聚焦於當前事件的急迫需要以及集體責任的不悅，但對手則聲稱他的目的是進行至少在道德層面的大赦。

　　1990年1月「波蘭統一工人黨」解散後，創生了兩個政黨：塔迪斯・費爾巴赫（Tadeusz Fiszbach）的「波蘭社會民主聯盟」（Social Democratic Union of the Republic of Poland，波蘭文Unia Socjaldemokratyczna）和亞歷山大・克瓦希涅夫斯基（Aleksander Kwaśniewski）領導下的「波蘭共和國社會民主黨」（Social Democracy of the Republic of Poland，波蘭文 Socjaldemokracja Rzeczypospolitej Polskiej，SdRP），後者不否認和「波蘭統一工人黨」在包括黨產上的延續性。費爾巴赫的「波蘭社會民主聯盟」

稍縱即逝，但「波蘭共和國社會民主黨」的未來還長，成為左翼「民主左派聯盟」（Democratic Left Alliance，波蘭文Sojusz Lewicy Demokratycznej, SLD）的骨幹。

新政府很快就開始拆解非民主的機構，如「宗教局」（Religion Office，波蘭文Urząd do spraw Wyznań）、言論審查、「秘密警察」（Security Service，波蘭文Służba Bezpieczeństwa）等。前「秘密警察」雇員若想要在新成立的「國家安全局」（State Security Office，波蘭文Urząd Ochrony Państwa）工作，須先通過認可，包括判定該員在先前違反人權和打擊反對派行動上個人涉入的程度。1990年春季到夏季間政府收到的訊息是，雖然情報頭子基什恰克將軍下了相反的命令，但秘密警察文件已在進行銷毀。到了1990年7月，兩名共黨將軍都離開了政府，其職位由民主反對陣營的政界人士出任。

在政權轉移之後，後「團結工聯」陣營內出現緊張。萊赫·華勒沙（Lech Wałęsa）把馬佐維耶茨基推向總理大位，但他自己不久後就感到被邊緣化。在1990年春，不滿意改變，尤其是覺得變革來得相對地慢的人士，開始集結在「團結工聯」層峰，他們要求進行新的總統選舉，預期華勒沙會勝出。雅魯澤爾斯基並不反對，並表示願意辭職；華勒沙和政府間的衝突白熱化，導致馬佐維耶茨基也決定下海參選，後「團結工聯」陣營在此次稱為「上位戰爭」（High War，波蘭文wojna na górze）的選戰中出現分裂。支持更快速改革者由雙胞胎兄弟雅洛斯瓦夫·卡欽斯基（Jarosław Kaczyński）和列赫·卡欽斯基（Lech Kaczyński）帶領，組成了「中間協議」（Centre Agreement，波蘭文Porozumienie Centrum，PC）；而馬佐維耶茨基的追隨者則創立了「民主行動公民運動」（Citizen's Movement for Democratic Action，波蘭文Ruch Obywatelski Akcja Demokratyczna，ROAD），之後改組為「民主聯盟」（Democratic Union，波蘭文Unia Demokratyczna），最終組成了「自由聯盟」（Freedom Union，波蘭文Unia Wolności，UW）。

這個分裂和「波蘭人民共和國」的演變有關，「民主行動公民運動」

為組成「工人反抗委員會」左翼的「後修正主義」者所主導，1968年的記憶及反猶宣傳在這個圈子的傳統占了特別的位置。另一方面，「中間協議」的組成分子多是先前採「新實證主義」姿態的人物，這些人常正確地假設他們在反對陣營的資歷遠早於「後修正主義」者，對於對手的觀點主導了「波蘭人民共和國」的主流論述相當不快。這些「新實證主義」者即使不是基於反猶主義的心態，還是認為將1968年事件當作敘事的中心實在過當。

同時，越來越多人聲稱過去曾加入反對陣營。以「波蘭第二共和」的開國故事來做類比，這些人可被稱為「第四縱隊」。[4]1990年，這些假革命榮民已隨處可見，要假託「中間協議」的「新實證主義」傳統，比要加入其政治對手「民主行動公民運動」的「後修正主義」還來得容易，很快的，前革命分子間的衝突中，「第四縱隊」所扮演的角色擴大（Kula, 2006: 46）。

「上位戰爭」的結果是，要解決「波蘭人民共和國」未竟過往的大戲，不只是在後共黨人士及前反對人士間進行，現在，後「團結工聯」內的兩派人士也擺好陣式，準備一決高下。華勒沙果然贏得總統選舉；馬佐維耶茨基輸得徹底，連進入第二輪投票的機會也沒有，反而是一個神秘的政壇新人、從加拿大來的商人斯坦尼斯拉夫·提明斯基（Stanisław Tymiński）和華勒沙在複選中對決；福洛茲米爾斯·齊莫謝維奇（Włodzimierz Cimoszewicz）代表後共黨陣營，勉強取得百分之九的選票。

華勒沙勝選之後，決定不要依賴過去幫助他的人，轉而尋求前對手「民主行動公民運動」黨人，以及在「強健左腿」口號下集結的左派人士的支持。他這身為國家領袖合理的作法，卻令過去的盟友感到失望，數個

---

4 「波蘭第二共和」的開國故事特別尊崇「波蘭軍團」（Polish Legions），很快地，自稱是軍團成員的人數大為膨脹。歷史上「波蘭軍團」僅有三個縱隊，因此，那些試著在軍團解散後「參軍」者，被諷刺地稱為「第四縱隊」。

月後，「中間協議」和華勒沙分裂。

　　1991年底舉行了第一次完全民主的國會選舉，由「民主行動公民運動」改組的「民主聯盟」取得最多選票，但其對手在「中間協議」領導下組成大聯盟，華勒沙被迫將組成新政府的任務交付給揚‧歐塞斯基（Jan Olszewski）。

　　在歐塞斯基短暫擔任總理期間（1991年12月到1992年6月），有些涉及「波蘭人民共和國」時期的問題浮上檯面，特別是對「去共黨化」的爭論——此項提案將禁止「波蘭統一工人黨」黨員參與政治活動。最後認為，全面禁止等於是施以集體責任制裁，很難不說違反了人權。實際上激起最大衝突的是「淨化政策」——公開內務部秘密警察檔案（Grzelak, 2005）。

二、「淨化政策」：第一役

　　1992年5月，國會要求內務部長安東尼‧馬切雷維奇（Antoni Macierewicz）交出部裡對擔任高官的政治人物所掌握的資料。馬切雷維奇在準備這些資料的同時，正值華勒沙對政府提出不信任投票，使得局面更顯得戲劇性。1992年6月2日，馬切雷維奇提出一份六十四名政治人物的名單，但從一開始，這就引發了許多疑問。從文件中無法判斷，這份名單是列出秘密警察特務，還是內務部掌有資料的人士——包括特務及其受害人；另外又出現了一份名單，其中不只有華勒沙，疾聲厲色的反共人士列社克‧莫祖斯基（Leszek Moczulski）也赫然在列，歐塞斯基政府在高漲的氣氛下倒臺。後共黨左派反對公開這些資料並不令人意外，但後「團結工聯」陣營中很多人士也採取同樣立場（Opalińska, 2012）。

　　「淨化政策」的第一役以其支持者的失敗而告終，此政策本身也在短時間內備受質疑。後「團結工聯」支持者聲言，公開秘密警察檔案對前反對派的殺傷力大過對後共黨人士的傷害，且指出，賦予秘密警察資料無條件的信賴，等於是讓之前的特務成了現在後「團結工聯」菁英的裁判。

　　支持「淨化政策」者多為右翼政客，許多人自認在改朝換代中錯失了晉升的機會；另一批支持者來自所謂的「第四縱隊」，這些人未參與1989年以前的反對運動，不曾吸引秘密警察的興趣，因此得以隨意地攻擊真正的反對派老將，也許抱著取而代之或接收其部分傳奇的希望，這個過程中，損傷力特別大的是對華勒沙的攻擊，指控他是代號Bolek的秘密警察線民。「第四縱隊」遲來的熱忱，清楚地展現在「我之前不怎麼支持（共黨），現在也不必多刻意反對（共黨）」這個說法上。

　　「淨化政策」的支持者的確對秘密警察檔案有不加條件的信賴，認為秘密警察「不會自己騙自己」，在他們眼中，文件上的簽名，就足以證實此人和秘密警察的合作。然而，簽署這類文件的要求亦見於所有出國經商者均須簽的「出境指示」，或許多場合會要求簽署宣誓遵循憲法的效忠聲明。在1980年代，簽署效忠聲明被視為機會主義，但此舉從未被認為是與當局合作的義務保證，現在情況大為不同了。

　　也許最意味深長的是，這些攻擊不是針對前秘密警察特務這些施暴者，而是他們的受害人。以前的反對運動人士，在法庭上維護自己的名聲時，有時不得不仰賴傳喚以前監控他們的警察特務，因此，特務再度得以決定先前受害者的命運。馬切雷維奇一舉之間，削弱了整個後「團結工聯」陣營的基礎。

三、間奏

　　波蘭在1993年到1997年間，由後共黨的「民主左派聯盟」和農民黨「波蘭人民黨」（Polskie Stronnictwo Ludowe, PSL）組成的聯盟當政，其中包括「波蘭人民共和國」時期政府內的人士。這些人所以能掌權，是由於反「團結工聯」的情緒大行其道（Szacka, 2006）。共產主義的倒臺帶來快速上升的失業率，許多先前的雇主也被迫歇業，這使得許多現在變得無所依靠的人，緬懷過去的共產體制。右派對「波蘭人民共和國」的整體遺產不經思索的攻擊，更是火上加油、煽動了這個情緒。許多人視之為

對其自身的記憶和個人人生成就的攻擊（Brocki, 2001; Ziółkowski, 2001; Kałwa and Klich-Kluczewska, 2011）。[5]一場充滿象徵意義的爭論在華沙公開上演，部分人士要求拆除矗立於華沙市中心、1950年代建的龐大「文化宮」建築（Palace of Culture）。雖然「文化宮」起初的確是蘇聯控制的象徵，但隨著時間過去，華沙市民習慣了它特殊的風格，開始將其視為首都的代表性建築，後共產分子嘲笑這拆「文化宮」的主張是搞錯了熱心對象。在1995年當選總統的克瓦斯涅夫斯基，就是以「投票給我們的未來」作為競選口號，後共產分子成功地壓制了任何試圖解決對前時期記憶的法律行動。

　　雅魯澤爾斯基將軍也為了爭取他的歷史定位進行了一場個人戰役（Nijakowski, 2008: 207-208）。他曾在多個不同場合向戒嚴時期的受害者道歉，表示負起歷史責任，但同時也辯護他所作的決定，堅稱這是兩害相權取其輕。令右翼政治人物深為失望的是，大約一半的民意同意他的論點，認為蘇聯軍事介入的確會是「更大的惡」。然而雅魯澤爾斯基沒戒掉共黨時代習慣的寓言性用語，將這個「更大的惡」描述成內部爭伐，同意有這樣的危險的人就少得多了。

　　1997年，歷史學者和參與1981年事件者在華沙附近的澤蘭卡（Jachranka）舉行會議，其間蘇聯領袖表示，當年他們並沒有介入波蘭的計畫，且雅魯澤爾斯基在準備推行戒嚴令時，其實有向他們求助。雖然俄國人的聲明不能照章全收，但這使得雅魯澤爾斯基的立場變得更為複雜，他一直是個評價極端的人物及長期公眾議論的焦點，爭議在他於2014年過世時到達高點。

　　檢驗對「波蘭人民共和國」態度的另一個試金石是庫克林斯基上校（Ryszard Kukliński）的案例。他從1972年任職波蘭參謀總部軍官時，就開始為美國中情局效力。1981年他警示美國人波蘭要施行戒嚴的消息，被

5　研究指出，對年輕時代記憶自然的美好回想以及為自身經歷找尋意義的需求，並不足以解釋此反應，而認為當前處境越差的個人，越可能有這類緬懷過去的情緒。

迫逃亡西方，並在波蘭被判死刑，而後在1990年代獲得平反後歸國。對右派來說他是個英雄，是「北約內第一位波蘭軍官」，但對許多軍隊人士而言，他仍是個背離誓言的叛徒，庫克林斯基上校在2004年過世，榮葬於華沙軍墓。華狄斯瓦·帕希考夫斯基（Władysław Pasikowski）在2014年執導的電影《華沙諜戰》（*Jack Strong*）就是以他為主角，電影甚獲好評，為庫克林斯基奠定了正面評價（Kukliński, 1987; Weiser, 2009）。

也許最重要的是，這些年間不斷地在找尋描述前政權的合宜敘事手法，部分受到包括前面提到巴瑞亞等導演令波蘭人回味無窮的電影之影響，漸漸的，嘲弄諷刺成為主流的型態。史達林時期其實不容許這樣的戲劇手法，但在1990年代，不多人記得那些日子；右翼正統覺得這種嘲諷的手法太汙衊人，認為這反映了對體制下受害者的不敬。就像常見於這類事件中的，這其實主要是個人品味和感受的不同，而非在政治上有什麼真正的區別（Kolakowski, 1996; Stańczak-Wiślicz, 2013）。

四、「淨化政策」：第二役

1997年，後「團結工聯」各黨以「團結工聯選舉行動」（Akcja Wyborcza Solidarność, AWS）和「自由聯盟」（Unia Wolności, UW）組成聯盟、重新執政，這也意味「波蘭人民共和國」未決的歷史問題重回到政治場上，主要有三點議題：去共黨化（de-communisation）、淨化政策，以及授權民眾取得舊政權迫害機構的檔案資料。

一項1998年6月去共黨化的草案，禁止所有「波蘭統一工人黨」黨員在十年內不得任公職。此案不只「自由聯盟」不支持，部分「團結工聯選舉行動」的國會議員也反對，去共黨化這個概念在此之後就不復起。幾年後，隨著越來越多會受影響的人士接近退休年齡，這個議題也不再重要。

1997年大選前，在野黨結合部分「波蘭人民黨」的票數，便足以勝過「民主左派聯盟」，通過了波蘭第一個「淨化政策」法案。1998年6月此法修正案通過，「淨化政策」積極推行。華沙的上訴法庭獲得授權，審查

擔任公職者的「淨化」聲明，按規定，任公職者必須聲明在過去是否有和「波蘭人民共和國」下的秘密警察合作，承認合作會遭道德譴責，但不會受罰，會遭罰的只有「淨化不實」（lustration falsehoods）。「公眾利益委員會」主委（Commissioner for Public Interest，波蘭文Rzecznik Interesu Publicznego）尼金斯基（Bogusław Nizieński）負責引用檔案資料來查核聲明（Opalińska, 2012: 160-163）。提出聲明者本身沒有取得這些檔案資料的權限，因此，秘密警察的前特務常成了仲裁者，且法庭傾向相信他們，而非他們先前加害的人。

　　1998年12月，波蘭「國家記憶局」（Institute of National Remembrance，波蘭文Instytut Pamięci Narodowej，IPN）成立（Dudek, 2011），由里昂・基耶瑞斯（Leon Kieres）教授出任首任局長，為了通過相關法案，國會成功地推翻總統克瓦希涅夫斯基的否決案。「國家記憶局」將集中所有和過去政權用來迫害人民機制相關的檔案資料，並在未來接手執行「淨化政策」，結合研究、教育、調查的職能，並將設一檢查局處來進行調查。

　　2001到2005年間，「民主左派聯盟」重新掌權。在這段時期舉足輕重的《選舉日報》（Gazeta Wyborcza）及其主編亞當・米奇尼克的影響力大幅下降。它的背景是與過去和解的運動的支柱。米奇尼克是反對派的英雄，他大鳴大放地模糊了舊有的政治分野，在1989年後成了後「團結工聯」陣營內自由派的道德權威，而右翼派系則對他十分不悅。他的影響力在2001到2003年間到達高峰，「授予後共黨分子道德證書」，和後共黨出身的總統克瓦希涅夫斯基及總理萊舍克・米勒（Leszek Miller）組成了非正式的三人領導團。米勒之後表示：「克瓦希涅夫斯基和我享有實質的政治權力，但米奇尼克掌握了人民的心及輿論的成形」（Krasowski, 2014: 190）。

　　2002年，「雷文醜聞」（Rywin scandal）爆發，毀了左派的聲名，且損傷了米奇尼克的地位。波蘭電影製片呂・雷文（Lew Rywin）向米奇尼克提出一個索賄的提案，米奇尼克雖是受害者角色，也攝錄下其中過程，

但沒有立即通知警方，反而進行自己的調查報導，到頭來也在此事件中受了傷。

　　此件醜聞改變了波蘭的政治氣候，強化了右派且掀起了大規模的肅貪運動。右翼的「法律與正義黨」在雙胞胎兄弟卡欽斯基的領導下，在2005年同時贏得總統和國會選舉，對共黨解散後的政治發展提出異議，並力倡要在「真相」和「崇高道德」上建立「第四共和」。這亦引發許多對過去及如何呈現歷史的討論。

　　2005年年初爆發了另一件醜聞，記者布朗尼斯勞·弗爾德斯坦（Bronisław Wildstein）公開一份他由「國家記憶局」挾帶出來的名單（Opalińska, 2012: 197-198），這其實是份檔案資料索引，包含了名列秘密警察檔案資料人士的名字。此事造成重大改變，在此之前，「淨化政策」只適用於政界活躍人士，但現在數以千計的個別民眾也可能受到是否與共產政權合作的嫌疑，有些人不過是和名單中人同名。弗爾德斯坦及其支持者大談「道德提升」，但事實上他們的行為造成不當的傷害，更有甚者，如同前文所述，在「波蘭第三共和」的最後時日，要積極參與政治，就必須無視秘密警察的舉動，不必猜測周遭人士誰是特務。弗爾德斯坦的名單改變了這個條件，他的手段也挑戰波蘭愛國主義的文化標準，波蘭敘事論述的原型是十九世紀的文學角色Jacek Spolica和Andrzej Kmicic，他們在故事開始時是反派，但之後一改前非。[6]在「淨化政策」支持者的思考模式下，沒有悔過的空間，沒有以行動為先前過失贖罪的機會，這成了秘密警察在消亡後的最終勝利。

　　「淨化政策」問題在2006年秋季升溫，雅洛斯瓦夫·卡欽斯基政府提出了一份新「淨化政策」法案，提案對大眾公開所有「國家記憶局」檔案。支持者的立論是，所有未公開的資料都可能被用以勒索，然而這些包

---

[6]　Jacek Soplica是Adam Mickiewicz所著十九世紀民族史詩Pan Tadeusz中的角色，在年少時犯下罪行，之後以Robak神父的身分進行愛國任務來贖罪。Andrzej Kmicic是十九世紀末Henryk Sienkiewicz的著作Potop的主角，經過了類似的轉變歷程。

括秘密警察為了勒索反政權人士收集的材料，通常是針對當事人私密生活及健康情況等私事，公開這樣的資料是對過去反對派的英雄無謂的殘酷行為。

　　此新法要求記者、律師、學術人士等亦必須提交「淨化聲明」，這將「淨化政策」的涵蓋範圍從少數政治菁英，擴及到上千和政治無甚關係的民眾。提交的程序本身對許多人來說就是個差辱，而先前已經歷此過程者也必須再次提交，因此，有些人即使明知會失去工作，仍抗議拒絕，這包括「歐洲議會」議員及前波蘭外交部長布羅尼斯瓦夫·葛萊米克（Bronisław Geremek）和數名記者。1992年許多支持「淨化政策」者來自「第四縱隊」，在2007年，由於時間的推移，支持者通常是年輕人，出生於1973年後的他們不須經歷這個程序。而對社會上層人士進行全面清算，可能會開暢升遷管道，年輕一代對之前政權並無直接記憶，且不瞭解過去人們所作所為的背景脈絡。

　　決定性的時刻於2007年5月11日到來，「憲法法庭」（Constitutional Tribunal）審議新「淨化政策」。「國家記憶局」在前一夜公開對兩名法官不利的資料，此兩人因此被迫退出。「憲法法庭」無視於這些恐嚇手段，仍嚴厲地批評此法，首席大法官葉基·史帝潘（Jerzy Stępień,）在數小時會議後以一個暗喻句作結：「每個人真的需要知道其他每個人的每件事嗎？」在場眾人陷入一片靜默。

肆、結論

　　卡欽斯基在2007年選舉失利以及「法律與正義黨」的「第四共和」理念崩潰後，試圖解決「波蘭人民共和國」歷史問題的議題被推向政治舞臺的邊緣。隨著後共產分子的角色越來越重，政治平衡改變，後共產和後反對派的分野不再定義政治角力的對抗，由後「團結工聯」發展出的兩黨間的對立，成了更重要的因素（Kaniowski, 2006: 26-35）。反對運動的老兵

資格和塑造對共黨時代的主流論述是政界最被覬覦的大獎。「遲來的老兵」試圖詆毀真正的反對老將，欲取而代之，而後共產分子是老練的政客，不會放過這個贏得道德大赦的機會。

參考書目

英文文獻

Artwińska, A. 2013. "Pamięć negatywna. Komunizm i/a sprawcy." *Teksty Drugie* 3, 141: 135-149.

Brocki, M. 2001. "Nostalgia za PRL-em. Próba analizy." *Konteksty. Polska Sztuka Ludowa* 45, 1(132): 26-33.

Czapliński, P. 2006. "Koniec historii." *Przegląd Polityczny* 75: 69-79.

Dudek, A. 2011. *Instytut. Osobista historia IPN*. Warszawa: Wydawnictwo Czerwone i Czarne .

Fik, M.et al. 1996. *Spór o PRL*. Kraków: Znak.

Friszke, A. 1994. *Opozycja politycznaw PRL 1945-1980*. London: Aneks.

Friszke, A. 1996. *Państwo polskie-autonomiczna część imperium*, [in:] *Spór o PRL*, Kraków.

Frydrych, W. 2002, *Żywoty mężów pomarańczowych*, Wrocław-Warszawa: Pomarańczowa Alternatywa.

Grabowska, M. 2004. *Podział postkomunistyczny. Społeczne podstawy polityki w Polsce po 1989 roku*. Warszawa: Wydawnictwo Naukowe Scholar .

Grzelak, P. 2005. *Wojna o lustrację*. Warszawa: Wydawnictwo Trio.

Kałwa, D. and B. Klich-Kluczewska. 2011. "Codzienność peryferyjna. Pamięć o PRL mieszkańców Ustronia-studium przypadku." *Konteksty* 45, 1(132): 57-64.

Kaniowski, A. M. 2006. "*Druga wojna na górze, czyli pierwsze starcie "wspól-*

notowców" z "kontraktualistami"." *Przegląd Polityczny* 76: 26-35.

Kolakowski, L. 1996. "PRL Wesoły nieboszczyk?" in M.Fik et al. eds. *Spór o PRL:* 146-158. Kraków: Znak.

Krasowski, R. 2014. *Czas gniewu. Rozkwit i upadek imperium SLD.* Warszawa: Czerwone i Czarne.

Kula, M. 2006. "Lepiej nie nadużywać (historii)." *Przegląd Polityczny* 76: 37-48.

Kukliński, R. J. 1987. *Wojna z narodem widziana od środka: Rozmowa z b. płk. dypl. Ryszardem Kuklińskim przeprowadzona w piątą rocznicę stanu wojennego.* Warszawa : MOST.

Kuroń, J. & K. Modzelewski. 1966. *List otwarty do partii.* Paris: Instytut Literacki.

Malicki, K. 2012. *Pamięć przeszłości pokolenia transformacji.* Warszawa: Wydawnictwo Naukowe Scholar.

Nijakowski, L. M. 2008. *Polska polityka pamięci.* Warszawa : Wydawn Akademickie i Profesjonalne.

Nycz, R. 2013. "PRL: pamięć podzielona, społeczeństwo podzielone." *Teksty Drugie* 3, 141: 6-9.

Opalińska, A. 2012. *Lustracjaw Polsceiw Niemczech.* Wrocław: Oficyna Wydawnicza ATUT.

Skibiński, P., Wiścicki, T., Wysocki, M. eds. 2011. *Historycy i politycy. Polityka pamięci w III RP.* Warszawa: Wydawnictwo DiG.

Stańczak-Wiślicz, K. 2013. "Traktorzystka-o potędze wizerunku." *Teksty Drugie* 3, 141: 150-163.

Szacka, B. 2006. *Czas przeszły, pamięć, mit.* Warszawa: Wydawnictwo Naukowe Scholar.

Swida-Ziemba, H. 2010. *Młodzież PRL. Portrety pokoleń w kontekście historii.* Kraków: Wydawnictwo Literackie.

Weiser.B. 2009. *Ryszard Kukliński. Życie ściśle tajne.* Warszawa: Świat Książki.

Ziółkowski, M. 2001. "Pamięći zapomnienie: trupy w szafie polskiej zbiorowej pamięci." *Kultura i Społeczeństwo* 45, no 3/4: 3-22.

The Memory of Communist Poland in the Third Polish Republic: A Tentative Systematization

Jerzy Łazor and Wojciech Morawski

Abstract

The political discourse in Poland in the final years before the fall of communism in 1989, was based on a strong opposition between the authorities and the rest of society. Even then, however, support for the opposition was not unanimous, and it was even less so in previous years. Most Poles considered the communist system forced, exogenous, oppressive, unacceptable, and supported by the Soviet threat. Still, individual reactions were varied: there were different paths to be taken through communism. The authors of the paper discuss how these paths contributed to differing recollections of the period. They focus on the collective memory of political parties and politicians, particularly on the controversial question of collaborating with the communist regime and the rights to veteran status among the former opposition members. It is a story of two types of memory: the one stressing reconciliation and the other pushing the distinction between former regime representatives and democratic opposition members.

Keywords: politics of memory, the Third Polish Republic, Solidarity, Post-Communism

PART 2

選舉制度的挑戰

第四章
選民的選制知識與新選制的政治效應（2008-2016）

林瓊珠

壹、前言

　　1980年代末期，臺灣政治開始走向自由化與民主化的階段，同一時期的亞洲其他國家，諸如韓國或菲律賓也同樣經歷政治民主化的階段。臺灣民主政治發展的重要時間點，包括1986年民進黨的建立、1987年解除戒嚴，以及1991結束動員戡亂時期，也結束兩岸敵對和勢不兩立的態勢。1991年和1992年分別舉行的國民大會和立法委員選舉，由臺灣選民全面直接選舉中央民意代表，賦予國會直接民意基礎，也提供政黨競爭的舞臺，臺灣的政黨政治漸形成競爭性的政黨體系。

　　選舉的舉辦提供數項功能，例如提供政治衝突解決的管道、民意的表達、政治參與的管道、提供政權的合法性等。位於東亞的韓國與臺灣，相繼在1980年代中期步上民主化的轉型階段，但是臺灣民主政治的發展與韓國有相異之處。臺灣自1950年代開始便有地方選舉的舉辦，[1]也由於地方選舉的舉行，提供早期非國民黨籍人士參政的舞臺，此時期雖非公平性的競爭性選舉（游清鑫，1995：190），但選舉的舉辦提供黨外政治人物串連或合作的機會，為1980年代的黨外組織性團體的建立紮下基礎。[2]同

---

[1]　韓國則是先有中央層級選舉的舉辦，從1990年初期才有地方選舉的舉辦，是以，對在野人士而言，總統選舉和國會議員選舉是重要舞臺。

[2]　例如1983年「黨外編輯作家聯誼會」、1984年「黨外公職人員公共政策研究會」，1985年10月中選會允許黨外候選人以「公政會」的資料刊登於選舉公報上。

時，地方選舉的施行，提供對一般大眾政治社會化的機會。藉由選舉的過程，傳播民主價值的種子，提供民眾逐步熟悉選舉和民主政治（Croissant, 2002: 6）。

　　從1992年立法院首度全面選舉後，迄今已經舉辦過八次選舉。在2008年之前的選舉所採用的選舉制度，為多數人所熟知的單記非讓渡投票制（Single-Non-Transferable Vote），但在全國不分區和僑選席次的分配上，則依據政黨得票比例來分配，只不過選民在投票時只有一張選票。[3]依據國民大會複決通過的第七次修憲內容，立法委員從第七屆始改採「單一選區兩票制」，同時總席次減少為113席。[4]不同的選舉制度所帶來的政治影響有別，而選舉制度的改變，勢必對該國政治發展、政黨發展和選民投票行為帶來衝擊，是以選舉制度改革及其政治影響可加以探討的面向多元，本文限於篇幅和時間，將聚焦以下兩個面向討論：1.選民對選制的認知；2.政黨政治發展。本文認為選舉制度改革的討論，多數都著重在比例性的探討，然而選民才是實踐選舉制度的主體，選民對選舉制度有正確認識，是選舉制度設計本身得以發揮效果的基本要件，是以，有必要瞭解我國選民對現行選舉制度的認識情形。選舉制度的設計也影響政黨的選舉實力，進一步左右政黨體系的動態發展，對於達成代議政治和代表性有重要的影響，是以有必要針對此面向有較為全面性的討論，藉由綜合個體調查資料和總體選舉結果資料的分析，本文試圖回答臺灣選民的選制知識情形、影響選制認識的因素，以及新選制對政黨體系變化與發展之影響等問題。

---

[3]　設有5%的政黨門檻。
[4]　歷屆立法委員的選舉制度、總席次和席次分配，可參見表4-1整理。

貳、1992-2016年立法委員選舉概況和政黨表現

　　如前所述，在2008年之前立法委員選舉所採用的制度為單記非讓渡投票制，在這個施行於複數選區的制度中，選民只能投一票，每個選舉區的應選席次不一，根據候選人得票數高低依序當選，候選人的得票數毋須超過半數。除區域選區的席次外，尚有不分區席次和僑選席次的設計，此乃依照政黨得票的比例來分配，每個年度的應選席次如表4-1所示，1992年有161席；1998年到2004年固定為225席；2008年之後減少為113席次。

　　自1992年開始，總共舉行過八屆立法委員選舉，而年滿20歲的成年人便具有投票權。從表4-2整理可以發現，選民人數在1992年時約有一千三百四十餘萬人，2012年時選民人數增加至一千七百九十餘萬人，至2016年合格選民更增加至一千八百六十九萬餘人。歷年合格選民人數的成長率皆呈現正成長，選民人數平均成長率在4.6%左右。不過，臺灣民眾在立法委員的投票參與方面，卻是呈現逐漸下滑的趨勢（參見圖4-1），1992年投票率高達72%，2001年時的投票率下跌至66%左右，2004年的投票率跌破60%，2008年的投票率為58.5%，為歷年來最低。2012年由於立法委員和總統選舉同時舉行，刺激選民的投票參與，因此投票率高達74%，而2016年選舉時，投票率則下降至66%左右。歷年的平均投票率約為66.5%左右，投廢票的比例約在0.8%和2.0%之間，尤以2016年的廢票率2.0%為歷年最高。

　　民主轉型後，陸續有不同的政黨成立，並推出候選人參與選舉，除了國民黨和民進黨外，曾經或目前在國會取得席次的政黨，包括1993年成立的新黨、2000年成立的親民黨，以及2001年成立的臺灣團結聯盟。圖4-2是這幾個政黨在歷年國會選舉的得票情形。在選舉制度改變之前（即1992至2004年），國民黨的得票率呈現逐漸減少的趨勢，1995年之後的得票率皆未超過50%，2001年時得票率僅有28.6%；民進黨的得票率則在30%上下波動，2004年的得票率最高，有35.7%；新黨的表現在1995年最佳，有13%的得票率，之後得票率逐漸下滑，在2004年時僅獲得

表4-1　立法委員選舉制度和席次分配：1992-2016年

年度	選舉制度	席次
1992	單記非讓渡投票制（全國不分區和僑選，依照政黨得票比例分配席次）	總席次：161席 區域：119席 原住民：6席 全國不分區：30席 僑選：6席
1995	單記非讓渡投票制（全國不分區和僑選，依照政黨得票比例分配席次）	總席次：164席 區域：122席 原住民：6席 全國不分區：30席 僑選：6席
1998	單記非讓渡投票制（全國不分區和僑選，依照政黨得票比例分配席次）	總席次：225席 區域：168席 原住民：8席 全國不分區：41席 僑選：8席
2001	同1998年	同1998年
2004	同1998年	同1998年
2008	單一選區兩票制之並立制	總席次：113席 區域：73席 政黨：34席 原住民：6席
2012	同2008年	同2008年
2016	同2008年	同2008年

資料來源：政治大學選舉研究中心（2016）；中央選舉委員會（2016）。

表4-2　歷屆立法委員選舉概況整理：1992-2016

年度	人口數	選舉人數	選舉人數成長率%	投票數 合計	投票數 有效票數	投票數 無效票數	投票率
1992	20699446	13421170		9665967	9488772	177195	72.02%
1995	21263225	14153420	5.17%	9574388	9442136	132252	67.65%
1998	21833772	14961938	5.40%	10188302	10035829	152473	68.09%
2001	22350363	15822583	5.44%	10469005	10327855	141150	66.16%
2004	22640250	16559254	4.45%	9796299	9717359	78940	59.16%
2008	22925311	17179656	3.61%	10050619	9890776	159843	58.50%
2012	23224912	17980578	4.45%	13328271	13091881	236390	74.39%
2016	23483793	18692217	3.81%	12400029	12148721	251308	66.33%

資料來源：中央選舉委員會（2016）。

說明：人口數、選舉人數、投票數等皆為區域、平地與山地原住民選區的選舉資料的加總結果。

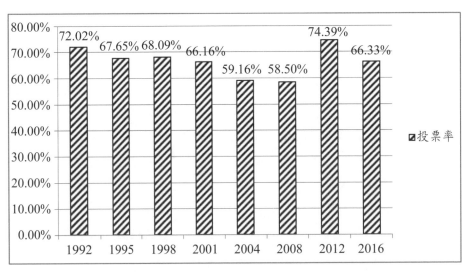

圖4-1　歷屆立委選舉投票率

資料來源：中央選舉委員會（2016）。

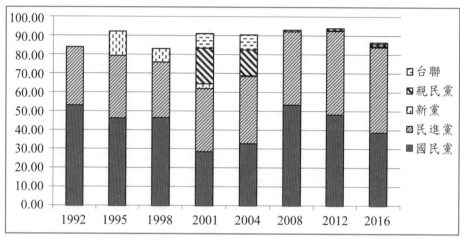

圖4-2　主要政黨歷年得票率：1992-2016[5]

資料來源：中央選舉委員會（2016）。

0.12%。至於親民黨和台聯，在2001年和2004年的選舉都還有不錯的得票率。但選舉制度改變之後的第一次選舉，兩個政黨主要將選舉重心放在政黨票上，在區域選區並沒有推派許多候選人出來參選，其區域的總體得票率都不到1%，當然這也凸顯出對小黨而言，新選制對於政黨在提名和參選策略上的衝擊。就國民黨和民進黨來說，選制改變後的三次選舉，國民黨雖然在2008年時的得票率回歸到50%以上，但卻呈現逐漸下滑的趨勢，2016年僅獲得約38.7%的選票；2008年時，民進黨得票率為38%左右，在2012年和2016年時，約獲得44%至45%的選票，可以看到區域選區的選舉，小黨幾乎消失，多數選區主要是國民黨和民進黨競爭的模式，直觀而言，此結果驗證政治學者Duverger（1963: 205）提出的「單一選區相對多數決制度傾向是兩黨競爭的情況」，然而，是否確實如此，我們將於後續討論政黨體系的部分進行檢證。

5　2008年至2016年呈現的是區域選舉的得票率。

　　國會裡政黨的分布方面，一直到1998年第四屆選舉，國民黨在國會的席次率都能超過半數，民進黨的席次率相對穩定，大約都在30%左右，其餘席次由無黨籍人士或其他政黨所持有。國民黨於2000年總統選舉敗選，有部分國民黨籍人士加入宋楚瑜所組成的親民黨，也有部分人士於2001年加入台灣團結聯盟，是以2001年第五屆選舉時，國民黨的席次率降至30%左右，民進黨在國會的席次率增加至約38%，親民黨占有20%左右的席次，台聯約占有6%左右的席次，國會內的政黨勢力多元，已不再是由單一政黨（國民黨）握有多數席次的局面。此現象除了說明政黨體系分化程度明顯增加之外，也顯示了國會內議事運作的多元和複雜度隨之提升。然而，選制改變後，很明顯地又回復到由單一政黨掌握過半數席次的狀態，國民黨在2008年第七屆選舉占有高達70%以上的席次率，2012年第八屆選舉也獲致56%左右的席次率；2016年的選舉結果，由民進黨取得約60%的席次率，國民黨則約取得31%左右的席次率，其餘小黨的席次率總和不到10%。顯然地，選制的變革對於政黨取得國會席次數目產生極顯著的影響（見圖4-3）。

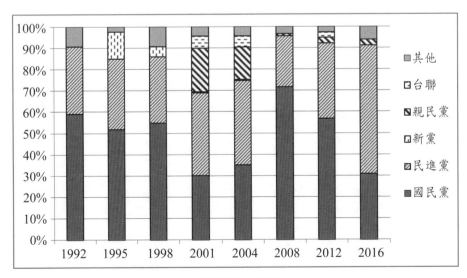

圖4-3　主要政黨歷年席次率：1992-2016

資料來源：中央選舉委員會（2016）。

參、臺灣選民對新選舉制度之認識[6]

　　選制改變影響所及不限於政黨，也牽涉到投下這一票的行為者——選民。選舉經由選民投下選票的實踐來產出結果。制度改變的實踐，是否能達到欲改革的目標，影響因素之一是選民是否對於新的選制有一定程度的認識、理解選舉的進行與運作。紐西蘭於1990年代改變選舉制度，相關研究分別於1996、1999和2002年進行選制認識的調查，發現均有半數以上的選民對新選制有正確的瞭解（Karp, 2006: 717）。[7]該文也進一步探討選制知識對投票行為的影響，作者指出選制知識的高低對投票行為並無顯著影響（Karp, 2006）。國內的研究則發現民眾對新選制的認識不高，對選制的認識越高，越可能去投票（游清鑫，2012）。

　　以下我們根據臺灣選舉與民主化調查於2008年和2012年選舉前的滾動樣本資料（rolling data）以及2013年面訪資料，觀察臺灣民眾對於新選舉制度的認識情形。同時數個時間點的比較，也提供是否隨著時間的增加，民眾對選制認識有所提升的參考。根據表4-3可以知道，在這些選舉制度認知的題目中，多數臺灣民眾對於立法委員任期年數有較高的認識，回答

6　本節使用的資料係採自「2005年至2008年『臺灣選舉與民主化調查』四年期研究規劃（III）：2008年立法委員選舉電訪調查」（TEDS2008L-T）（NSC 96-2420-H-002-025）；「2009年至2012年『選舉與民主化調查』三年期研究規劃（3/3）：2012年總統與立法委員選舉電訪調查」（TEDS2012-T）（NSC 100-2420-H-002-030）；「2012年至2016年『選舉與民主化調查』四年期研究規劃（1/4）：2013年大規模基點調查面訪案」（TEDS2013）（NSC 101-2420-H004-034-MY4）。「臺灣選舉與民主化調查」（TEDS）多年期計畫總召集人為國立政治大學黃紀教授，TEDS2008LT為針對2008年立委選舉執行之年度計畫，計畫主持人為朱雲漢教授；TEDS2012-T為針對2012年總統立委選舉執行之年度計畫，計畫主持人為黃紀教授；TEDS2013為2013年進行之大規模基點調查面訪，計畫主持人為黃紀教授。詳細資料請參閱TEDS網頁：http://www.tedsnet.org。作者感謝上述機構及人員提供資料協助，惟本文之內容概由作者自行負責。（歷年計畫名稱請參考：http://teds.nccu.edu.tw/intro2/super_pages.php?ID=intro11）。

7　題目主要是詢問受訪者決定國會中政黨席次分配的是哪一張選票。

表4-3　對新選舉制度的認識，回答正確百分比

題目 年度	區域應選席次	可投票數	政黨票門檻	任期幾年	總席次	總數
2008	41.5%	38.4%	7.3%	56.2%	--	3843
2012	39.0%	11.7%	11.6%	70.1%	4.9%	4806
2013	34.4%	19.0%	10.5%	74.3%	5.2%	2292
差距	−7.1%	−19.4%	3.2%	18.1%	0.3%	

資料來源：朱雲漢（2008），黃紀（2012），黃紀（2013）。
說明：2008年和2012年以電話訪問蒐集資料，2013年資料以面對面訪問蒐集所得。

正確的百分比呈現逐漸增加的趨勢。在政黨票的門檻上，2008年僅約7.3%民眾有正確認知，2012年和2013年有正確認知民眾比例約10%左右，正確認知的比例並不高。在區域應選席次的認知上，回答正確的百分比有減少的趨勢，尤其2013年僅有34%的民眾認知正確。其餘包括應選總席次數目和可投票數的認知正確百分比也都不高。整體而言，臺灣民眾已經歷過兩次新選制的洗禮，但對於新選舉制度的正確認識卻是不高的。

　　國內外有關於政治知識的研究皆指出，性別、教育程度和政治興趣可能是影響政治知識高低的重要因素（Delli-Carpini and Keeter, 1996；林瓊珠，2005；林聰吉、王淑華，2007）。而關於政治知識的測量，Jennings（1996: 229）指出民眾對政府與制度運作的認識、時事（current events）和歷史事實都是構成政治知識的面向。Delli-Carpini and Keeter（1996: 14）也認為不可能要求每位公民瞭解所有政治的面向，但起碼作為一個公民應該對制度設計（諸如選舉過程和政府運作）、國內外重要議題、政治經濟情況，以及政黨或政治人物的承諾、表現等具有基本的認識。換句話說，對政治制度的瞭解是構成政治知識的主要面向之一。

　　Karp（2006: 720）針對德國和紐西蘭的研究發現，影響民眾對選舉制度規則認知最重要的因素是政治興趣和教育程度。游清鑫（2012）針對2008年的調查資料進行研究，指出年齡、教育程度、媒體接觸、政治興趣

和政黨認同等因素，和民眾對選制認識有密切的關係。政治知識越高，政治練達度可能也越高，有可能有較為複雜的投票行為出現，換句話說，是否對於選制有較高的認識者，越可能有分裂投票（split voting）的情形發生？

由於在立委選區方面，多數區域選區主要是國民黨和民進黨兩大政黨候選人競選的局面，小黨多數是競爭不分區的席次，對選制認識較高的民眾，是否會傾向將手中一票投給小黨，以讓小黨有機會跨過門檻來分配席次，以促成多元競爭的政黨政治，是我們可以進一步觀察的。

綜合前述相關研究，本文以下根據2013年的調查資料，分別從性別、教育程度、政黨認同和政治興趣這些面向，首先探討什麼特徵的民眾在選制認識上有比較高的認知；其次，進一步探討選制認識的高低和其政黨票的投票抉擇關係，檢證是否選制認識程度高的民眾，有較複雜的投票行為，傾向在政黨票投給小黨。

首先，根據表4-4，在性別方面，除了立委任期這題外，男性民眾在「應領選票數」、「區域選區應選席次」、「政黨票門檻」、「應選總席次」這些題目的正確比例都明顯高於女性民眾。

教育程度和選制正確認知也有很明顯的關聯性，除了立委任期無顯著差異外，隨著教育程度的提高，在「應領選票數」、「區域選區應選席

表4-4　性別與選制認識的交叉分析表

	應領選票數		區域選區應選席次		政黨票門檻		立委任期年數		應選總席次	
	答錯	答對	答錯	答對	答錯	答對	答錯	答對	答錯	答對
男性	78.5	**21.5**	58.6	**41.4**	83.9	**16.1**	24.6	75.4	92.2	**7.8**
女性	83.5	16.5	72.5	27.5	95.2	4.8	26.9	73.1	97.4	2.6
	$\chi^2 = 9.340$ $df = 1$ $P < 0.05$		$\chi^2 = 49.075$ $df = 1$ $P < 0.05$		$\chi^2 = 78.349$ $df = 1$ $P < 0.05$		$\chi^2 = 1.522$ $df = 1$ $P > 0.05$		$\chi^2 = 32.118$ $df = 1$ $P < 0.05$	

資料來源：黃紀（2013）。

次」、「政黨票門檻」、「應選總席次」這些題目答對率上，也呈現逐漸增加的趨勢（參見表4-5）。

　　在政黨認同方面，小黨（新黨、台聯、親民黨）認同者在「區域選區應選席次」、「政黨票門檻」、「應選總席次」上（參見表4-6），相對國民黨和民進黨認同者，答對的比例較高。這可能與政黨在競選時的策略也有關係，2012年立委選舉時，小黨為搶攻政黨票，刊登廣告或是宣傳呼籲支持者如何來投票，強力傳達選舉制度的規則，增進選民對選制的認識。例如台聯和新黨都拍電視廣告，籲請支持者別忘了手中的政黨票，台聯也召開記者會呼籲認同者說「台聯最後一戰，如果政黨得票率沒有超過5%，台聯將走入歷史」[8]，在在加深認同者對於選制的認識或是刺激支持者去對選制有進一步認識。

　　在政治興趣方面（參見表4-7），也可發現政治興趣與選制認識的關聯性，政治興趣越高的民眾，在各題目的答對百分比上也隨之增加。

表4-5　教育程度與選制認識的交叉分析表

	應領選票數		區域選區應選席次		政黨票門檻		立委任期年數		應選總席次	
	答錯	答對	答錯	答對	答錯	答對	答錯	答對	答錯	答對
小學及以下	91.1	8.9	72.5	27.5	97.1	2.9	27.2	72.8	97.9	2.1
國、初中	87.1	12.9	67.4	32.6	94.5	5.5	22.3	77.7	92.6	7.4
高中、職	85.1	14.9	66.4	33.6	90.7	9.3	23.3	76.7	95.4	4.6
專科	77.3	22.7	63.2	36.8	85.6	14.4	26.1	73.9	94.8	5.2
大學及以上	69.6	30.4	61.0	39.0	83.3	16.7	29.1	70.9	93.5	6.5
	$\chi^2 = 96.916$ $df = 4$ $P < 0.05$		$\chi^2 = 15.523$ $df = 4$ $P < 0.05$		$\chi^2 = 64.778$ $df = 4$ $P < 0.05$		$\chi^2 = 8.169$ $df = 4$ $P > 0.05$		$\chi^2 = 13.545$ $df = 4$ $P < 0.05$	

資料來源：黃紀（2013）。

---

[8]　自由時報，2012，「台聯面臨最後一戰，懇請一戶一票搶救」。http://news.ltn.com.tw/news/politics/paper/553871/print。2014/11/30。

表4-6　政黨認同與選制認識的交叉分析表

	應領選票數		區域選區應選席次		政黨票門檻		立委任期年數		應選總席次	
	答錯	答對	答錯	答對	答錯	答對	答錯	答對	答錯	答對
國民黨	79.4	20.6	63.3	36.7	88.1	11.9	25.2	74.8	95.2	4.8
民進黨	80.3	19.7	62.1	37.9	89.2	10.8	23.0	77.0	94.2	5.8
新黨	85.7	14.3	50.0	50.0	75.0	25.0	12.5	87.5	100.0	0.0
親民黨	74.4	25.6	53.5	46.5	81.4	18.6	9.3	90.7	86.0	14.0
台聯	72.2	27.8	33.3	66.7	50.0	50.0	27.8	72.2	83.3	16.7
中立無反應	83.6	16.4	71.9	28.1	92.4	7.6	29.3	70.7	95.7	4.3
	$\chi^2 = 7.716$ $df = 5$ $P > 0.05$		$\chi^2 = 31.864$ $df = 5$ $P < 0.05$		$\chi^2 = 43.949$ $df = 5$ $P < 0.05$		$\chi^2 = 14.982$ $df = 5$ $P < 0.05$		$\chi^2 = 14.078$ $df = 5$ $P < 0.05$	

資料來源：黃紀（2013）。

表4-7　政治興趣與選制認識的交叉分析表

	應領選票數		區域選區應選席次		政黨票門檻		立委任期年數		應選總席次	
	答錯	答對	答錯	答對	答錯	答對	答錯	答對	答錯	答對
完全沒興趣	89.7	10.3	76.5	23.5	97.0	3.0	33.7	66.3	98.0	2.0
幾乎沒興趣	81.6	18.4	69.0	31.0	92.9	7.1	25.2	74.8	97.2	2.8
不太有興趣	80.8	19.2	66.5	33.5	90.2	9.8	25.9	74.1	95.1	4.9
有點興趣	75.8	24.2	54.7	45.3	83.4	16.6	18.6	81.4	91.7	8.3
非常有興趣	65.0	35.0	50.0	50.0	70.0	30.0	23.0	77.0	86.9	13.1
	$\chi^2 = 50.790$ $df = 4$ $P < 0.05$		$\chi^2 = 64.123$ $df = 4$ $P < 0.05$		$\chi^2 = 96.873$ $df = 4$ $P < 0.05$		$\chi^2 = 31.156$ $df = 4$ $P < 0.05$		$\chi^2 = 38.117$ $df = 4$ $P < 0.05$	

資料來源：黃紀（2013）。

　　整體而言，從雙變項分析來看，性別、教育程度、政治興趣和政黨認同確實和民眾個人的選制認識有顯著的關聯性。而選制認識的高低，是否對於其投政黨票有顯著的影響，則是本文下一部分要繼續探討的。

　　根據表4-8，控制其他因素下，在選制認識程度對政黨票的投票抉擇有顯著作用，其係數是0.28。亦即，民眾對選制的正確認識每提高一分時，在政黨票上，投票給小黨的機率約提高1.32倍。其次，政黨認同對個人的投票抉擇具有重要的影響力，一般而言，選民傾向投票給自己認同的政黨。而根據表4-8，在控制其他因素下，政黨認同在政黨票的投票抉擇具有顯著性的影響。在係數和結果的詮釋上，由於新黨認同者的係數是正值，我們可以說，新黨認同者「投票給小黨相對於大黨的機率」是中立無反應選民的4.93倍。親民黨認同者「投票給小黨相對於大黨的機率」是中立無反應選民的3.31倍。同樣地，國民黨和民進黨認同者相對於中立無反應選民，有較高的機率投票給大黨。

　　在教育程度方面，高中職教育程度者，以及大學及以上教育程度者，他們相對於教育程度是國小及以下者，投票給小黨相對於大黨的機率分別是小學及以下者的1.39和1.57倍，換句話說，相對於教育程度在國小及以下的選民，高中職和大學及以上教育程度的選民，比較可能投票給小黨。而年齡在50至59歲的選民相對於60歲以上的選民，也顯著地有較高的機率投票給小黨。至於性別和政治興趣，在控制其他因素的影響下，在政黨票的投票抉擇上並未具有顯著的影響力。

　　換句話說，從前述的分析發現，經過兩次選舉經驗的實踐，臺灣民眾對整體選制認識的程度並不高，而選制正確認識的高低則與民眾的性別、教育程度、政治興趣，以及政黨認同存在顯著關聯性。進一步控制可能影響因素，我們發現選制正確認識越高的選民，越可能投票給小黨，而我們也發現台聯、親民黨和新黨認同者有較高的正確選制知識，當然。選制知識對於投票抉擇的作用有可能是中介變項，政黨認同才是影響投票抉擇的因素。

　　然而，根據表4-8的結果顯示，控制政黨認同的情況下，選制知識仍

表4-8　選制知識與政黨票投票抉擇的二元對數迴歸模型分析（logistic regression model）（投小黨／投大黨）

	B之估計值	S.E	Exp（B）
男性（女性＝0）	.18	.09	1.194
年齡（60歲及以上＝0）			
20-29歲	−.31	.22	.736
30-39歲	−.14	.18	.866
40-49歲	.16	.17	1.178
50-59歲	.37*	.17	1.451
教育程度（國小及以下＝0）			
國初中	−.46	.25	.631
高中職	.33*	.16	1.392
專科	−.23	.22	.794
大學及以上	.45*	.18	1.566
政黨認同（中立無反應＝0）			
國民黨	−1.74***	.25	.176
民進黨	−1.29***	.24	.276
新黨	1.60*	.81	4.930
親民黨	1.20**	.35	3.305
台聯	.98	.53	2.671
政治興趣	.05	.08	1.047
選制知識	.28***	.08	1.322
常數	−1.80	.34	.165
N	1617		
-2LL likelyhood	972.177		
Cox & Snell R^2	0.083		
Nagelkerke R^2	0.167		

資料來源：黃紀（2013）。

說明：小黨包括新黨、親民黨、台聯、綠黨和人民最大黨；大黨包括國民黨和民進黨。*$p < 0.05$, **$p < 0.01$, ***$p < 0.001$

然對於政黨票的投票抉擇具有顯著的解釋力，換句話說，從現有分析來看民眾對選制認識的提高，將有助於小黨的政黨票得票情形，而這樣的發現很可能是由於對選制有較正確認識的民眾，越可能對新選制的實踐和運作，以及其所帶來的政治影響有更深刻的認識。再者，選民投票的結果決定政黨選舉表現，民眾對選制認識的提升，可能影響政黨票的投票抉擇，也與小黨勢力消長有關，更進一步也將影響政黨體系的變化。

肆、選舉制度改變的政治影響

　　本文前面主要從民眾對新選制認識進行討論，此部分則進一步從選舉結果來討論選制改變的政治影響。選舉制度改變影響所及，除了選民的投票行為外，也將與政黨的提名策略、政黨或候選人的參選動機與競選策略、甚至是政黨體系都有關係。李柏諭（2006）針對臺灣各選舉層級的選舉制度對政黨體系之影響進行探討，他援引Markku Lasskso和Rein Taagepera提出的以有效政黨數（effective number of parties）的計算公式為測量指標，並指出政黨體系類別的標準，例如：有效政黨數值為1.5，代表存在著兩黨競選，但實力相差懸殊；有效政黨數值為2.0，代表有兩個主要政黨對決的局面；有效政黨數值為2.5，代表存在選舉中政黨實力呈現二大一小的情形；有效政黨數值為3及以上，代表存在選舉中有多黨角逐的情形。以下本文依據上述標準，以有效政黨數目為觀察指標，針對選舉制度對政黨體系的影響進行分析討論。

　　表4-9和表4-10分別呈現選舉制度改變之前（1992年至2004年）和之後（2008年至2012年）的「國會有效政黨數」、「選舉有效政黨數」、「執政黨得票率」、「執政黨席次率」，以及「沒有轉換成席次的選票比例」等指標。在選制改變之前，國會中有效政黨數目和選舉有效政黨數目，皆出現逐漸增多的趨勢。從1992年兩大黨競爭局面，到1995年後的多黨競爭態勢，親民黨和台聯成立後，初次推出候選人參選便是2001年立法委員選

表4-9　立法委員選舉制度政治效果整理：1992-2004

	有效政黨數 （席次）	有效政黨數 （選票）	執政黨 得票率	執政黨 席次率	沒有轉換成 席次的選票%
1992	2.19	2.48	53.02	59.01	25.81
1995	2.54	2.90	46.06	51.83	27.96
1998	2.49	3.14	46.43	54.67	23.97
2001	3.48	4.14	33.38	38.67	29.91
2004	3.26	3.76	35.72	39.56	23.27

資料來源：政治大學選舉研究中心（2016）；中央選舉委員會（2016）。

表4-10　立法委員選舉制度政治效果整理：2008-2016

	有效政黨數 （席次）		有效政黨數 （選票）[9]		執政黨 得票率[10]		執政黨 席次率	沒有轉換成 席次的選票%	
	區域	不分區	區域	不分區	區域	不分區		區域	不分區
2008	1.60	1.94	2.29	2.49	53.48	51.23	71.68	43.25	11.86
2012	2.05	2.64	2.32	3.03	48.12	44.54	56.63	45.72	6.39
2016	2.02	2.52	2.80	3.59	45.08	44.06	60.18	45.36	16.40

資料來源：政治大學選舉研究中心（2016）；中央選舉委員會（2016）。

舉，可以看到2001年的有效政黨數（無論是選舉或國會中）來到歷年最高峰。

　　改變選舉制度後，選舉有效政黨數目陡降至區域選區的2.29，顯示於此時期是兩個主要政黨競爭的局面，國會有效政黨數也分別減少至區域的1.60，顯示於2008年時，在區域選區的席次競爭上，雖有兩個政黨，但實力相差懸殊，而2012年和2016年，從國會有效政黨數目來看，國會的席次競爭則呈現兩個主要政黨競爭的情勢。

9　針對第一階段政黨票得票率計算所得。

10　針對第一階段政黨票得票率計算所得。

　　再從執政黨的得票率和席次率來看，從1995年開始執政黨的得票率跌破50%，並且呈現逐漸下滑趨勢。雖然得票率呈現減少趨勢，但執政黨到1998年都能掌握過半數國會席次率，選舉紅利維持在6%至8%之間。2001年之後，無論是執政黨的得票率或席次率都不到40%，2004年選舉紅利僅為4%。至於沒有轉換成席次的選票，在歷年都有將近或超過四分之一。

　　在新選舉制度方面，2008年時，執政黨得票率超過50%，但席次率超過70%，選舉紅利約20%，在2012年時，執政黨得票率沒有過半，但席次率仍然有超過55%，2016年的情況，執政黨的選舉紅利大約在15%左右，區域選區沒有轉換成席次的選票比例也都超過40%，此結果也顯示新的選舉制度，雖然綜合了多數決和比例代表制的精神，然而由於席次分配的方式並不以政黨票為基礎，因此在比例性的精神上，仍比較偏向多數決的特性，是以，現行選舉制度仍然對大黨比較有利，容易「創造」多數政黨。

　　從個體資料分析，可以發現臺灣選民對於現行選舉制度的正確認識有待提升。對選制有較正確認識的選民，越可能對新選制的實踐和運作，以及其所帶來的政治影響有更深刻的認識，因此可以發現，他們也顯著地傾向在政黨票上，投票給小黨，表現較為複雜的投票行為。再從總體資料的結果來看，新選舉制度的實踐，確實導致國會內多元意見的式微，國會中有效政黨數目明顯地低於改制前。選制改革的目標主要欲達成一個穩定的多數，從這個角度看來，新選制對政黨體系的形塑上，確實朝國會中兩個主要政黨的方向發展。

伍、討論與結論

　　對於選舉制度改革，學者Taagepera認為應該讓新的選舉制度運作至少三次以上（Farrell, 2001: 182），因為選舉制度改變所帶來的影響，有些效應乃需要一段時間才能發酵。在實施一次新的制度後，驟然斷論制度的效應，會過於主觀。例如在紐西蘭，1996年施行第一次選舉制度後，民意

普遍呈現對新制度不滿意的聲浪，但至1999年施行第二次時，各方對選舉
結果感到滿意（轉引自盛治仁，2006：69）。然而，對於改成聯立制對紐
西蘭政治發展是好是壞，一直在紐西蘭社會存在諸多的論辯，主張再次修
改選舉制度的聲音並未停歇，因此紐西蘭也在2011年11月26日舉行公民投
票，公投結果以57.8%對42.2%的絕對多數結果確認紐西蘭將持續採用單一
選區兩票制之聯立制（Electoral Commission, 2012）。

　　我國歷經三次新選舉制度的實踐，社會上對選舉制度的檢討聲浪也不
斷，新的選舉制度讓小黨生存不易，同時區域選區的死票率大幅提升，讓
多元意見反映較為困難。尤其自2014年開始，社會各界對於新選舉制度的
施行與可能的問題，討論日益熱烈，民間的公民團體也倡議針對新的選舉
制度進行改革。[11]我國立法院也於2015年5月召開修憲委員會，針對選舉制
度改革等修憲案進行審查，最終以朝野協商破局收場。

　　有關選舉制度的檢討與訴求改革的聲浪，並不限於臺灣，上文提及的
紐西蘭，以及民主歷史悠久的英國也在2011年時，舉行公民投票來決定是
否改變成選擇投票制（alternative vote system）。修改選舉制度，應該先
對選舉制度的政治效應有所理解，而選舉制度的政治效應，可以觀察的
面向很多，大致可以從比例性、政黨體系，以及代表性等三面向來觀察
（Farrell, 2001: Chap 7）。本文則聚焦於比例性和政黨體系的探討，發現
自2008年施行的單一選區兩票制的並立制，雖然融合多數決和比例代表制
的精神，然因席次分配的方式並不以政黨票為基礎，是以，在比例性的精
神上，仍舊偏向多數決的特性，容易「創造」一個多數政黨出現，國會中
有效政黨數目亦明顯地低於改制前，減弱了國會內的多元意見情形。

　　最後，本文分析發現，臺灣民眾對於新選舉制度的正確認識度並不
高，Karp（2006: 719）曾指出對選舉制度錯誤認知有可能損及選舉結果的
正當性。是以，未來政府當局除了宜針對現行立法委員的選舉制度持續進
行宣導外，未來在選舉政治這方面的研究方向，也宜持續觀察臺灣民眾的

---

[11] 可參見《公民憲政推動聯盟》網頁，http://www.new-tw.org/。2015/06/07。

選舉制度知識。畢竟，選舉制度的實踐主體是選民，選民的投票行為影響選舉結果，若多數選民對制度不具備正確的認知，也將對整體政治運作有深遠的影響。

參考書目

英 文部分

Croissant, Aurel. 2002. "Introduction." in Croissant Aurel and Marei John eds. *Electoral Politics in Southest & East Asia*. Friedrich-Ebert-Stiftung.

Delli-Carpini, Michael X. and Scott Keeter. 1996. *What Americans Know about Politics and Why It Matters*. New Haven: Yale University Press.

Duverger, Maurice. 1963. *Political Parties: Their Organization and Activity in the Modern State* (2nd edition). New York: John Wiley & Sons, Inc.

Electoral Commission, 2012. "Report of the Electoral Commission on the Review of the MMP Voting System." in http://www.elections.org.nz/sites/default/files/bulk-upload/documents/Final_Report_2012_Review_of_MMP.pdf. Latest update 3 June 2015.

Farrell, David M. 2001. *Electoral Systems: A Comparative Introduction*. New York: Palgrave Macmillan.

Jennings, M. Kent. 1996. "Political Knowledge over Time and across Generations." *The Public Opinion Quarterly* 60, 2: 228-252.

Karp, Jeffrey A. 2006. "Political Knowledge about Electoral Rules: Comparing Mixed Member Proportional Systems in Germany and New Zealand." *Electoral Studies* 25: 714-730.

中文部分

中央選舉委員會。2016。〈選舉資料庫〉。http://db.cec.gov.tw/。
2016/05/10。（Central Election Commission. 2016. "Database on Election."
in http://db.cec.gov.tw/. Latest update 10 May 2015.）

朱雲漢。2008。〈2005年至2008年「臺灣選舉與民主化調查」四年期研
究規劃（III）：2008年立法委員選舉電訪調查〉。行政院國家科學委員
會補助專題研究計畫報告（NSC 96-2420-H-002-025）。臺北：行政院
國家科學委員會。（Chu, Yun-Han. 2008. "Taiwan's Election and Democ-
ratization Study, 2005-2008(III): The Legislative Election, 2008." National
Science Council Research Project Report (NSC 96-2420-H-002-025). Taipei:
National Science Council.）

李柏諭。2006。〈選舉制度對政黨體系之影響：臺灣總統、縣市長、立法
委員、任務型國大選舉之實例比較〉。《政治科學論叢》27：69-112。
（Lee, Po-Yu. 2006. "Influences of the Electoral System on the Party System:
A Comparative Study of Taiwan's Presidential Election, County Magistrate
and Mayoral Election, Legislator Election, and Missionary National Assem-
bly Representative Election." *Taiwanese Journal of Political Science* 27: 69-
112.）

林瓊珠。2005。〈臺灣民眾的政治知識：1992～2000年的變動〉。《選舉
研究》12，1：147-171。（Lin, Chiung-Chu. 2005. "Political Knowledge
among the Electorate in Taiwan." *Journal of Electoral Studies* 12, 1: 147-
171.）

林聰吉、王淑華。2007。〈臺灣民眾政治知識的變遷與來源〉。《東吳
政治學報》25，3：93-132。（Lin, Tsong-Jyi and Shu-Hua Wang. 2007.
"Changes and Sources of Political Knowledge in Taiwan." *Soochow Journal
of Political Science* 25, 3: 93-132.）

政治大學選舉研究中心。2016。〈歷屆公職人員投票紀錄查詢〉。http://
esc.nccu.edu.tw/course/news.php?Sn＝172。2016/05/10。（Election Study
Center, National Chengchi University. 2013. "Vote Records of Pubic Offi-

cials." in http://esc.nccu.edu.tw/course/news.php?Sn = 172. Latest update 10 May 2015.）

盛治仁。2006。〈單一選區兩票制對未來臺灣政黨政治發展之可能影響探討〉。《臺灣民主季刊》3，2: 63-86。（Sheng, Emile C. J. 2006. "A Discussion of the Potential Influences of a Mixed-Member Electoral System on Taiwanese Partisan Politics." *Taiwan Democracy Quarterly* 3, 2: 63-86.）

游清鑫。1995。〈臺灣政黨競爭及體系之變遷〉。《政治學報》25：181-206。（Yu, Ching-Hsin. 1995. "The Change of Party Competition and Party System in Taiwan." *Chinese Political Science Review* 25: 181-206.）

游清鑫。2012。〈初體驗與粗體驗：臺灣民眾對立委新選制的認知、參與及評價〉。《選舉研究》19，1：1-32。（Yu, Ching-Hsin. 2012. "First and Nascent Experience: Citizen's Perception, Participation, and Evaluation of the New Legislative Electoral System in Taiwan." *Journal of Electoral Studies* 19, 1: 1-32.）

黃紀。2012。〈「2009年至2012年『選舉與民主化調查』三年期研究規劃（3/3）：2012年總統與立法委員選舉電訪調查」〉。行政院國家科學委員會補助專題研究計畫報告（NSC 100-2420-H-002-030）。臺北：行政院國家科學委員會。（Huang, Chi. 2012. "Taiwan's Election and Democratization Study, 2009-2012(III): Telephone Interview of the Presidential and Legislative Elections, 2012 (TEDS2012-T)." National Science Council Research Project Report (NSC 100-2420-H-002-030.) Taipei: National Science Council.）

黃紀。2013。〈「2012年至2016年『選舉與民主化調查』四年期研究規劃（1/4）：2013年大規模基點調查面訪案」〉。行政院國家科學委員會補助專題研究計畫報告（NSC 101-2420-H004-034-MY4）。臺北：行政院國家科學委員會。（Huang, Chi. 2013. "Taiwan's Election and Democratization Study, 2012-2016(1/4): Benchmark Survey, 2013(TEDS2013)." National Science Council Research Project Report (NSC 100-2420-H-002-030). Taipei: National Science Council.）

Voters' Knowledge on the New Electoral System and Its Political Consequence: 2008-2016

Chiung Chu Lin

Abstract

This paper aims to examine the effect of the new electoral system (Mixed-Member Majoritarian system, MMM) which was introduced in 2008 legislative election by looking at two elements: 1. voters' knowledge on the new electoral system; 2. the political consequence of the new electoral system. By using individual-level and aggregate-level data together, this paper examines voters' knowledge on the electoral system, how an individual's electoral system knowledge plays a role in his/her vote choice, and how the new electoral system affects the party system in Taiwan. The findings show that Taiwanese voters display a low knowledge of the MMM system. Holding all variables constant, an individual who has a higher knowledge on the MMM system is more likely to have sophisticated voting. He/she tends to cast his/her party vote to third parties. In terms of aggregate electoral results, the adoption of the MMM system leads to a decline of multiple voices in the Legislative Yuan. The figure of the Effective Number of Parliament Party (ENPP) decreased from more than 3 to 2. The amount of wasted-votes has increased to more than 40 percent in the district-level. All of this shows that it is more difficult for the third parties to win seats under the MMM system. The new electoral system makes it difficult for different voices to be accommodated within the society. The possible problems of the MMM system thus leads to a new wave of public debate about the electoral system reform in 2015.

Keywords: Knowledge on electoral system, political consequence of the electoral system, legislative election

第五章
2014年波蘭的歐洲議會選舉：
評析歐盟的挑戰

Joachim Osiński、Bogusław Pytlik

壹、歐洲議會的基本特質

　　想要瞭解制度化的程度與歐洲整合過程的正式要件，我們應該強調具立法特性的歐洲制度活動始於1952年6月23日，於建立了歐洲煤鋼共同體的巴黎條約後生效。這個條約成為共同議會建立的基礎，包括78個由共同體會員國議會委任的代表：法國、西德、比利時、荷蘭、盧森堡，以及義大利。在羅馬條約（建立了歐洲經濟共同體以及歐洲原子能共同體）於1958年1月1日生效之後，歐洲議會大會成立。它共有142個國會議員。在1962年3月該機構被重新命名為歐洲議會，此在1986年2月17日在盧森堡以及1986年2月28日在海牙簽署的單一歐洲法案中確立。[1]從1993年11月1日以來，歐洲議會成為歐盟的一個機構。在2014年選舉後它一共有751位國會議員。

　　歐盟議會機構的進化，除了名稱的改變與議員人數的變化外，還包括立場的改變以及先歐洲共同體、後在歐盟架構下其角色的改變。從時間的角度來看，我們應該注意到，雖然大會一開始只是諮詢性質的顧問單位，現在的歐洲議會除了和歐盟理事會合作，在許多歐洲政策方面也可以做決策，所有在任何由歐洲執委會提出的法律行動都須與歐洲議會商議。他也

---

[1]　單一歐洲法案在1987年7月1日生效。它更新了羅馬條約，其目標是要刺激整合的進程，它也修改了一些歐洲機構並擴大共同體的職能，如在共同外交與安全政策方面。

監督其他歐盟的機構，包括歐洲執委會，他有權力接受執委會成員的候選人，歐洲議會也有權力透過譴責投票解散歐洲執委會。

當要闡述一院制議會的內部架構我們應該注意到他包含了四個部分：1.領導─包括歐洲議會主席，歐洲議會政策局（主席、十四位副主席，以及五位總務長）、[2]主席會議（主席、十四位副主席，以及所有在議會中政治派系的代表以及無所屬議員的兩位代表）、議會委員會主席會議（包括常設和非常設委員會）、代表主席會議，[3]以及總務團；[4]2.菁英政治─委員會（常設委員會、[5]調查委員會，以及非常設委員會）、[6]議會間代表團（為與不加入歐盟的非歐盟國家之議會發展關係，以及與可能加入歐盟，或與歐盟有關係之國家的聯合議會委員會）；3.政治─至少有二十五個國會議員、代表至少四分之一會員國的政治團體；[7]4.行政─秘書處（十二個執行長）並協助人事工作（Doliwa-Klepacka and Doliwa-Klepacki, 2009: 182-185; Domagała, 2010: 14-23）。

歐洲議會可以被視為一個特殊的現象主要因為他是世界上唯一一個由人民直選的超國家議會。他也與歐盟會員國的國家議會有一些重要的不同之處。首先，歐洲議會不是歐盟主要的立法單位，優先立法權力給了歐盟理事會以及執委會，他不能組成政府、他不能有立法提案權（這權力完全屬於歐洲執委會，歐洲議會與部長理事會只能提議採取某些立法措施）、他不能針對自己的立法權限做決定，決定權由會員國透過理事會決定。

---

[2]　他們的任期是兩年半，這表示他們是在開議的初期以及中期被選出來的。

[3]　這包括所有常設議會間代表的主席，他們的主要任務是提出與代表團議事程序相關的建議。

[4]　總務長負責與國會議員直接相關的行政和財政事務，他們的決策是基於歐洲議會主席會議中達成的協議。

[5]　目前歐洲議會有20個常設委員會。外交事務委員會下有兩個次級委員會。

[6]　調查及非常設委員會的運作不得超過12個月。

[7]　這些包括歐洲人民黨黨團、社會主義者和民主人士進步聯盟、歐洲保守派與改革主義者、爭取歐洲自由人士和民主人士聯盟黨團、歐洲聯合左翼／北歐綠色左翼、綠黨／歐洲自由聯盟，以及歐洲自由與直接民主。

　　歐洲議會一般職能分為立法、預算、控制，以及創造，它只能部分決定與歐盟在這些面向上的活動相關的議題。考量歐洲議會的地位時，我們應該強調他只是支持歐盟立法過程的一個輔助機構，在實際運作上可說是次等重要的。但至於他在預算決策過程中的參與，我們應該注意到他的主導性，雖然歐洲議會在這方面必須與執委會及理事會合作，但他有修改「非強制性」支出法規的權力，[8]他可以倡議強制性支出，甚至否決整個預算並要求建立新的預算。歐洲議會擁有的控制權力大多是針對執委會，除了先前提的不信任案權力外，歐盟議會也有同意權，國會議員可以質詢（口頭或書面）執委會或理事會，議會可以接受來自歐盟公民的請願（居住或是在歐盟會員國領土內設有辦公室的自然人或法人）。[9]至於創造的職權，歐洲議會有提名監察使的專屬權力。至於在執委會主席和成員一事上，歐洲議會可以接受這些職位的候選人。我們應該補充說明，歐洲議會有義務參與提名歐洲審計院及歐洲中央銀行董事會之成員的諮詢過程。

　　1950年代初期立法機構的發展可被視為擴展歐洲共同體立法能力的民主掌控範圍之決心下結果，特別是在歐洲整合不斷發展的脈絡下（Jacobs et al, 1992: 32）。隨著時間過去，如果我們拿歐洲議會的進化和其他歐洲機構做比較會發現他的職能並沒有擴展到足以挑戰歐盟內部民主正當性的赤字。我們應該強調這個問題不只是在歐洲議會出現，而是與廣泛理解歐盟決策過程的民主化有關。

　　雖然上述提到問題仍是歐盟今天面臨的挑戰中最重要的，長久以來歐洲議會的民主正當性是無須質疑的。從1979年6月第一次舉行歐洲議會全民普選以來，歐洲議會享有歐盟唯一具有完全民主正當性之機構的地位。

---

[8]　這包括地區、社會、環境，以及能源政策的支出。

[9]　請願內容可能直接與歐盟相關的問題。

貳、歐洲議會：波蘭的選舉法規

　　一開始我們應該先強調巴黎條約的規定開啟一個契機，讓每個會員國依據各別既有的程序來籌組議會全民普選。[10]羅馬條約包含了一項規定，強調未來共同議會（European Parliamentary Assembly）應該在所有會員國都有一致的程序下組成，[11]在導入共同選舉規則之前，共同議會的成員則由各國議會所選出。

　　共同議會被賦予了準備全民普選之選舉法規的任務。結果發現這個工作非常耗費時程。花費超過20年的時間。在1976年9月20日，一個關於直接全面普選大會代表的法案（Act Concerning the Election of Representative of the Assembly by Direct Universal Suffrage）被提出。[12]經過了長時間的批准程序該法於1978年7月1日開始實施，第一次全民且直接的歐洲議會選舉在1979年6月7日至10日舉行。

　　直接全面普選大會代表法案除了建立了全民與直接選舉外，還建立了個別會員國的國會議員數量、五年的議會任期、允許將歐洲議會的席次與國家議會的席次合併、[13]抽出一些不能與歐洲議會席次合併的職位、引進關於提早出現的席次空缺以及各會員國席次分配的規範，還有選舉以及選舉結果公告的時程。特別重要的是，直到建立所有會員國一致的選舉程序前，在各會員國國內的選舉應依據國家各別的選舉規則處理（Glajcar, 2010: 52）。

---

[10] 建立歐洲煤鋼共同體條約第21條。http://eur-lex.europa.eu/legal-content/PL/TXT/?uri=CELEX:11951K/TXT. Latest update 24 January 2015。

[11] 建立歐洲原子能共同體條約第108條，http://eur-lex.europa.eu/legal-content/EN/TXT/PDF/?uri=CELEX:11957A/TXT&from=PL. Latest update 24 January 2015。以及建立歐洲經濟共同體條約第138條，http://eur-lex.europa.eu/legal-content/PL/TXT/?uri=CELEX:11957E/TXT. Latest update 24 January 2015。

[12] 關於直接全面普選大會代表的法案，http://eur-lex.europa.eu/legal-content/EN/TXT/?uri=CELEX:41976D0787. Latest update 25 January 2015。

[13] 關於此事會員國可能在法規上設下限制。

　　從1979年開始，有幾個發展所有會員國一致的選舉制度之倡議被採納，但沒有一個是成功的。有人可能會假定隨著歐盟成員數量的增加，要發展出一個一致的選舉法規的機會會逐漸降低，此問題的分析便可以看出要在這件事上滿足不同會員國間的利益有多困難，在歐洲法律規範的基礎上，他只可能定義選舉中最一般的部分。更具體的問題如選舉制度、選票計算方法、不同國家的選區數量、不同的選舉門檻或選民權利的不同都是由歐盟各別會員國的法律制度來規範的（Herbut, 2006: 326）。

　　在波蘭，從2004到2011年間，組織歐洲議會選舉最重要的法案是在2004年1月23日開始採用的Ordynacja wyborcza do Parlamentu Europejskiego（歐洲議會選舉法規）。[14]2011年1月5日該法規被Kodeks Wyborczy（選舉法）取代，[15]這個法案的第六個部分與歐洲議會選舉有關。

　　所有在波蘭的選舉都在放假日舉行，在實際運作上這表示選舉日會在星期日或是整個週末期間。在歐洲議會的選舉上，選舉必須在歐盟規範的時間內舉行，而負責宣布選舉的機制是總統。所有18歲以上的波蘭公民以及非波蘭公民但永久居留在波蘭且未被母國褫奪參與歐洲議會選舉的歐盟公民都可以投票，所有的選民都必須先註冊；所有滿21歲且居住在波蘭或其他歐盟會員國至少五年以上的公民都可以參選。因犯罪而被公開起訴者不能成為候選人。同時，被母國褫奪參選權的外國人也不能在波蘭參選。

　　在歐洲議會選舉中波蘭領土共分為十三個選區。[16]其中七個選區是單一省份，另外四個則由兩個省組成。剩下的兩個區域包含了馬佐夫舍省的不同部分（包括國家首都波蘭）。候選人代表之政黨、政黨聯盟，或是選

14　請參看：“Ordynacja wyborcza do Parlamentu Europejskiego” (European Parliament Elections' Regulation).” *Journal of Laws of the Republic of Poland* No. 25/2004, position 219。

15　請參看JLRP, 2011. “Kodeks Wyborczy (the Electoral Code).” *Journal of Laws of the Republic of Poland* No. 21/ 2011, position 112。

16　目前的選區劃分是在2003年6月的選舉法計畫中提出的。當時也有七個選區（公民論壇提出），以及一個選區（由天主教國家運動）的提案。

民的選舉委員會進行登記，這些選舉委員會必須提出由至少一萬名永久住在該選區的選民簽署的候選人名單。

　　當考量波蘭選民的權利時，他們透過選票支持選舉委員會名單上的一位候選人。因此，選舉委員會決定了誰在名單上以及候選人的排序。我們應該補充，名單上第一名的候選人通常享有最高的支持度，這個事實通常被解讀為贊同選舉委員會所提出的名單。同時，選舉門檻也是很重要的，門檻在國家層級是5%（在歐盟中可接受的最高門檻）（EURATOM, 2002）。在歐洲議會的選舉是比例代表制、全民、直接、平等且秘密投票。

　　歐洲議會的選舉結果計算分為兩個步驟：

　　首先，在國家層級，51個席次由過5%門檻的選舉委員會分配。個別選舉委員在選區名單的得票數是上述席次計算的基礎。計算方法與波蘭國會一樣──頓特法（這對有較多選票的選舉委員會有利），這種方法是將參選之委員會的得票數除以等同於全國總席次的連續正數，每個委員會可以獲得51席中之最高選舉商數的有效席次（EURATOM, 2002）。[17]

　　其次，他決定哪一個選區的哪一個候選人可以在歐洲議會獲得席次。這個程序是基於黑爾／尼邁耶最大餘數法（Hare/Niemeyer）。每個選舉委員會的得票數除以每席所需票數的商數（總得票數除以總席次）。每個委員會最後會得到一個整數以及一個餘數，每個政黨分配到的整數就是得到之席次，這通常會有一些還未被分配的席次，政黨再基於餘數排名，有最大餘數的政黨先分配一席直到所有席次分配完畢。[18]

　　宣布官方選舉結果的權力屬於國家選舉委員會，他們公開地宣布結果並公告在波蘭共和國法律期刊（Dziennik Ustaw Rzeczypospolitej Polskiej）。委員會也準備一份報告給總統、眾議院議長和波蘭最高法

---

[17]　請參看選舉法規第356條，*Journal of Laws of the Republic of Poland* No. 21/2011, position 112。

[18]　358條，§ 2-3與233條，同上註。

院，委員會也有義務在選後十四天內向所有當選議員遞送確認當選書。應該補充的是，眾議院議長應在結果宣布後立即告知歐洲議會主席選舉結果並提供他其他所需文件。

　　對不懂選舉細部差異的選民來說，可能會感覺波蘭的歐洲議會選舉制度不明確。有人可能會問，有沒有可能引進一個更清楚的選舉機制？對波蘭政黨來說，他們似乎沒有興趣改變現有的程序。從現在的觀點來看，在歐洲層級的改革似乎是不可能的。有人可能會提到歐洲議會修憲委員會的訴訟，在2011年4月提出，其中包含了幾個要在2014年選舉之前引進的解決方案和建議。[19]這些要根本上改變國家法律規範的提案於2011年7月7日在歐洲議會中被討論，最終決定要將報告送回委員會進行進一步的考量。2014年的選舉是根據先前的法規進行，任何標準化選舉過程的行動似乎是不可能發生的。有人可能也會問，這是否是必要的？遠比這個更重要的挑戰似乎是提高選民在選舉中的投票率，還有強化歐洲議會在歐洲制度內的地位。

參、2004年與2009年在波蘭舉行的歐洲議會選舉

　　在討論2004年與2009年在波蘭舉行的歐洲議會選舉前，我們應該提醒波蘭在2003年6月7日和8日的公投中批准了波蘭加入歐盟條約（也被稱為入歐公投）。投票率是58.55%（在29,868,474人中有17,586,215人可以合法地參與投票），77.45%的選民投票支持加入歐盟（13,516,612人）（JLRP, 2003）。根據民調，在加入歐盟一事上波蘭民眾最重視移動的自由、進入勞動市場的管道，以及與環保有關的議題。然而，他們也害怕價格上漲，特別是食品。加入歐盟最受較高教育者、對政治有興趣且有穩定經濟環境的城市選民支持（OBOP, 2003）。

---

[19]　詳見：2011年4月28日的EP（2011）。

　　組織波蘭第一次歐洲議會選舉的準備始於2004年4月。根據當時的法規，國家選舉委員會註冊了21個選舉委員會（有14個在所有的選區中都有註冊）。雖然在選舉中的參與者多，民調顯示只有公民論壇（Platforma Obywatelska, PO）、波蘭共和國自衛黨（Samoobrona Rzeczpospditej Polskiej, Samoobrona RP）、民主左派聯盟—勞工聯盟（Sojusz Lewicy Demokratycznej-Unia Pracy, SLD-UP）、法律與正義黨（Prawo i Sprawedliwość, PiS）、波蘭家庭聯盟（Liga Polskich Rodzin, LPR）、波蘭社會民主黨（Socjaldemokracja Polska, SDPL）、波蘭人民黨（Polskie Stronnictwo Ludowe, PSL）、自由聯盟（Unia Wolności, UW）有機會跨過5%的選舉門檻。其他由選舉委員會代表的參與者還有：波蘭勞工黨（Polska Partia Pracy, PPP）、現實政治聯盟（Unia Polityki Realnej, UPR）、波蘭提案黨（Inicjatywa dla Polski, IdP）、波蘭公民聯盟（Ogólnopolski Komitet Obywatelski, OKO）、國家退休與撫卹者黨與人民民主黨（Krajowa Partia Emerytów i Rencistów i Partia Ludowo-Demokratyczna, KPEiR-PLD）、反聖職者進步黨（Antyklerykalna Partia Postępu "Racja", APP）、波蘭民族黨（Polska Partia Narodowa, PPN）、保護失業者運動聯盟（Konfederacja Ruchu Obrony Bezrobotnych, KROB）、綠黨（Zieloni 2004）、波蘭民族復興黨（Narodowe Odrodzenie Polski, NOP）、左派民主黨（Demokratyczna Partia Lewicy, DPL）、一起為未來黨（Razem dla Przyszłości, RdP），以及國家選民選舉委員會（NKWW）。

　　對多數波蘭政黨來說，歐洲議會選舉並非他們最在乎的。持續的政府危機以及準備即將來臨的國家議會選舉對他們來說是更加重要的。一樣重要的是，大眾媒體報導歐洲議會的方式也是一樣。根據專家的觀點，競選活動沒辦法達到教育選民的期待。提供波蘭人關於歐洲議會以及其他歐盟機構之角色的機會不見了。競選活動也沒有提及在其他歐盟國家出現的議題，如伊拉克戰爭、土耳其加入歐盟的辯論，與移民或擴大歐元區有關的挑戰（Czaplicki, 2004: 2）。實際上跟地區事物有關的地方性議題，歐盟

的預算和結構基金（波蘭人民黨主張對農業有更多的支持，民主左派聯盟
—勞工聯盟、公民論壇，與波蘭社會民主黨關心結構基金，民主左派聯盟
—勞工聯盟及自由聯盟關心研發支出）、入歐談判（民主左派聯盟—勞工
聯盟強調波蘭應該儘可能談出最好的條件，波蘭共和國自衛黨、波蘭家庭
聯盟、現實政治聯盟、波蘭勞工黨，與國家退休與撫卹者黨與人民民主黨
和其他政黨對波蘭變成歐盟的次級國家有意見）、廣泛理解的愛國議題，
如確保長期的經濟發展（民主左派聯盟—勞工聯盟、波蘭勞工黨、公民論
壇，以及自由聯盟）、農業問題（波蘭人民黨），以及歐洲憲法條約（法
律與正義黨選擇在尼斯接受的方案，波蘭家庭聯盟與現實政治聯盟徹底反
對該方案）等議題脫穎而出（Czaplicki, 2004: 7-8）。

　　第一次的歐洲議會選舉在2004年6月13日舉行，大概在波蘭加入歐
盟的一個月之後。投票率很低，只有20.87%[20]（而整個歐盟的投票率是
45.47%）。我們應該提及，波蘭選舉一直都沒有很高的投票率，從1979
年到2009年選民的參與是逐漸降低的。造成這種趨勢的原因包括：競選時
國家議題的主導優勢、在提倡選舉上大眾媒體的關注不夠、對歐洲議會缺
乏資訊，以及對選舉法規的知識不足。在波蘭和其他的歐盟國家，相較於
國家議會、總統或地方選舉，歐洲議會選舉屬於次要位置。在波蘭的案
例中低投票率的原因包括正在發生的政治發展造成人民冷漠、對政治缺
少興趣，或是認為選舉只是讓政客贏得高薪地位的機會（Cybulska, 2004:
8-9）。

　　最終選舉是由公民論壇勝出（24%的得票率）。該政黨在十三個選區
中贏得了八個選區。波蘭家庭聯盟也表現得很好，雖然他打的是反歐盟
的競選策略（16%）。法律與正義黨逐漸受到歡迎，反應出該黨贏得13%
的選票以及成為第三高票，但贏得11%選票的自衛黨很難被解釋為成功。
根據2004年3月的民調，該政黨機會贏得30%的選票。基於穩定的左派選
民，民主左派聯盟—勞工聯盟贏得9%的選票。唯一一個在波蘭眾議院沒

---

[20]　比波蘭投票率更低的只有斯洛伐克的16.97%。

有代表但贏得歐洲議會席次的政黨是自由聯盟，獲得了7%的選票，很值得注意的是該政黨與公民論壇有相似的主張。波蘭人民黨拿到了6%，被解讀為波蘭農民對歐盟抱持質疑並希望歐盟農業政策提供直接補貼的訊號。波蘭社會民主黨，獲得5%支持，比波蘭人民黨還糟。但考量其缺乏地區結構、資金支持不足以及候選人不夠知名等事實，一般多以正面看待該政黨的表現（見表5-1）。

　　考量2004年波蘭的歐洲議會選舉對波蘭政治的重要性，我們或許可以說他打開了一段破壞時期——後團結與後共產兩極政黨對立的根源，這個觀察在之後的國家選舉中被確認。選舉最成功的政黨以及在權力運作上參與最多的是後團結的公民論壇及法律與正義黨。在2004年選舉後，波蘭的政黨體系被分為倡議或補充政府層級的合作。同時，在該選舉之後，民調中改變選民支持的動能大幅的消失。最後，非議會政黨在選舉上的機會也消失了（Wojtasik, 2010: 76）。

　　從不同的觀點來看，2004年之後波蘭在歐洲議會的議員加入了各種政治團體。公民論壇與波蘭人民黨的代表加入了歐洲人民黨黨團—歐洲民主黨團（EPP-ED）；民主左派聯盟—勞工聯盟與波蘭社會民主黨加入了歐洲社會主義黨團（PES）；自由聯盟加入了歐洲自由與民主聯盟（ALDE／ADLE）；法律與正義黨加入了歐洲民族聯盟（UEN）；歐洲民族聯盟逐漸地有多數波蘭家庭聯盟的議員加入；其他波蘭家庭聯盟的議員加入了獨立／民主團體（IND／DEM）；多數自衛黨議員加入了獨立／民主團體（IDN／DEM）；其他的加入了歐洲社會主義黨團（PES）或歐洲自由與民主聯盟（ALDE／ADLE）。

　　接下來的波蘭歐洲議會選舉在2009年6月7日舉行。這一次波蘭分配到50個而非54個席次，這個改變乃基於尼斯條約的內容。先前的數字是因為羅馬尼亞和保加利亞在2005年4月20日簽訂了入盟條約的結果，[21]因此在2004年加入歐盟的國家暫時在歐洲議會中獲得較多席次。

---

[21]　該條約因簽訂地的關係而被稱為盧森堡條約，於2007年1月1日生效。

表5-1　2004年波蘭之歐洲議會選舉結果

編號	選舉委員會	支持度（%）	得票數	席次
1	公民論壇（PO）	24.10	1,467,775	15
2	波蘭家庭聯盟（LPR）	15.92	969,869	10
3	法律與正義黨（PiS）	12.67	771,858	7
4	波蘭共和國自衛黨（Samoobrona RP）	10.78	656,782	6
5	民主左派聯盟—勞工聯盟（SLD-UP）	9.35	569,311	5
6	自由聯盟（UW）	7.33	446,549	4
7	波蘭人民黨（PSL）	6.34	386,340	4
8	波蘭社會民主黨（SDPL）	5.33	324,707	3
9	現實政治聯盟（UPR）	1.87	113,675	-
10	國家選民選舉委員會（NKWW）	1.56	94,867	-
11	波蘭提案黨（IdP）	1.45	88,565	-
12	國家退休與撫卹者黨與人民民主黨（KPEiR-PLD）	0.80	46,667	-
13	保護失業者運動聯盟（KROB）	0.61	36,937	-
14	波蘭公民聯盟（OKO）	0.58	35,180	-
15	波蘭勞工黨（PPP）	0.54	32,807	-
16	反聖職者進步黨（APP）	0.30	18,068	-
17	綠黨（Zieloni 2004）	0.27	16,288	-
18	左派民主黨（DPL）	0.09	5,513	-
19	一起為未來黨（RdP）	0.05	2,897	-
20	波蘭民族復興黨（NOP）	0.04	2,546	-
21	波蘭民族黨（PPN）	0.04	2,510	-
總計			4,621,936	54

資料來源：The State Electoral Commission（2004）。

　　2009年4月28日，國家選舉委員會註冊了十二個選舉委員會，其中有十個在所有的選區內都有註冊。根據民調，公民論壇、法律與正義黨，以及民主左派聯盟─勞工聯盟最有機會通過選舉門檻。值得注意的是，在2007年10月21日波蘭眾議院選舉之後，明確的四大政黨集團成形（公民論壇、法律與正義黨、波蘭人民黨、民主左派聯盟），而其他的政黨則被邊緣化（他們在民調中甚至無法接近門檻）。其他2009年波蘭歐洲議會選舉的參與者由現實政治聯盟、自衛黨、波蘭勞工黨、自由波蘭（Libertas Polska, LP）[22]、未來聯盟（PdP）[23]、右翼共和黨（PR）、波蘭社會黨（PPS），以及波蘭前進黨（NPP）等選舉委員會代表。

　　與2004年的情況類似，競選活動大多具有地方特色。當在其他歐盟國家競選過程中主要的議題包括回應2008年金融危機的後果、刺激經濟成長、對抗失業率與通貨膨脹，但在波蘭的主要競選議題為：有效地利用歐盟基金、對抗保護主義與孤立主義（公民論壇）、能源安全（公民論壇、波蘭人民黨、民主左派聯盟）、農業區域的發展（法律與正義黨、波蘭人民黨）、支持農民（波蘭人民黨、自由波蘭）、對抗失業率跟保護工作場所（法律與正義黨、未來聯盟、自由波蘭）、永續發展（民主左派聯盟、未來聯盟）、反對里斯本條約（自由波蘭、現實政治聯盟）以及將歐元引進波蘭（右翼共和黨）等。

　　從波蘭本地觀點來說，2009年春天是一個由兩大主要政黨，公民論壇和法律與正義黨衡量塔斯克（Donlad Tusk）領導的公民論壇─波蘭人民黨政府之效能的時機。與此同時，波蘭人民黨和民主左派聯盟試著要保持他們在聯盟夥伴的地位。分析2009年的競選，我們可以說公民論壇和波蘭人民黨是在爭取維持現狀，公民論壇要維持主要執政黨的地位，波蘭人民黨則是不要失去既有的席次。法律與正義黨和民主左派聯盟的目標是要反轉

---

[22]　2009年政黨是由波蘭家庭聯盟、地區政黨、基督教民族聯盟、以及波蘭民族組織─波蘭聯盟的候選人代表。

[23]　選舉委員會包括民主黨（PD）、波蘭社會民主黨以及綠黨2004。

不利的情勢並從選民中獲得更多支持，不在議會中的政黨則專注於贏得席次並取得進入波蘭政治主流的管道（Wojtasik, 2010: 79）。當把這些觀察納入考慮，歐盟議會選舉成為2010年總統與地方政府選舉，以及2011年議會選舉的前哨戰，因此，媒體對於挑起總理和總統之間的衝突更有興趣。然而，我們還是可以說2009年歐洲議會選舉比2004年的更具有影響力，網路在這一方面扮演決定性的角色。

　　2009年6月27日的投票率比2004年稍高一點，達到24.53%[24]（全歐盟是43%）。根據民調，男性投票率比女性高。居住在中大型城鎮、有較高教育程度、年紀介於45到54歲的這個族群的參與率是最高的。右派傾向的波蘭人比其他政治傾向者參與更多。至於政黨的支持者，支持公民論壇和法律與正義黨是絕大多數，波蘭人民黨和民主左派聯盟—勞工聯盟的得票數幾乎相當，同時，大部分的選民都是傾向支持歐盟會員身分（CBOS, 2009: 5）。一般來說低投票率被認為是對主要政治行為者間的政治敵對的負面回應、不熟悉候選人、對競選與政黨政見的負面評價、缺乏對歐洲議會的認識，以及令人失望的政治人物與選民溝通的方式（CBOS, 2009: 11）。

　　最後，2009年6月27日的選舉結果確認了對執政黨公民論壇的支持。該黨獲得了44.43%的選票，轉化成歐洲議會的25個席次並贏了九個選區。法律與正義黨也獲得了相對高的支持度，27.40%的選票，15個席次並贏得了四個選區。民主左派聯盟—勞工聯盟贏得了12.34%的選票。這表示在歐洲議會裡將有7席。跟2004年相比，所有的政黨都有顯著較好的結果，波蘭人民黨結果拿了7.01%的票，也是增加的，雖然他並沒有轉化成較多的席次（見表5-2）。

　　歐洲議會的選舉結果並沒有預言任何波蘭政黨體系的變化。我們應該說這個結果說明了2007年10月21日國家議會選舉之後的傾向，就是四個主要政黨，也沒有新的團體可以獲得5%的社會支持。

---

[24]　投票率比波蘭低的只有立陶宛的20.98%和斯洛伐克的19.64%。

表5-2　2009年波蘭的歐洲議會選舉結果

號次	選舉委員會	支持度	得票數	席次
1	公民論壇（PO）	44.43	3,271,852	25
2	法律與正義黨（PiS）	27.40	2,017,607	15
3	民主左派聯盟—勞工聯盟（SLD-UP）	12.34	908,765	7
4	波蘭人民黨（PSL）	7.01	516,146	3
5	未來聯盟（PdP）	2.44	179,602	-
6	右翼共和黨（PR）	1.95	143,966	-
7	自衛黨（Samoobrona RP）	1.46	107,185	-
8	自由波蘭（LP）	1.14	83,754	-
9	現實政治聯盟（VPR）	1.10	81,146	-
10	波蘭勞工黨（PPP）	0.70	51,872	-
11	波蘭前進黨（NPP）	0.02	1,537	-
12	波蘭社會黨（PPS）	0.02	1,331	-
總數			7,464,763	50

資料來源：The State Electoral Commission（2009）。

　　從波蘭的觀點來說，第七屆的歐洲議會（2009-2014）一開始就有重大的事件。在第一個會期間，2009年7月14日，公民論壇政黨名單上的國會議員，也是前總理Jerzy Buzek（1997-2001），成了歐洲議會主席，[25] 這個政黨的議員以及波蘭人民黨的代表再一次的加入了歐洲人民黨黨團（EPP）；法律與正義黨的國會議員加入了歐洲保守派與改革主義者（ECR）；由民主左派聯盟—勞工聯盟政黨名單中選出的議員加入了社會主義者和民主人士進步聯盟（S&D）。我們應該注意到在這個任期內出現了小變化：四個法律與正義黨的代表加入了自由與民主歐洲（EFD），還

---

[25] 他擔任此職務職到2012年1月17日。M. Schulz在他之後接任。

有一個公民論壇的代表移到了歐洲保守派與改革主義者（ECR）。

在里斯本條約生效後，歐洲議會增加了18席（從736席增加至754席），其中1席給了波蘭，而這額外的席次分配給了波蘭人民黨。

肆、2014年歐洲議會選舉

2014年5月22日至5月25日之間舉行了28個歐盟成員國的歐洲議會選舉，此乃根據2013年6月14日歐洲執委會的決定。[26]競爭751個席次（比第七屆少了15席），波蘭分配到51個席次，正式新任期要由2014年7月1日開始。在選舉的組織方面波蘭分為了13個選區（表5-3）。

選舉時程規劃了選舉路線圖。最重要的一個要件是2014年4月7日，這是向國家選舉委員會登記選舉委員會的期限，包括了代表一到四個政黨的委員會、政黨聯盟，或是支持非政府組織的選民。4月15日中午12點是在相關選區登記歐洲議會候選人名單的期限。[27]在7個以上選區登記可以讓委員會成為全波蘭委員會，而這包含了一些規模上的好處。對曝光來說是重要的，而不是有什麼獎勵，它是一個至少在兩個選區以上登記政黨名單者可進行號次抽籤分配的系統。[28]

在歐洲議會選舉期間，和所有其他波蘭的選舉相似，有冷靜期（Electroal Silence）的規定，這表示嚴格禁止涉及參選候選人勝敗機會有

---

[26] 5月22日（星期四）在荷蘭和英國舉行、5月23日（星期五）在愛爾蘭、5月23日和24日（星期五與星期六）在捷克，5月24日（星期六）在拉脫維亞、馬爾他、斯洛伐克。5月25日（星期天）在奧地利、比利時、保加利亞、克羅埃西亞、塞普勒斯、丹麥、愛沙尼亞、芬蘭、法國、希臘、西班牙、立陶宛、盧森堡、德國、波蘭、葡萄牙、羅馬尼亞、斯洛維尼亞、瑞典、匈牙利，以及義大利。

[27] 關於在歐洲議會選舉中註冊的候選人詳見：www.pkw.gov.pl. Latest update 2 March 2014。

[28] 關於號次抽籤規則，請見：www.pkw.gov.pl. Latest update 21 October 2014。

表5-3　2014年波蘭的歐洲議會選舉選區

選區號碼	選區內的領土行政單位	地區選區委員會
選區1	濱海省	格但斯克
選區2	庫亞維─濱海省	比得哥什
選區3	波德拉謝省和瓦爾米亞─馬祖里省	奧爾什丁
選區4	華沙與馬佐夫舍省（Mazowieckie）的8個縣	華沙
選區5	馬佐夫舍省（Mazowieckie）的4個城鎮跟29個縣	華沙
選區6	羅茲省	羅茲
選區7	大波蘭省	波茲南
選區8	盧布林省	盧布林
選區9	喀爾巴阡山省	熱舒夫
選區10	小波蘭省與聖十字省	克拉科夫
選區11	西里西亞省	卡托維茲
選區12	下西里西亞省	樂斯拉夫
選區13	盧布西卡省	大波蘭地區戈茹夫

資料來源：JLRP（2004）。

關的任何形式的競選或民調公布。[29]公布選舉行為或結果民調，包括評估投票率，還有提供候選人參選或在特定選區委員會註冊的資訊都是有罪的。冷靜期是在投票日前的24小時開始實施。在2014年，這表示從5月24日凌晨零點開始，常有憲法專家以及政治學專家針對這個措施進行辯論。現在，波蘭文的社群網站和在波蘭以外地區的網路資源發布，讓這個措施很難維持。然而，冷靜期並不限制媒體報導選舉或公布選舉當天在特定時間、在特定選區，或整個波蘭的投票結果，也沒有禁止媒體鼓勵人民選舉。

---

[29] 關於國家選舉委員會對冷靜期的解釋請見：www.pkw.gov.pl. Latest update 27 May 2014。

下列的選舉委員會在13個選區都註冊了他們的選舉名單：

1. 歐洲加你的運動聯合委員會（Coalition Committee Europe Plus Your Movement）——名單也包含了一些民主黨與民主聯盟的代表。
2. 民主左翼聯盟——工人聯盟聯合委員會。
3. 新右派選舉委員會——在Janusz Korwin Mikke的領導下。
4. 公民論壇選舉委員會。
5. 波蘭在一起選舉委員會——在Jaroslaw Gowin領導下。
6. 波蘭人民黨選舉委員會。
7. 法律與正義黨選舉委員會——名單也包括共和右翼以及皮亞斯黨（Piast）。
8. 波蘭團結黨選舉委員會——在Zbigniew Ziobro領導下。
9. 國家運動選民選舉委員會——也包括一些現實政治聯盟的代表。

比較先前的選舉，可以在所有選區註冊的選舉委員會是9個而非10個。有3個選舉委員會只有在一些選區內註冊：

1. 直接民主選舉委員會，選區編號1、3、6、8、10及11，政黨名單包括來自波蘭海盜黨和自由黨的代表：
2. 綠黨選舉委員會，選區編號1、4、6、11及13，名單包括女性黨和波蘭社會主義黨的代表。
3. 自衛黨選舉委員會，選區編號3、6。

剩餘的8個委員會並沒有順利將他們的政黨名單在任何選區註冊，他們的候選人沒有辦法參與競選。這包括如Naprawimyto.org選舉委員會（WeWillFixThat.org）、捍衛傳統火腿選舉委員會、選民選舉委員會：憤怒、選民選舉委員會：自由。因此，在最初的20個委員會有12個註冊並參與選舉。根據號次抽籤，1號給了Zbigniew Ziobro領導的團結為波蘭選舉

委員會，波蘭最大的兩個政黨，公民論壇黨和法律與正義黨分別抽到了8號與4號。

2014年3月26日到5月23日之間，許多民調機構針對可能的結果進行民調。根據選舉偏好，贏家會是公民論壇或是法律與正義黨。其他的政黨有微小的重要性。然而，波蘭人民黨（選區8—盧布林省）和民主左派聯盟（選區2—庫亞維—濱海省）在某些選區可能有重大的勝利，偏好也顯示公民論壇主導了西部、北部，以及南部選區。選舉結果證實了這些預測，這反過來也顯示民調機構逐漸變得專業，在先前選舉中則不是這樣的。

政黨和選舉委員會提出的政治方案並沒有為歐洲議會的競選活動帶來驚喜。他們和其他在波蘭舉行的選舉沒有不同。在競選中提到的議題包括戰勝2008年金融危機以及提振經濟情勢，特別是在勞動市場和年青人的失業率方面。歐元對美元的衰退問題也影響了是否加入歐元區的辯論。執政黨強調成功地吸收了歐洲基金以及其對道路和交通基礎建設的正面影響。然而，反對黨，特別是法律與正義黨則指出了歐洲基金的管理不當。然而，波蘭歐洲議會的議員試著說服選民他們會盡全力保護、甚至擴大歐洲金融資助的範圍。

左派的候選人強調在歐盟內有2,700萬公民失業的事實以及需要振興經濟以提供更多工作場合，特別是給年輕的歐洲人。在責難金融機構時，特別是引起經濟危機的銀行，他們要求要增加國家和歐盟層級對金融制度的控制（歐洲銀行聯盟），以降低未來金融危機的風險。他們的訴求乃基於對拿納稅人的錢去拯救「大到不能倒」的機構的憤怒。因此，左派採取基於不只在國家也在歐盟層級發展社會計畫的「社會歐洲」政策。[30]歐盟的多元被視為是一項資產，應該和對抗被邊緣化的少數族群的公民權利與自由的行動一起被保護。

---

[30] 見"Kandydaci SLD do Parlamentu Europejskiego (SLD Candidates to the European Parliament)." in http://www.sld.org.pl/strony/212-kandydaci_sld_do_pe.htm l. Latest update 27 January 2015。

2014年在波蘭或在其他歐洲國家（英國、法國、荷蘭、和匈牙利等）的歐洲議會競選過程中有一個新的要素，就是質疑歐盟先前成就的反歐盟政治團體興起。在波蘭這個趨勢從由Janusz Korwin Mikke領導的新右翼作為代表，這個政黨承諾要限制歐盟的影響力並最終將其降低至自由貿易協定的地位，該黨候選人點出歐盟奇怪的規範、歐盟官僚的過度發展，並承諾在未來要反制類似的傾向，他們聲稱波蘭政府應使用否決權來反對布魯塞爾在犧牲歐盟成員國的情況下發展自身權限（NP, 2014）。我們應該注意到，這些承諾在競選過程中發揮效果，而抱持這種主張的政黨最終在多個歐盟國家獲得政治勝利，如法國。

伍、衡量2014年波蘭歐洲議會選舉結果

2014年選舉在5月25日舉行。選舉並沒有被任何可能影響選舉結果的選舉意外干擾。國家選舉委員會不斷聲明指出除了在一些大型城市外，投票率並不會太高。最後結果顯示投票率最低的是瓦爾米亞—馬祖里省（Warmińsko-Mazurskie voivodship, 17.42%），最高則在馬佐夫舍省（Mazowieckie voivodship, 28.09%），平均投票率是23.83%。相較於其他歐盟國家這是非常低的投票率（比利時有89.64%、盧森堡有85.55%、馬爾他有74.80%、甚至希臘都有59.97%）。投票率的水準接近斯洛維尼亞的24.55%、克羅埃西亞的25.24%、或匈牙利的28.97%。投票率比波蘭還低的只有捷克的18.20%和斯洛伐克的13.05%。這表示在歐盟28個會員國中波蘭的投票率排名第26。[31]這顯示波蘭社會對投票程序非常不感興趣，而根據許多研究者的說法，這是因為大多數的公民對投票程序並不瞭解。社會上部分的人也無法看見他們的經濟和社會狀態與歐洲議會決策間的直

---

[31] 關於歐洲選舉結果的進一步資訊請見：2014年選舉結果，http://www.europarl.europa.eu/elections2014-results/pl/turnout.html. Latest update 16 January 2015。

接關係。即便是一些候選人也沒有辦法描繪出歐洲議會的角色和它的運作方法，有些人甚至聲稱歐洲議會有一些在現實上沒有的權限。因此，我們可以說低投票率很大程度受到缺乏對歐洲議會權限和功能的瞭解所影響，在鄉下或小城鎮的潛在選民的案例中特別是如此（Dudkiewicz et al., 2013; Łada and Fałkowska-Warska, 2012）。其他原因則是非常鮮明與直接的反歐盟團體興起（如由Janusz Korwin Mikke領導的新右翼），這些團體煽動公共輿論獲得很多媒體的關注，結果大眾媒體報導競選時對聳動的內容比較有興趣而非教導未來選民歐盟的制度。最後，低投票率也是大部分民眾在波蘭的經濟和社會情況脈絡下感知選舉的後果。對公民來說，執政聯盟沒有能力處理勞動市場、失業率、經濟、衛生服務和教育部門的困難情境，而這些事情被認為比他們不瞭解的歐洲政策更為重要。

選舉的結果有一點意外，因為執政的公民論壇與最大反對黨法律與正義黨獲得一樣的席次。兩黨票數的差距大約只有25,000票，只占700萬投票選民的一小部分。最終，5個選舉委員會在歐洲議會獲得席次（表5-4）。至於民主左派聯盟─勞工聯盟聯合委員會，兩個政黨都贏得席次（民主左派聯盟有3席，勞工聯盟有1席）。

7個沒有獲得席次的選舉委員會共獲得90萬票但沒有跨過5%的門檻。執政黨的主導地位和領先的反對黨並沒有意外。然而，新右翼的4席和50萬的選票是令人訝異的。反歐盟政黨在法國（民族陣線拿到了24.86%選票，是法國最好的結果）和英國（獨立黨拿到了26.77%的選票）甚至獲得更多席次（EP, 2014b）。然而，歷史上沒有一個類似的波蘭政黨取得這樣的勝利。總體來說，在第八屆的歐洲議會中將有約100名國會議員代表對歐洲整合和歐洲機構的批判性態度。問題是，他們能否在運作歐洲議會中扮演決定性的角色？我們應該質疑這一點，因為他們在歐洲議會中並未集中在一個政治團體中，他們分散於歐洲議會的各團體間，而其中又有些人是無所屬議員。同時，政治團體是在民主程序的基礎上運作，而沒有一個團體的核心是反歐盟取向的，歐洲議會中政治團體的席次呈現在表5-5。

表5-4　2014年波蘭歐洲議會選舉結果

選舉委員會		投票			席次	
		票數	百分比%	+ / −	席次數	+ / −
No. 4	公民論壇	2,271,215	32.13	−12.30	19/51	−6
N0. 7	法律與正義黨	2,246,870	31.78	+4.38	19/51	+4
No. 2	民主左派聯盟—勞工聯盟	667,319	9.44	−2.90	5/51 (4/51) (1/51)	−2
No. 3	新右翼 （Janusz Korwin Mikke領導）	505,586	7.15	—	4/51	—
N0. 6	波蘭人民黨	480,846	6.80	−0.21	4/51	+1
	團結為波蘭 （Zbigniew Ziobro領導）	281,079	3.98	—	0/51	—
	歐洲加你運動	252,779	3.58	—	0/51	—
	波蘭在一起 （Jaroslaw Gowin領導）	223,733	3.16	—	0/51	—
	民族運動	98,626	1.40	—	0/51	—
	綠黨	22,481	0.32	—	0/51	—
	直接民主	16,222	0.23	—	0/51	—
	自衛黨	2,729	0.04	—	1/51	—
	總計	7,069,485	100.00	—	51/51	—

資料來源：The State Electoral Commission（2014）。

表5-5　2014年歐洲議會內的政治團體：議會中的席次與選票百分比

歐洲人民黨黨團（EPP）	221席 29.43%選票
S&D 社會主義者與民主人士進步聯盟（S&D）	191席 25.43%選票
ECR 歐洲保守派與改革主義者（ECR）	70席 9.32%選票
爭取歐洲自由人士與民主人士聯盟黨團（ALDE/ADLE）	67席 8.92%選票
歐洲聯合左派／北歐綠色左翼（GUE/NGL）	52席 6.92%選票
綠黨─歐洲自由聯盟（Greens/EFA）	50席 6.66%選票
EFD 歐洲自由與直接民主（EFDD或EFD）	48席 6.39%選票
NI 無所屬（NI）─不屬於任何政治團體	52席 6.92%選票

資料來源：EP（2014b）。

　　我們可以預期在不同會員國的反歐盟政黨領導人會努力贏得人民支持並贏得「反歐盟反對黨」的領導人地位，將此視為其在每國下次國家選舉時匯集支持的重要工具。

陸、結論

　　總結來說，2014年在波蘭的歐洲議會選舉不論在理論或是實際上都刻劃了波蘭選舉制度鞏固的契機。如同國家選舉委員會和法院總是收到一些

對選舉機構或個別選舉委員會之表現的抱怨。然而，每次都發現這些是不重要的且對選舉結果沒有影響。累積關於選舉程序的經驗是發展波蘭穩定民主重要的一步，然而，我們不應該忘記選民行為的一些挑戰。最迫切的是在2014年又觀察到的低投票率，其社會、文化、心理以及經濟原因應成為科學研究的主題，以及成為政黨、媒體、還有致力於要為公民教育負責的NGOs應解決的重要議題。如果公民沒有理解到歐洲議會的重要角色，乃是一個對抗歐盟機構民主赤字過程的民主機構，增加投票率在未來是不可能發生的，這也應該被解讀為未來歐洲議會的議員對他們的作為應負更多責任。

參考書目

英文文獻

CBOS, 2009. *Wybory do europarlamentu w powyborczych deklaracjach Polaków.* Komunikat z badań BS/110/2009. Warszawa: CBOS,.

Cybulska A. 2004. *Głosujący i nie głosujący o swoich decyzjach w wyborach do Parlamentu Europejskiego-analiza powyborcza.* Warszawa: CBOS,.

Czaplicki M. 2004. "Pierwsze wybory europejskie w Polsce." *Analizy i Opinie* Nr 25. Warszawa: Instytut Spraw Publicznych.

Doliwa-Klepacka A. and Doliwa-Klepacki Z. M. 2009. "Struktura organizacyjna (instytucjonalna) Unii Europejskiej." *Temida* 2 Białystok.

Domagała M. 2010. Zarys organizacji i funkcjonowania Parlamentu Europejskiego, in *Glajcar R.*, Wojtasik W. eds. *Wybory do Parlamentu Europejskiego w Polsce w 2009*: 11-18. Katowice Remar.

Dudkiewicz, M., Fuksiewicz A., Kucharczyk J., Łada A. 2013. *Parlament Europejski Społeczne zaufanie i (nie)wiedza.* Warszawa: Instytut Spraw Publicznych.

EP. 2011. "Report on a Proposal for a Modification of the Act Concerning The Election of The Members of The European Parliament by Direct Universal Suffrage of 20 September 1976."(2009/2134(INI). in http://www. europarl.europa.eu/sides/getDoc.do?type =REPORT &reference=A7-2011-0176&language=EN. Latest update 25 January 2015.

EP. 2014a. "Elections 2014: Turnout." in http://www.europarl.europa.eu/elections2014-results/pl/turnout.html. Latest update 16 January 2015.

EP. 2014b. "Results of the 2014 European Elections." in http://www.europarl. europa.eu/elections2014-results/pl/election-results-2014.html. Latest update 19 January 2015.

EURATOM. 1957. "The Treaty Establishing the European Atomic Energy Community." April 17. in http://eur-lex.europa.eu/legal-content/EN/TXT/ PDF/?uri=CELEX:11957A/TXT&from=PL. Latest update 24 January 2015.

EURATOM. 2002. "Council Decision of 25 June 2002 and 23 September 2002 Amending the Act Concerning the Election of the Representatives of the European Parliament by Direct Universal Suffrage, Annexed to Decision 76/787/ ECSC." EEC, Euratom (2002/772/WE, Euratom). 2002. in http://eur-lex.europa.eu/legal-content/PL/TXT/?uri=CELEX:32002D0772. Latest update 25 January 2015.

Glajcar, R. 2010. "System wyborczy do Parlamentu Europejskiego w Polsce." in R. Glajcar and W. Wojtasik. eds. *Wybory do Parlamentu Europejskiego w Polsce w 2009*: 51-74. Katowice: Remar.

Herbut, R. 2006. "Wspólnota Europejska." in A. Antoszewski and R. Herbut eds. *Systemy polityczne współczesnej Europy*. Warszawa: PWN.

Jacobs, F. et al. 1992. *The European Parliament*. Harlow: Longman.

JLRP. 2003. "The Announcement by the State Electoral Commission, 21 July, 2003. O skorygowanym wyniku ogólnokrajowego referendum w sprawie wyrażenia zgody na ratyfikację Traktatu dotyczącego przystąpienia Rzeczypospolitej Polskiej do Unii Europejskiej." *The Journal of Laws of the Repub-*

lic of Poland No. 132/2003: position 1222 and 1223.

JLRP. 2004. "Ordynacja wyborcza do Parlamentu Europejskiego (European Parliament Elections' Regulation)." *Journal of Laws of the Republic of Poland* No. 25, p02. 219: 1413-1446.

JLRP. 2011. "Kodeks Wyborczy (the Electoral Code)." *Journal of Laws of the Republic of Poland* No. 21, p02. 112: 1510-1591.

Kandydaci SLD do Parlamentu Europejskiego (SLD Candidates to the European Parliament). 2015. in http://www.sld.org.pl/strony/212-kandydaci_sld_do_pe.html. Latest update 19 January 2015.

Łada A. and Fałkowska-Warska M. 2012. *Europoseł w sieci*. Warszawa: Instytut Spraw Publicznych.

OBOP. 2003. "Polacy o członkostwie w Unii Europejskiej przed referendum." TNS OBOP, Warszawa 2003. in http://tnsglobal.pl/archiv_files/056-03.pdf. Latest update 27 January 2015.

NP. 2014. "Program Wyborczy Nowej Prawicy (the New Right Electoral Program)." in http://www.nowaprawicajkm.pl/info/program-wyborczy/program-wyborczy-do-pe-2014/item/program-wyborczy-do-pe-2014. Latest 19 January 2015.

The Act Concerning the Election of the Representatives of the Assembly by Direct Universal Suffrage. 1976. in http://eur-lex.europa.eu/legal-content/EN/TXT/?uri=CELEX:41976D0787. Latest update 25 January 2015.

The State Electoral Commission, 2004. "The Announcement by the State Electoral Commission, June 13, 2004." in http://www.pe2004.pkw.gov.pl/. Latest update 28 January 2015.

The State Electoral Commission, 2009. "The Announcement by the State Electoral Commission, June 8, 2009. in http://pe2009.pkw.gov.pl/ALL/pliki/DOKUMENTY/komunikaty/ obwieszczenie.pdf. Latest update 30 January 2015.

The State Electoral Commission, 2014." The Announcement by the State Electoral Commission, May 26, 2014." in http://isap.sejm.gov.pl/DetailsServlet?id

=WDU20140000692. Latest update 30 January 2015.

The Treaty establishing the European Coal and Steel Community. 1951. in http://eur-lex.europa.eu/legal-content/PL/TXT/?uri=CELEX:11951K/TXT. Latest update 24 January 2015.

The Treaty Establishing the European Economic Community. 1957. in http://eur-lex.europa.eu/legal-content/PL/TXT/?uri=CELEX:11957E/TXT. Latest update 24 January 2015.

Wojtasik, W. 2010. "Partie polityczne i system partyjny RP w wyborach do Parlamentu Europejskiego w 2009 roku." in R. Glajcar and W. Wojtasik. eds. *Wybory do Parlamentu Europejskiego w Polsce w 2009: 75-96*. Katowice: Remar.

The 2014 European Parliamentary Election in Poland: The Evaluation of the Challenges to the European Union

Joachim Osiński and Bogusław Pytlik

Abstract

The paper addresses the issue of the election to the European Parliament in Poland. The authors discuss the electoral regulations and the institutional background to the election. They put the 2014 election against the historic background of the 2004 and 2009 elections to the European Parliament. The authors emphasize that the most important challenge in terms of the elections is the low turnout. The major reasons for the state of affairs are the low quality of the knowledge of the European institutions and the social discontent of the Polish citizens with the economic and political situation both in Europe and Poland.

Keywords: the European Parliament, Election, the European Union, Electoral Regulations

PART 3

公民不服從運動

第六章
太陽花運動的成因以及對後續
公民運動的影響

黃秀端

壹、前言

　　2014年3月17日立法院內政委員會審查服貿協議一案時，召委張慶忠利用朝野衝突時，以暗藏的無線麥克風，趁亂在三十秒內宣布「開會，將服貿協議案送院會存查」，隨即「宣布散會」，引起一片嘩然。3月18日晚上，公民團體在立法院旁之濟南路舉行「守護民主之夜」晚會，抗議服貿審查程序草率。林飛帆、陳為廷等學生趁著警員不備，大約在九點半左右，衝入立法院，占領議場。透過網路的傳播，不少學生和民眾得知消息後，立即趕到立法院外聲援。學生占領立院共廿四天，在立法院王院長答應學生「先立法再審查」之下，於4月10日正式退場。

　　在過程中，令大家震撼的是，由於學生不滿總統與行政院院長皆表示不能接受學生退回《兩岸服務貿易協議》之要求，3月23日一群學生占領行政院。最後是內政部警政署得到強制驅離的指示後，鎮暴警察以盾牌和警棍將抗議學生強行架走，以及動用鎮暴水車驅離民眾，在優勢警力、警棍以及鎮暴水車的交互使用驅逐下，行政院於第二天早上恢復上班。儘管對於占領行政院有不同的看法，但是對於被驅離的學生與民眾而言，是一個令人震驚難忘的教訓，國家暴力從書本上的名詞瞬間成為事實。3月30日在學生的號召之下，約50萬民眾在無政黨的動員下集結於凱道前。在過去臺灣超過5萬人以上的大型活動大多是政黨的動員，但是此次的凱道聚

集，不僅沒有政黨動員，而且從3月27日學生代表陳為廷宣布擴大抗爭行動到集會遊行只有短短的三天時間，卻在當天湧入了來自四面八方的支持者。當天行動的主要訴求為：先立法再審查、兩岸監督法制化、公民憲政會議，以及希望朝野立委回到國會，跟人民站在一起，支持人民的訴求，在場的民眾眼眶濕潤，甚至有人不斷拭淚，感染到大家都是國家的主人。最終是立法院院長王金平出面承諾「在兩岸協議監督條例草案完成立法前，將不召集兩岸服務貿易協議相關黨團協商會議」，才讓該運動決定退場。

學生的占領能夠撐這麼多天，當然是有許多人的支持與幫忙。在太陽花學運正式退場後，根據《自由時報》的民調，69.95%的民眾認為這場學運對臺灣民主長遠發展有正面影響；對於馬英九總統處理太陽花學運的看法，卻有高達82.96%的受訪者表示不滿意，僅有10.64%的民眾表示滿意（李欣芳，2014）。另一項《蘋果日報》所作的調查指出，有69.8%民眾同意，反服貿學生提的「先立法《兩岸協議監督條例》，再協議服貿」（陳亮諭，2014）。《今周刊》委託臺灣指標民調公司之兩岸服貿協議民意調查，顯示53.6%的受訪者並不支持和大陸簽訂服貿協議，支持者有22.3%；對於學生占領立院表達抗議之作法，64.9%認同，26.5%不認同，未表態者8.6%（TISR臺灣指標民調，2014），絕大多數民眾（83.9%）認為政府對民眾的溝通說明是不足夠的。TVBS民調中心所作的調查亦有63%的受訪者認為應該退回已經簽署的服貿協議，只有18%的人認為不應該，19%的人沒有意見。而對於行政院前，警方強制驅離的行為，有35%的人贊成、56%不贊成、9%沒意見（TVBS民調中心，2014）。無論是藍綠的媒體所做的民調都顯示民眾對於和大陸簽訂服貿協議的不支持，以及對於學生占領立院表達抗議之作法表示認同。

本文想要探討的是：學生為什麼占領立法院？而他們的行動為何得到這麼多人的支持？什麼樣的原因可以解釋此種發展？而這樣的行動到底產生何種影響？特別是對公民運動的影響。

貳、社會運動的理論

不少理論企圖解釋人民為何參與社會運動。Gurr（1970）主張相對剝奪（relative deprivation）是人們參加社會運動或甚至政治暴力和革命的主要心理狀態，是社會中的成員感受到價值期望與現實之間的差距。換言之，相對剝奪的來源是期望和現實的差距。Davies（1962）指出當此種差距到了不能忍受時（intolerable gap），革命便產生了，心理挫折是造成行動的主因也是基於相同的理由。這種frustration-aggression的連結充分地說明了行為的動機（Davies, 1962; 1969; 1971）。土地分配不均、收入不均和不滿等也是基於相同的邏輯。由於這些挫折與不滿都來自社會的比較，因此在本質上，相對剝奪是理性的比較和心理的感受，該理論在1960年和1970年代特別流行。

資源動員論強調任何社會結構中都存在著不平等，隨時都累積隱藏了足以引爆社會運動的怨氣。然而，怨氣最深也最多的弱勢團體，也經常是社會中最沒有資源或組織能力的，因此外來資源或外力的挹注，是促使弱勢團體能夠發起反對運動，挑戰政府的重要因素。與相對剝奪相反的，他們不認為運動支持者的「心理不滿」是運動發生的決定因素，因為不滿隨時都存在的，被壓迫者通常無法維護自己的利益且缺乏實行的權力，需要外部的資源與菁英的支持、操作，方能使其動員起來（McCarthy and Zald, 1977）。所以，資源動員論強調外在資源及菁英的重要性，所謂的資源可能包括金錢、利益團體、大眾傳播媒體、知識分子、專業人士等的介入。資源動員論強調社會運動資源的動員及組織，他們認為社會中隨時有足夠的不滿可以發起草根運動，只要社會運動能夠因為外來的資源之挹注而有效組織起來，「怨恨及不滿是可以在運動組織及領導人的界定、創造和操縱下而產生」（McCarthy and Zald, 1977: 1215）。

相對剝奪理論的期望與事實之差距強調社會心理因素，但是個人的挫折與不平衡到什麼程度，才可能採取集體行動而爆發社會運動？相對剝奪論者的文獻皆未描述主觀的情境與認知（Gurney and Tierney,

1982）。資源動員論強調結構的因素，認為資源募集的可行性和個人在社會網絡的地位以及強調參與社會運動的理性，與社會心理因素無關（Klandermans, 1984）。共識動員理論則企圖調合相對剝奪論與資源動員論。Klandermans（1984）指出感受到相對剝奪不一定就會引起採取運動來解決，必須要認知到該目標對消除相對剝奪感有幫助。參與社會運動被視為是個人在其所認知的狀態下所做的理性抉擇，是一種權衡利益得失的心理過程。該理論強調社會運動的產生必須從相對剝奪轉移至認知到集體利益有助於消除相對剝奪。此種認知並非自動產生，共識動員是需要的，也就是，必須透過運動與宣傳來澄清為何集體利益會帶來相對剝奪的抒解。同意運動的目標並不一定會導致參與，因為個人也許會懷疑參與是否能幫助其達到目標。集體利益可以促成一個人去參與社運，假如他預期其他人也會參與。

　　另外一項企圖解釋社會運動的理論為政治機會結構理論。政治機會結構是指某特定國家中由正式的制度結構與非正式的權力關係交織而成的政治環境。此種政治環境會創造或限制社會運動活動的機會，且涉及政府的權力，政治機會結構到底是什麼？學者之間也有不同的說法。McAdam（1996: 27）指出有四個指標是被學者所共同接受的。第一，制度化政治系統的相對開放或是封閉程度；第二，政治菁英體制的穩定程度；第三，政治聯盟者的存在與否；第四，國家鎮壓的能力與特質。當政治系統完全封閉時，社會運動難以啟動；完全開放時，社會組織將會往更體制化的方向轉化，如利益團體或是政黨等，社會運動自然會呈現衰退現象。其次，執政菁英的分裂更是讓社會運動成功的機率提高。再者，社會運動需要盟友與資源，有政治盟友的加入自然有所助益，國家鎮壓的能力與特質則與國家的政體息息相關。

參、他們為何參與？

　　太陽花運動期間，每天在立法院外都有相當多人支援，330更展現高度的動員效果，在這麼短時間內有這麼多的人站出來，表示社會已經累積了不少的怨氣與對政府的不滿，那到底民眾不滿什麼呢？

　　筆者曾經訪問十二位參與之學者專家以及學生，再加上各方的報導，參與運動者大概可以分為幾個部分[1]：

1. 反中國：中國的經濟崛起以及軍事的擴張，引起各國的疑慮，再加上馬政府過度傾中，引發不少臺灣人擔心對岸是否將以經促統。這群人在立場上偏臺灣獨立，如：公投盟、基進側翼等團體，其基本上反對任何服貿協議。

2. 世代正義／分配正義的問題：以左派（人民民主陣線）為主要代表，而學生群體的部分，則認為應該反省新自由主義下全球化貿易等面向所造成的新貧問題。

3. 臺灣民主的捍衛：另外有一群人是對整個民主程序的不滿，反對政府處理服貿過程的黑箱作業，特別是張慶忠的三十秒，不僅違反朝野之前的協議，更是違反民主的程序。

　　自從二次政黨輪替之後，馬總統在兩岸關係上採取親中政策，許多人擔心在經濟上過度依賴中國的結果，將使臺灣失去自主性。其次，不少人擔心中方或親中資本的力量，企圖用各種方式來侵蝕臺灣的民主，例如旺旺入主中時集團後，又申請併購中嘉系統台，引發反旺中與反媒體壟斷的抗議。民眾的擔憂不是沒有道理的，馬政府上臺後，臺灣新聞自由出現嚴重倒退，全球排名從全球第32名跌到2014年的第47名。香港更因北京對港媒施加越來越大的影響力，新聞自由度於2011年從「自由」被降為「部分

---

[1]　受訪者A2、A4、A6有類似的看法。用A為編號者，代表其為學者專家；用B為編號者，代表其為學生。

自由」，2014年則從前一年的74名降至83名[2]；在社會經濟方面，民眾擔心中方企業挾著龐大的資金優勢坑殺本土企業，服貿的開放中方技術人員入臺，將威脅臺灣勞動市場（曾柏文，2015）；在生活上，更擔心源自於中國的黑心食品將嚴重影響民眾的健康。

馬總統最引以為傲的兩岸關係、經貿的擴大、人民的往來，並沒有造福一般普羅大眾。林宗弘等人（2011：12）在《崩世代》一書中，更直指兩岸經貿對臺灣的貧富差具有負面的影響。相較於中國，臺灣在資本豐沛與技術較優，但是土地與勞動力較為缺乏；相反的，中國大陸的勞動力多、工資相對低廉，同時幅員廣大，土地較多。兩岸經貿往來的擴大，使得臺灣大財團等資本與技術擁有者獲利，但是中小企業主、農民與工人等中下階層受害，產業外移導致失業與貧窮人口增加，貧富差距加大。

製造業外移導致產業公會組織力量薄弱；資本外移與工會弱化導致臺灣受僱者實質薪資的停滯。根據勞委會調查，2012年大學畢業生之平均薪資只比前一年多381元，和十四年前相比雖然增加938元，但增加的幅度不到4%，物價卻上漲15%。2012年大學畢業的社會新鮮人，平均起薪2萬6722元，比十四年前縮水740元；碩士生的平資薪資大約3萬1639元，比前1年的3萬2321元，少了682元；專科生最嚴重，少了1052元（自由時報即時新聞，2013）。在這種薪資持續「倒退」，物價與房價卻又漲個不停，年輕人的日子只有越來越難過。

與此息息相關的是，馬政府在經濟上奉行美國新自由主義，不斷的用減稅來活絡經濟。先是大幅降低遺產稅由原先的40%降至10%，接著在財政仍有赤字的情況下，將綜合所得稅前三個級距的稅率6%、13%與21%，各調降1個百分點，大幅降低有錢人的所得稅，同時將企業營利事業所得稅由25%降低至17%，將商業銀行的稅率從5%降低至2%。其理由是減稅可以活絡經濟，當經濟活絡之後，就可以把餅做大。但是把餅做大了，每一個人是不是就過得更好的生活？

---

[2]　中國的媒體自由在2014年則排名全球第183名。

前衛生署署長楊志良（2014：32-41）於《分配，救臺灣》一書中給了很清楚的答案。他表示，政府只顧拚經濟，餅雖然做大了但是沒有公平分配，貧富差距越來越大，形成臺灣當前諸多社會問題的癥結。致使薪資倒退十五、六年，這也是為什麼2010年臺灣經濟成長率達到8%，成為馬英九總統的經濟政績時，卻是換得普羅大眾的噓聲。

楊志良（2014：132-146）認為臺灣的經濟發展因為奉行美國新自由主義，過度偏袒富人、降低富人稅、貶抑勞動價值、壓低受薪階級的工資與福利，讓原本較均富的社會，走上貧富差距越來越大的路途。減稅減薪之後錢都給了財團，卻未必能刺激經濟成長，所以等於是劫貧濟富，貧富差距當然會不斷擴大。

財團通常主張減稅與壓低工資，這樣才能吸引臺商鮭魚返鄉。減稅結果，所得稅在1990年代占全國總稅收的23%，但是在2008卻上升為47%，其中薪資所得稅的比例不斷提高。1992年以有錢人為主要徵收對象的財產稅（土地與房屋稅、遺產與贈與稅）由27%下降為2009年的12.5%（林宗弘等人，2011：22）。

反對黑箱服貿行動宣言透露的是年輕人對臺灣未來的不安，他們擔心臺灣的財團與大陸的財團跨海結合，將引發不可收拾的後果，以下為部分宣言內容：

「……反對服貿，不是「逢中必反」，服貿最大的問題在於，自由化下只讓大資本家受益，巨大的財團可以無限制的、跨海峽的擴張，這些跨海峽的財團將侵害臺灣本土小型的自營業者。那個我們曾經引以為傲的中小企業創業天堂，未來將被一個、一個跨海資本集團併購。服務貿易協定的本質，和WTO、FTA、TPP一樣，這些國與國的經濟協議，都是在去除國家對人民的保護。服貿協議，不管統獨、不管藍綠，這是一個少數大資本吞噬小農小工的階級問題，更是所有臺灣青年都將面臨的嚴苛生存問題。」（黑色島國青年陣線，2014）

　　「如果你焦慮自己的未來，其實有很多作法，可以出國留學、好好讀書、好好賺錢；所以我覺得他們焦慮的並不只是焦慮自己的未來，而是焦慮一個臺灣共同的未來。」（受訪者A6）

　　但是對相對剝奪的認知到什麼程度，才會成為個人行動的動機？其次，要有多少人或多少百分比的人必須經歷相對剝奪，才會有社會運動之產生？相對剝奪理論學者通常忽視這個問題（Gurney and Tierney, 1982）。另外，也有人認為社會運動本身也可能是工具性的來製造相對剝奪的感覺，有可能結構的不平等早已存在，但是相對剝奪的認知是在社會運動之後才產生。自2008年陳雲林事件所引發的野草莓運動、反媒體壟斷、大埔事件的張藥房案、2013年8月3日「萬人送仲丘」是否一次次的在累積人民的情緒呢？尤其是，由公民1985行動聯盟發起的「萬人白T凱道送仲丘」活動，在沒有政黨動員之下，現場湧入逾25萬人，令人震驚（蘋果日報，2013）。

　　根據臺灣選舉與民主化調查（簡稱TEDS）所做的幾次電話訪問民調，詢問受訪者同不同意「我們社會上有錢的人越來越有錢，窮的人越來越窮」的說法，表6-1中確實呈現絕大多數受訪民眾非常同意這樣的說法。尤其是太陽花運動前的2013年9月底做的調查，有高達74.9%的受訪

表6-1　民眾對貧富不均的看法

時間	有人說：「我們社會上有錢的人越來越有錢，窮的人越來越窮」，請問您同不同意這種說法？			
	非常同意	有點同意	不太同意	非常不同意
2013/3/20-3/24	71.8%（790）	16.8%（185）	6.2%（68）	3.4%（37）
2013/9/26-9/30	74.9%（805）	15.9%（171）	4.9%（53）	2.3%（25）
2014/6/6-6/10	68.0%（732）	18.7%（201）	7.9%（85）	3.0%（32）
2014/9/25-9/30	70.9%（770）	15.8%（172）	7.3%（79）	3.2%（35）

資料來源：Taiwan's Election and Democratization Study (TEDS)

者表示非常同意有錢的人越來越有錢，窮的人越來越窮的說法，再加上有點同意者，共有90.8%，不太同意和非常不同意者共只有7.2%，另外有達44%的受訪者表示縮小貧富差距應該是政府的責任。對於貧富不均的看法早已存在，為何到2014年3月18日才爆發太陽花運動呢？相對剝奪感理論並無法提供清楚的解釋。

　　同樣是根據TEDS所作的調查研究，在2012年總統大選前所作的電話民調，當時回答對於對馬總統處理兩岸關係感到非常滿意的有20.0%、有點滿意的有33.4%、不太滿意的有16.1%、非常不滿意的有13.7%。在滿意的方向加起來共有53.4%，超過半數。但是兩年過後，2013年12月所作的調查，非常滿意與有點滿意的加起來只有25.5%，2014年3月太陽花運動之前為24.2%（參看表6-2）。表6-2的結果呈現的意義很明顯，民眾一開始對兩岸交流是有期待的，但是交流的結果只有少數財團獲利，民眾並未真正蒙受其利，加上民眾開始感覺政府有過度傾向中國而引發不安，以致對馬政府處理兩岸關係的滿意程度越來越低。

　　資源動員論強調結構的因素，資源募集的可行性和個人在社會網絡的地位以及強調參與社會運動的理性，與社會心理因素無關。他們認為集體行動的本質是政治的和理性的，不能化約為個人心理狀態的情況。但是這群學生是在很少的資源下開始組織的，反而是他們占領立法院後，讓行動者覺得是有希望可以改變、突破的，而加入行動，金錢的挹注才進

表6-2　對馬總統處理兩岸關係滿不滿意？

調查時間 滿意度	2011年12月	2013年12月	2014年03月
非常滿意	20.0%	4.9%	4.5%
有點滿意	33.4%	20.6%	19.7%
不太滿意	16.1%	25.4%	29.2%
非常不滿意	13.7%	32.8%	30.9%

資料來源：Taiwan's Election and Democratization Study （TEDS）

入[3]。McAdam（1982）比較黑人抗議與基金會、慈善團體捐款的時間，他發現菁英的支持總是在抗議動員之後才出現，其本身並非促成抗議的主因。太陽花運動期間也可以看到網路募集的力量，為避免政府壟斷對外媒的關係，3月24日11名網友在群眾募資網站FlyingV上發「合購頭版廣告」活動，集資在《紐約時報》、《蘋果日報》、《自由時報》購買廣告，以「他們，為什麼在這裡？」為標題，並有立法院議場靜坐學生與值班員警的照片，表達反黑箱服貿立場。在三個小時內有3,495名網友參與，集資逾六百七十萬元，讓學運買下《蘋果日報》、《自由時報》3月25日頭版的半版廣告，以及《紐約時報》3月30日的全版廣告（自由時報，2014a）。另外，現代化的科技使得不認識的個人得以透過網路快速動員，不一定要仰賴傳統的動員，使得動員成本大幅下降[4]，由以上可見傳統的資源動員理論並無法解釋新媒體的動員方式。

　　不少學者認為9月的馬王政爭提供了318太陽花運動的政治機會結構。何明修（2015）強調，國民黨的分裂，帶給挑戰者政治空間，從占領立法院到最後的學運退場、落幕，都是利用馬王鬥爭所開啟的政治機會。馬王之爭，可能是造成在第一時間沒有讓王金平會想用鐵腕方式，將學生從立法院驅離的主因。同時，馬總統用憲法第44條院際協調權，要召集院長級人物去解決占領立法院的問題，王金平沒有去，反而發表聲明，指憲法第44條是總統對於院際爭議處理之規定，與這次服貿協議審查屬立院內部朝野黨團之爭議，性質截然不同，便未出席馬總統所召集之院際會商（彭顯鈞、王寓中，2014）。也因為這個聲明，迫使王金平最後做出承諾，「在兩岸協議監督條例草案完成立法前，將不召集兩岸服務貿易協議相關黨團協商會議」（莊麗存、江禹嬋，2014）。

　　或許政治機會結構理論可以解釋為何王金平不動用警察權，讓學生與

---

[3]　有受訪者表示其實從前幾次翻立法院的行動來看，邀請更多的人一起加入活動，其實回應都不夠熱烈，就算是318晚會也是一樣，占領立法院後，燃起大家的希望。
[4]　受訪者A1。

其他民眾有機會繼續占領國會，但是他並無法解釋為何服務貿易協定在2013年6月21日已經簽署，占領國會卻在隔年3月才發生。在該協定簽署後，已經有多個團體不斷抗議，賴中強律師號召民間團體於2013年7月29日成立反黑箱服貿民主陣線，而學生團體黑色島國青年陣線於2013年9月5日成立，參與者有臺大、政大、清大、東吳、師大、輔大等多個學校的學生。他們參加公聽會、遊說立法委員，甚至說服反對黨杯葛都沒有效。公聽會被反服貿黑箱民主陣線、黑色島國青年、賴中強律師、鄭秀玲教授等批評流於形式（方家敏，2014）。張慶忠委員在一星期內排了八場公聽會，早、中、晚各三場，甚至以政令宣導的態度進行，沒有實質溝通。十六場公聽會下來，公民團體與反對學者提出的意見並沒有得到官方的回應，政府的配套措施也沒有因而改變，迫使他們採取更激進的手段[5]。

　　3月17日上午10點，黑色島國青年陣線、公投護臺灣聯盟、臺灣教授協會、澄社等五十三個NGO社團，發起「捍衛民主120小時」行動，要求國民黨落實國會監督機制，實質審查兩岸服務貿易協議（苦勞網，2014）。原本長達120小時的抗議計畫，因為17日下午，內政委員會召委張慶忠三十秒的舉動，成為強化抗議行動的導火線（蔡慧貞，2014）。在3月18日之前，反服貿的學生曾多次試圖闖入立法院，但都被警察阻攔，在318晚上他們真正攻陷了議場，自己也沒有料想到這項舉動立即吸引廣大的聲援，使得試圖抬離的警察反而面對強大的反包圍群眾。

　　前面提到共識動員理論，強調參與社會運動被視為是個人在其所認知的狀態下所做的理性抉擇，是一種權衡利益得失的心理過程。該理論強調民眾從相對剝奪轉移到集體利益，有助於消除相對剝奪的認知並非自動產生，共識動員是需要的。也就是，必須透過運動與宣傳來澄清為何集體利益會帶來相對剝奪的抒解。要讓民眾接受「社會某種現況是不公義」的詮釋，他必須要得到民眾的共鳴，不是組織單方面的宣導就可以完成（王甫昌，1996）。同意運動的目標並不一定會導致參與，個人也許會懷疑參與

5　受訪者A4。

是否能幫助其達到目標，因而決定不參與。集體利益可以促成一個人去參與社運，假如他預期其他人也會參與。其次，符合組織動員意識型態的「突發事件」是否適時出現，亦是影響共識動員的重要因素。

從野草莓、反媒體壟斷、關廠工人、苗栗大埔事件、反核四、洪仲丘事件，臺灣社會已經累積不少反對的能量，透過每一次的動員，讓更多的人產生共鳴。再加上張慶忠的行為成為一個適時出現的「突發事件」導火線，喚醒大家前面提到的不滿與相對剝奪，但是即使如此，318晚上在場抗議的人數也不過幾百人，因為大部分的人可能覺得成功的可能性不大。學生團體聲東擊西策略，讓警力將焦點放在立法院大門口和濟南路側門，另外一群學生約四十人左右則從立法院青島東路側門翻牆而過，直衝立法院議場，意外的是立法院的議場，居然就這樣被「攻陷」。接著，透過手機、Line、Facebook等方式，各方人馬紛紛出動，在立法院外聚集的群眾越來越多，成功的守住議場。任何正式或非正式的網絡以及任何溝通的管道都是很重要動員的工具。Line、Facebook等社會媒體的網絡成為當時快速動員很重要的工具（Klandermans, 2013）。當學生成功占領議場時，過去覺得不可能的事，一夕之間化為可能，因此潛在的支持者很快的被召喚出來，參與的越多，對參與者而言就相對安全。再來就是，透過網路族群還有懶人包，他們很快就能對議題有所理解，尤其是懶人包的整理，讓他們得以快速的瞭解事情的來龍去脈，然後去參與運動，這也是一種共識動員很重要的因素，這個東西不斷加強，以致於讓行動成本下降[6]。

社會運動者在共識動員的過程中，還要隨時面對當權者所安排的一套合理化的解釋，而他們通常掌控主流媒體的優勢。在318公民運動以及持續的對抗當中，政府亦企圖從主流媒體發動一波波的新聞攻勢，希望造成輿論的轉向，不過，這些新聞一旦出現，很快就有學者自動自發的從學理上、從國際實例，或從不同的角度剖析（或有鄉民找到相關的破綻），輿論很快又轉向了。這些學者，散處於大學與研究單位，並非屬於哪個組織

---

[6]　受訪者A6。

或政黨，但是他們在鬥智方面占了不少優勢（黃銘崇，2015）。為了避免主流媒體無法公平的報導，占領立法院議場的學生，在現場即時用iPad連結至Ustream平台播放立法院議場的現況，以彌補傳統電視及廣播媒體所沒有報導的事情。Ustream在3月18日凌晨5時曾創下7萬人同時線上收看的紀錄，並且觀看總人數也達到近100萬人次（Trinity, 2014）；而日本著名影片分享網站NICONICO也加入播放行列，在3月21日時，NICONICO觀看立法院議場直播的人數也累計高達100萬人次（自由時報即時新聞，2014b）。學生們也應用YouTube以及Facebook自行直播，提供立法院內外最新的現場畫面給無法馬上到場的民眾（自由時報即時新聞，2014a）。平時就關注開放政府理念的g0v.tw臺灣零時政府除了派人前往立法院現場確保網際網路狀況外，並且還透過其所開發的Hackfolder來整理相關網際網路檔案，讓分散在各處的線上文件與懶人包，有個統一的介面，能夠快速查到想找到的資訊（陳瑞霖，2014）。換言之，政府在論述以及意見的上並沒有占到任何優勢。

　　被召喚出來的幾十萬人，有反中國的、有較為左派的關心分配正義的問題或是關心世代正義的年輕人，另外有一群是反黑箱服貿的民主捍衛者。對於反中派者，基本上是主張不簽定任何服貿協議，退回服貿會是他們的唯一選項；對於捍衛臺灣的民主者，則不一定反對簽訂服貿協議，他們可能支持服貿，但是反對國民黨的不符民主程序。運動提出訴求時，必須要考量大多數可以同意的公約數，很多觀點在整個過程裡面不斷被提出討論，包含我們對中國到底要保持一個什麼樣的關係？最後，從「先立法，後審查」的訴求來看，對於與中國之間的關係，並沒有採取強烈反對與中國簽署協議的立場，而是主張要依從法定程序，讓國會與人民進行監督。就如同孫窮理評論的，這場運動最後被收攏到「反黑箱」——一個僅僅是要求形式上的程序問題，而甚至與「民主」想像，都還有很大差距的論述上（孫窮理，2014）。對很多人來說可能是一種失落，但是在各種不同理念的訴求中，尤其是一些過去可能無法合作的團體，只有程序訴求才能在理念不一的行動者間，提供共識平台（曾柏文，2015）。有關世代正

義以及新自由主義底下的全球貿易會讓很多的產業受到衝擊等的論述，在整個過程中並沒有很清楚的論述與提出。在過程中學生有討論到「兩岸協議監督條例草案」，但是馬上有人覺得為什麼要用「兩岸」而不用「兩國」，因為臺灣是獨立國家，大家也理解若是繼續在此爭辯，將會永無止境且模糊焦點，因此最後只提「先立法，後審查」[7]。

　　另外一個被提出來的口號是「公民憲政會議」，對於服貿的黑箱、國會的失能、失職的立委、總統的有權無責、各項分配正義的問題，透過公投、罷免等都有很大體制上阻礙的時候，318學運是個集體抒發的總出口。這也是為什麼後來可以看到的是，這個活動的訴求除了反服貿、兩岸監督條例，還多個「公民憲政會議」的口號，已經到了憲政層次的議題[8]。

肆、太陽花運動與公民意識的崛起

　　太陽花運動最直接的影響就是兩岸關係，不僅是服貿協議依舊被卡在立法院，甚至延緩了兩岸向政治談判的加速，同時也促使民眾開始全面檢視馬政府的兩岸政策（民報社論，2014）。兩岸關係可以說因此從雲端跌落谷底。在太陽花運動爆發之前，不時傳出馬英九與習近平可能在2014年的年底亞太經合會見面，然而此種可能性，一夕之間被占領立院的學生摧毀，其效應甚至擴散到香港，但是本文並不將焦點置於此。

　　本文將焦點放在太陽花運動對於臺灣的民主政治發展，特別是公民運動所帶來的影響。反對太陽花運動的官方說法，如金溥聰批評占領議場的學生，強調民主法治的國家不容許任何人以暴力手段占領國會議場，在美國等民主法治社會並無法容忍這樣的行為（陳郁仁，2014）。九合一選舉

7　受訪者B1。
8　受訪者B3。

民進黨的勝利，名政論家陳文茜認為這是太陽花的勝利，但是她並痛批其勝利將使國家「走向惡質民主萬劫不復」（自由時報，2014b）。

旅美中央研究院院士余英時透過劉靜怡教授發表〈臺灣的公民抗議和民主前途〉一文，力挺學生的行動。他表示「這次公民抗議是一場保衛並提高臺灣民主體制的運動，對於人民和政府具有同等的重要性。人民固然可以通過運動而鞏固其公民的權利，政府也可以因為『聽到人民的聲音』而提高其民主的素質。臺灣已歸宿於民主是一個不可更改的現實……」（林朝億，2014）。曾國祥（2014）教授則認為「以公民身分出現在立法院、行政院與校園自主罷課活動中的學生們，正在替臺灣社會形塑三種民主價值：憲政民主的公民權利、激進民主的人民主權，以及審議民主的社群共善。」支持太陽花運動者，認為該運動喚起公民意識的覺醒，對臺灣的民主政治發展將有正向與深遠的影響，越來越多的年輕人開始意識到即使他們不關心政治，政治也會影響他們，因此必須將公民力量轉化為實際的政治參與，才能改變臺灣的現況。

2014年的太陽花運動讓沉寂了將近十年的憲政改革與國會改革出現了一線生機，民眾開始意識到代議制度是否失靈、政治體制是否能夠有足夠的課責性（accountability）與回應性；其次，對於兩岸關係的互動與協定必須要民眾的參與和監督。

太陽花運動之後，就如同陳為廷所說的，他們要「轉守為攻，出關播種」，並且計畫以巡迴全國深入社會基層，用演講、集會、草根論壇、網路公民運動與國會監督等方式，來深化「反服貿運動」與「兩岸協議監督法制化」運動（蘋果日報，2014）。除此之外，在聲明文中亦表示將持續在全國各地舉辦更多的論壇與公民審議活動，以持續推動「公民憲政會議」的主張。之後，各種的組織成立出現，包括民主鬥陣（Democracy Tautin）、島國前進（Taiwan March）、公民團體親子共學促進會（The Association of Parent Participating Education in Taiwan）、福爾摩鯊會社（Formoshock）、臺左維新（Restoration of Taiwan Social Justice）、社會民主黨（Social Democratic Party）、時代力量（New Power Party），公民

審議與公民憲政的活動也在各地陸續的展開。

此種對公共議題的關心除了起因於服貿本身的議題外，也與抗議期間的民主審議活動有關。太陽花運動期間，立法院外參與的學生和民眾很多，一開始有民主教室和各式各樣的演講。後來，有教授開始提出審議式民主來帶動群體的討論。在經過多天的演講，主要是講者的單項訊息傳遞，但是透過民主審議模式討論，則讓在場的學生與民眾，可以自己表達意見，同時也聆聽各種多元的聲音，民眾等於是取回直接參與政治的權利。在街頭民主審議的學生與民眾，就服貿對不同產業的影響、核四、兩岸事務協議監督條例，以及其他公共議題，進行討論，形成臺灣特有的街頭審議模式，又稱為「街頭審議民主」（Deliberative democracy on street），街頭審議創造公民直接發聲、社會多元對話的空間，同時讓此場運動提升到思辯的層次。

街頭公民審議在3月26日正式啟動持續至到4月5日（見表6-3），共十天十三場，開設約200多組，動員超過400名小組主持人次與工作人員，透過網路招募了300多位來志願參與擔任小組主持人，實際參與討論人數近4,000人，圍在小組外面旁聽者不計其數（施聖文，2014）。

「從這些參與者的回應中，作為一種活動，它當然是成功的。而作為一種運動，它牽涉的並不完全是論述，更大一部分是來自於願意行動與實作的夥伴們，並且在未來積極的去處理與回應累積在這場街頭實踐中，所孕育出來的民主種籽。」（施聖文，2014）

審議式民主強調的是知情的參與，因此每一場討論都必須準備資料給參與民眾，在正式討論前會邀請正反雙方意見的代表來陳述不同的立場，作為民眾討論的基礎。在街頭這樣變動與吵雜的環境，卻創造了理性討論的空間，參與者不只學生，也有老伯伯，甚至是媽媽帶著小孩一起侃侃而談的[9]。

---

[9]　受訪者A7。

表6-3　318運動期間D Street街頭公民審議分組討論統計

時間	議題	場地	組數
3/26	制定兩岸協議監督條例	青島東路	18
3/27	服貿與青年就業	青島東路	18
3/28	服貿與國家安全	青島東路	11
		濟南路	10
3/29	服貿與民主	青島東路	22
3/31	服貿與金融產業	青島東路	11
4/1	服貿與醫療產業	濟南路	15
4/2	服貿與弱勢產業	青島東路	16
4/3	服貿與社會服務	青島東路	20
4/4	服貿與電信產業	濟南路	記錄不清楚
4/5	人民議會，接力賽條例	青島東路	20
		議場內	10
		濟南路	21
總計			192

資料來源：D Street街頭公民審議，2014。https://sites.google.com/site/twdstreet/。

「街頭民主審議作為一種社會實踐，的確找到了一種教室的或街頭的翻轉的可能性，無論在規模、動員、組織以及效率上，都觸及了一種新的可能，同時也可能是未來公共議題討論進入公民日常生活中，最有可能的操作。」（施聖文，2014）

十天來的公民審議對後續的影響超乎原先的預期。現場有數百位參與的民眾表達在未來願意將在運動現場的公共討論體驗和實作的累積，延續到運動之外、運動之後，在公民社會、在社區播下民主的種子。所有的

表6-4　4月27日凱道前的公民審核四

日期	議題	場地	組數
4/27	公民審核四	凱道—第一區	10
		凱道—第二區	5
		凱道—第三區	11
		凱道—第四區	4

資料來源：D Street街頭公民審議，2014。https://sites.google.com/site/twdstreet/。

　　D Street街頭公民審議討論的結果也都放在網路上供民眾瀏覽。[10]緊接著，4月27日數百位民眾在凱道上，以D Street「公民審議」方式探討核四和核能議題，共有30組參與（見表6-4）。審議結果，以「修改現有公投法後，舉辦公投」的意見，最受大家認同。同時，參與的民眾咸認為未來重大國家議題，也應透過修正過的公投法，進行更好的民主表決。關心太陽花運動的日本媒體《朝日新聞》指出，學生的訴求雖然沒有得到政府的保證，但是他們走出立法院，分散到各地進行運動「已確立臺灣公民運動的新高峰」、「已形成甚至政黨都無法輕視的勢力」（張茂森，2014）。

　　街頭民主審議的推動，對於深化臺灣民主至關重要。學生與民眾回到自己的社區，針對重要公共議題、結合公民團體、推動公民討論實踐、協助各地民眾充分討論重要公共議題、凝聚共識，進而影響決策方向。在協助街頭審議扮演重要角色的受訪者表示：

　　「我認為比較驚豔的是臺灣人本身，幾乎是民間團體舉辦的活動，不用特別宣傳，人都比過去多很多……就是關心公共議題，進而參與，這件事情我感受非常深刻；可以分作廣度跟深度，包括以前推審議式民主，大家會覺得不是那麼重要，那現在因為318的關係，大家慢慢覺得它很重

---

[10]　參看D Street街頭公民審議，2014。https://sites.google.com/site/twdstreet/。

要；又或者是說，以前我不會看到快餐店的老闆娘、民宿經營者、補習班老師等各個階層或各行各業的人，開始在相關公共議題，不管是民間團體、公聽會、論壇或研討會開始加入討論，我有看到那個不一樣。另外，年輕人也越來越多，以前看到高中生來參加會覺得很amazing，為他鼓掌，現在是高中生介紹完畢後，還有國中生。所以對我來說，很精彩的不是內圈這群人的政治位置，因為他們可能也想找政治出口，不然就不會有第三勢力，但我要說的是，比較感動的是這一塊，而且這不僅限於臺北，我們有去彰化、桃園、花蓮、臺東，包括鹿野的農民都會出來，整個大社會氛圍讓他們願意站出來關心在地或大型公共議題……。」[11]

　　在街頭審議的學生與公眾，曾就兩岸事務協議監督條例以及服貿與民主、服貿與青年就業、服貿與國家安全以及服貿與金融、醫療、弱勢、電信產業之間的關係進行審議。在3月26日青島東路上的街頭曾就兩岸事務協議監督條例分為18組進行審議，約200名公民參與，經過近兩個半小時的想法激盪（參看表6-3）。當時討論以由臺灣守護民主平台與反黑箱服貿民主陣線所提案以及40位教授連署的《兩岸協定締結條例》為版本討論。當時分為四個部分討論：第一部分為兩岸官方交流為什麼需要監督？第二部分為你覺得簽訂兩岸協定需要什麼民主參與程序和監督機制？第三部分為你覺得目前民間版的兩岸監督條文說明內，有什麼問題？第四部分為如果你贊成制定這個條例，你覺得我們可以做什麼來加速它的通過？如果你不贊成制定這個條例，你覺得我們是否需要有合適的監督方式？如何監督？（D Street街頭公民審議，2014）許多組別皆認為，兩岸協議監督條例有其必要性，當代議民主失靈時，監督機制不能只依賴國會。

　　在民眾的壓力之下，行政院版本的《臺灣地區與大陸地區訂定協議處理及監督條例草案》於4月3日送進立法院。該版本共有25條。回應行政院的版本，4月5日學生與民眾開始就民間版本與行政院版本進行比較，此場

---

[11] 受訪者B3。

審議標榜「人民議會接力審查」。在青島東路有20組、濟南路21組，還有議場內有10組，共有51組同時討論。每一個小組的結論報告，都被仔細地記錄。最後從51組的結論報告，歸納一些共同的主張，形成「人民議會意見書」，對兩岸協議監督條例，人民議會的審議，總結出六大主張，包括：1.公民要有機會參與兩岸協議處理與監督，必要時透過公投的直接民主方式來參與決定；2.資訊要公開透明；3.兩岸協議內容必須維護國家安全、民主自由、文化認同、環境生態，和分配正義等人權價值；4.兩岸協議的衝擊評估必須全面，且應納入民間的獨立評估；5.國會對於兩岸協議必須有實質的審查和監督權力；6.兩岸協議，必須依據對等談判，維護主權的原則進行。

對於立法監督與人民的監督力道要到何種程度，是否會侵犯行政權，自然有許多的討論與爭辯。然而，民眾對於政院版草案強調行政主導，只要求政府「說明、溝通」，簽署前僅有政府主導的「國安審查機制」，若協議內容不涉法律變更，就循行政命令的方式審議，並無法苟同。

接著，4月7日，陳其邁委員在內政委員會針對監督機制的法制化，辦了一場公聽會，行政院陸委會亦受邀提出其報告；4月18日下午，尤美女委員辦公室舉辦了「民間版《兩岸協定締結條例草案》」公聽會。後來因為九合一選舉，讓草案的討論沉寂一時。然而，在太陽花運動的一週年，經濟民主連合[12]等民間團體舉辦人民重返立法院活動，提出「監督條

12　經濟民主連合（Economic Democracy Union, EDU，簡稱經民連）是由原來的「反黑箱服貿民主陣線」（簡稱民主陣線）改名後的經濟民主連合持續批判服貿、貨貿、自經區等經濟政策，關注《兩岸協定締結條例》與《條約締結法》立法。經民連是由三十七個臺灣公民團體組成的社團聯盟，成員包括「兩岸協議」監督聯盟、臺灣守護民主平台、澄社、臺灣教授協會、臺灣人權促進會、兩公約施行監督聯盟、臺灣勞工陣線、臺灣農村陣線、婦女新知基金會、黑色島國青年陣線、民主鬥陣、島國前進、1985公民覺醒聯盟、公民監督國會聯盟、地球公民基金會、綠色公民行動聯盟、臺灣環境資訊協會、高雄市產業總工會、大高雄總工會、文化元年基金會籌備處、中華民國殘障聯盟、中華民國老人福利推動聯盟、民間監督健保聯盟、臺灣少年權益與福利促進聯盟、建教生權益促進聯盟、勵馨基金會、臺灣社會福利總盟、廢除死刑推動聯

例要確實」、「憲政改革要啟動」、「貨貿談判要停止，服貿自經別偷渡」等三大訴求（曾韋禎、王文萱，2015）。對於在立法院審議的八個版本的《兩岸協定監督條例草案》[13]，經濟民主連合邀請民眾上網提問、選擇支持版本。另外，3月21日晚上在立法院外的濟南路進行各版本比較之審議，並進行現場網路直播。當天晚上提案的立委有6位親自到場說明，並參加版本的審議，行政院並未派員參加，他們表示已經在3月18日進行線上直播，無需再參與[14]。經民連將八個版本依照兩岸定位、公民參與時機、人權保障之範圍、資訊公開、國會的事前參與監督、國會在協商進行中的參與監督、國會的事後監督、國會事前監督與事後監督之關係、衝擊影響評估之範圍、公投複決機制等項目，做出十個選擇題，上網供網友選擇[15]。

　　除了《兩岸協定監督條例草案》的公民參與外，另外還有一批人認為代議失靈應從根本的變革開始，包括憲法的修正、選舉制度的改革、國會席次的問題。此也與運動時期3月23日議場內學生提出之四點訴求有關，其中之一為「召開公民憲政會議因應當前憲政危機」。3月24日，臺灣守護民主平台立刻召開記者會聲明：民主必須重生　支持召開「公民憲政會議」以為響應。4月6日，運動團體在青島東路與濟南路上舉行「公民憲政會議」千人公民論壇。千人公民論壇主要探討的主題有三：1.為何我們應該召開公民憲政會議；2.公民憲政會議的內容應該包含哪些議題及原則；3.公民憲政會議之討論形式、參與的組成、如何參與等等。討論完經

盟、社區大學全國促進會、臺南市社區大學研究發展學會、親子共學促進會、人本教育基金會、憲政公民團、永社、北社、看守臺灣協會、民間司法改革基金會等。

[13]　八版本包括：行政院版、江啟臣版《臺灣地區與大陸地區訂定協議處理條例草案》、尤美女版（民間版）《兩岸協定締結條例草案》、鄭麗君版《臺灣與中國簽署條約及協議處理條例草案》、李應元版《兩岸協議監督條例草案》，以及民進黨版、台聯版、姚文智版《臺灣與中國締結協議處理條例草案》。

[14]　參看2015/03/18【內閣踹共】318談兩岸監督條例，網址：https://www.youtube.com/watch?v=ziQ7KR444c8。

[15]　網址為：quiz.musou.tw/CrossStraitAgreement。

過整理後，4月8日，議場內舉行記者會發表「占領立院行動對『公民憲政會議』的初步構想、目標與願景」，其主要希望藉由草根力量集結成的體制外會議，形成對政治部門有拘束力的、大規模修憲與修法的共識，促成體制內的憲政改革。討論的議題有憲政體制、選舉與政黨體制、兩岸關係法治基礎、社會正義與人權保障、經濟政策與世代正義（中央通訊社，2014）。經過數個月籌畫，「公民憲政推動聯盟」終於在2014年11月10日正式成立，並將從草根論壇開始展開一連串的活動[16]。該聯盟成立之後，開始展開各地的草根論壇主持培訓，包括宜蘭、花蓮、臺東、臺北、臺中、臺南、高雄等。接著，開始進行草根論壇，蒐集各方意見，最後目標是召開全國性公民憲政會議，建立修憲與修法共識。2015年3月21日下午，在太陽花運動滿週年之後，公民憲政推動聯盟重返立法院舉辦街頭草根論壇，希望與參與審議的公民，一起探討臺灣的選舉制度應該往哪裡走。在民間的各種壓力下，立委也提出不少版本的修法，但是民間團體也開始擔心公民憲政推動聯盟由下而上的速度過慢。有些團體擔心立法院、政黨、或政治人物提出不符合大家期待的草案，然後出其不意的通過，因此也希望團體菁英之間能提出版本，2015年3月18日由四十多個公民團體所組成的全國憲改聯盟正式成立，並公開徵求憲改版本。

　　修憲的問題比《兩岸協定監督條例草案》複雜很多，其中包括國家體制、是否要維持五權、選舉制度、公民參政權年齡、公民之基本人權、憲法的修改與施行。光是國家體制可能就會爭論不休，無法得到共識，朱立倫擔任國民黨黨主席後，曾經拋出內閣制的主張，也有不少學者醉心於內閣制，認為內閣制較能權責相符，做不好就下臺，無須等到任期結束才下臺（曾嬿卿、邱奕嵩，2014）。但也有學者認為在我國總統選舉改由人民

---

[16] 「公民憲政推動聯盟」由綠色公民行動聯盟、臺灣守護民主平台、經濟民主連合、臺灣少年權益與福利促進聯盟、臺灣教授協會、小米穗原住民文化基金會、臺灣人權促進會、人權公約施行監督聯盟等二十多個團體組成。聯盟網站：http://www.new-tw.org/。

直選之後，就設下一堵憲政體制變遷方向的高牆，也就是要往內閣制走將受到很大的制約（蘇子喬，2010）；若要走上內閣制，總統就要虛位，既然是虛位就無須直選，但是TISR臺灣指標民調公司在2014年12月22日至24日期間所作的民調，只有9.4%之民眾同意取消總統民選。當然也有學者指出內閣制還是可以有總統直選，但是這樣的國家不多，都是在國家認同解決以及沒有強敵地環伺之下。若要走向總統制，整部憲法需要作大幅修正，因為原始憲法傾向所謂的修正式內閣制。若是仍維持半總統制，但是作小幅的修正，如：總統提名的行政院長要得到立法院同意、總統有主動解散國會權等。對於「總統提名的行政院長要得到立法院同意」得到絕大多數民眾支持，高達71.5%。但是留法的憲法專家許有為、郝培芝（2015）表達反對，並撰文〈法國半總統制為何捨棄閣揆同意權？〉。根據TISR臺灣指標民調（2014）公司所作的同一次調查，民眾對於目前我國中央政府體制屬於何種制度，回答依多寡為：31.8%總統制、17.7%內閣制、13.9%雙首長制，36.6%未明確表態。該問卷調查結果顯示民間對政治體制的認知薄弱。朝野對於要走向何種體制依舊缺乏共識。即使是內閣制，仍舊也有多種的選擇，如英國西敏式的、荷蘭、比利時的共識型、另外還有義大利或以色列式的或是德國式的。

　　另外一項，與修憲有關的為選舉制度的改革，民間團體並不滿意兩大黨對於政治的壟斷，而目前的選舉制度被認為是不利小黨的發展。單一選區兩票制本來就是一種調合多數決制與政黨比例代表制的混合制：在區域選舉採單一選區對多數制，大黨容易獲得較多席次；在全國不分區部分採政黨名單比例代表制，照理說該選制對於小黨並無不利之處。但是由於5%的門檻以及只有34席的全國不分區，因此對於小黨相對不利。2012年立委選舉結果，台聯以及親民黨都無法在區域獲得席次，但是他們突破5%的門檻而獲得席次。但是由於立委人數在修憲時被減半，只剩113席，不分區的席次若沒有增加，光是討論門檻是沒有用的，因為即使將門檻完全取消，政黨還是需要獲得近3%的選票才有機會拿到一個席次。

　　選制改革聯盟曾經提出三大改革訴求：1.改並立制為聯立制；2.增加

不分區席次使區域與不分區之比為1：1；3.不分區的門檻從5%降至1%。目前送進立院的國會選制修憲方案，有國民黨呂學樟的提案：維持並立制、不分區席次從34席提高至64席、不分區的門檻降至3%；民進黨李應元則提出聯立制、不分區席次提高至77席，但小黨門檻依然維持5%。

2015年3月21日下午，公民憲政推動聯盟於立法院濟南路口舉辦街頭憲政草根論壇，以「國會選制改革：民主是多元的還是多數的？」為議題，雖然參加的人數不如預期，但是現場的討論非常熱烈。整場論壇具有高度共識的意見為：1.改並立制為聯立制；2.在增加總席次的前提下，增加不分區席次達1：1；3.下修各級民選首長之選舉保證金，斟酌聯立或並立、人數、縣市等因素，重新考量選區劃分（憲法增修條文第3條）。公民參政年齡由20歲降低為18歲是比較有共識的，當時在立法院，無論藍綠皆提出修正憲法第130條降低公民參政年齡的草案。

在各地的草根論壇之後，該推動聯盟於2015年5月2日在立法院群賢樓召開臺灣憲改藍圖會議。這次會議經政黨領袖、立委、民間團體、草根論壇參與者等各方討論，達成兩階段完成全面憲政改革高度共識（陳仔軒，2015）。第一階段優先處理降低修憲門檻、降低投票門檻與被選舉年齡、降低不分區立委門檻至3%、擴大人權保障與強化人權保障機制；第二階段憲改再處理總統制、內閣制等攸關中央政府體制問題。不過，在第七會期內立法院在休會之前並未通過任何憲法修正案的提案，因為兩黨最後無法達成共識。不過，公民憲政推動聯盟表示他們還會繼續努力，不會就此放棄。

太陽花運動兩年來對於憲政以及選舉制度的討論，不再僅限於學者專家，一般市井小民透過街頭審議方式也都能侃侃而談，對民眾來說，他們不再是很遙遠的東西。整體而言，我們可以看到一個趨勢，就是擴大民眾的參與，包括降低投票年齡、讓年輕人發聲、降低不分區門檻、增加政黨多元的參與，甚至還有提到要降低修憲與公投的門檻。年輕人會希望透過更多的參與來改善他們的處境。儘管他們意識到這一波修憲的努力，由於政黨的算計，可能功敗垂成。割闌尾行動雖然失敗，至少創下了罷免投票

的先例，在一群年輕人的努力下，他們突破了罷免投票的高提案與連署門檻，逼得中選會不得不進行罷免投票。另外有一些團體，如「島國前進」在為公投法的門檻降低而努力[17]。2015年兩百多所高中的學生加入反黑箱課綱行動，某種程度也是太陽花運動的民間社會紮根，所顯現的效果，此種效果將會在更多的地方出現，包括地方對各種公共議題的審議活動。「自己的國家（未來）自己救」已經成為青年的口號，公民意識的覺醒是未來政府施政不可忽視的一環。

　　太陽花運動之後新成立的政黨時代力量，在2016年的立委選舉中嶄露頭角，一舉獲得國會的五席。該黨不僅在不分區得到74萬張票（6.11%），衝破5%的門檻。在運動時期扮演重要角色的黃國昌，在新北市第12選舉區擊敗國民黨老將李慶華；林昶佐與洪慈庸也分別在臺北與臺中擊敗林郁方與楊瓊瓔兩位老將，多位投入運動的學生也投入國會擔任國會助理，顯然太陽花運動的影響還在持續中。

伍、結論　

　　太陽花學運是個驚天動地的事件，當學生衝入立法院議場時，固守在外的民間團體罕見的合作與分工來協助在場內的學生們。同時在手機、臉書、Line等各式現代科技的召喚之下，各地的學生紛紛前來支援。自從陳雲林來臺事件之後，臺灣抗議事件越來越多，但是318所累積的能量是超乎大家想像的。本文企圖去分析318社會運動為何產生以及吸引這麼多人的參與，並進一步分析其對臺灣公民社會與憲政運動的影響。

　　本文從各種社會運動理論切入來探討，包括相對剝奪感、資源動員、政治機會結構以及共識動員論。相對剝奪感無法解釋民眾究竟在什麼狀況下，個人的相對剝奪感方能轉換為集體的行動，資源動員論無法解釋成本

---

[17]　內政部也為此在4月22日舉辦選罷法修正公聽會。

低且快速地網路動員。政治機會結構雖然可以解釋王金平院長為何不動用警察權，以及最後答應學生未立法前不進行任何協商，但是卻無法解釋為何這麼多人會來挺學生。在共識動員理論之解釋中，可以發現在過去幾次不斷的抗爭就是一種不斷說服的過程，那些具有相對剝奪感者不一定會參與，直到他認為集體的參與可以紓解其相對剝奪感，而預期別人也會參與，無須付出那麼大的代價。最後提出的口號，傾向於程序的內容，而不是實質的內容，也是相互說服與妥協的結果。

在太陽花運動兩年之後，許多人開始檢討其成敗。就兩岸協議監督條例而言，朝野仍未達共識，目前仍躺在立法院中。既然「尚未立法」，自然就沒有服貿協議的逐條審查，就此方面來說，該運動並未達成其目標。不過，現在已經政黨輪替了，此事將會有所進展或改變。太陽花學運將一群人召喚出來，產生巨大的力量，成功激起公民意識，爾後地一連串公民審議活動與修憲活動，便是太陽花運動的結果，楊翠教授表示：「這是象徵性的成功」，特別是「青年被改變」這一點，是值得鼓勵與激賞的（龍品涵，2014），而這些改變也可能是造成國會政黨輪替的原因之一。

參考書目

英 文文獻

Davies, James. 1962. "*Toward a Theory of Revolution.*" *American Sociological Review* 27 (February): 5-19.

Davies, James. 1969. "The J-Curve of Rising and Declining Satisfactions as a Cause of Some Great Revolutions and a Contained Rebellion." in H. D. Graham and T. R. Gurr. eds. *Violence in America: Historical and Comparative Perspective*: 547-576. Washington, D.C.: U.S. Government Printing Office.

Davies, James. 1971. *When Men Revolt and Why: A Reader in Political Violence and Revolution*. New York: Free Press.

Gurr, Ted. 1970. *Why Men Rebel*. Princeton: Princeton University Press.

Gurney, Joan Neff and Kathleen J. Tierney. 1982. "Relative Deprivation and Social Movements: A Critical Look at Twenty Years of Theory and Research." *The Sociological Quarterly* 23, 1 (Winter): 33-47.

Klandermans, Bert. 1984. "Mobilization and Participation: Social-Psychological Explanations of Resource Mobilization Theory." *American Sociological Review* 49, 5 (October): 583-600.

Klandermans, Bert. 2013. "Consensus and Action Mobilization." in David Snow, Donatella Della Porta, Bert Klandermans and Doug McAdam Malden. eds. *The Wiley-Blackwell Encyclopedia of Social and Political Movements*. MA: Wiley.

McAdam, Doug. 1982. *Political Process and the Development of Black Insurgency 1930-1970*. Chicago: Chicago University Press.

McAdam, Doug. 1996. "Conceptual Origins, Current Problems, Future Directions." in Doug McAdam et al. eds. *Comparative Perspectives on Social Movements*: 23-40. Cambridge: Cambridge University Press.

McCarthy, John D. and Mayer N. Zald. 1977. *"Resource Mobilization and Social Movements: a Partial Theory."* *American Journal of Sociology* 82, 6: 1212-1293.

中文文獻

D Street街頭公民審議。2014。〈公民審服貿公民教育訓練：小組主持人培訓手冊〉。https://docs.google.com/file/d/0B6jl8seit_rTcjFLVDhPcj-F0UjQ/editc。2015/04/15。（D Street Citizens Deliberation. 2014. "The Civic Education Training of Citizen Deliberations in CSSTA：The Group Moderators Training Manual." in https://docs.google.com/file/d/0B6jl8seit_rTcjFLVDhPcjF0UjQ/editc. Latest update 15 April 2015.）

Trinity。2014。〈反服貿協議行動顯見行動科技在社會運動已扮要角〉。《科技新報》2014/03/19。http://technews.tw/2014/03/19/social-reform-mobile/。2015/10/03。（Trinity. 2014. "The Anti-service Trade Agreement Actions Showed Obviously that Mobile Technology has Played a Key Role in the Social Movement." *Tech News* 19 March 2014. in http://technews.tw/2014/03/19/social-reform-mobile/. Latest update 3 October 2015.）

TISR臺灣指標民調。2014。〈兩岸服貿協議民意大調查〉。http://www.tisr.com.tw/？page_id=86。2015/10/01。（Taiwan Indicators Survey Research. 2014. "Opinion Polls on Cross-Strait Agreement on Trade in Services." in http://www.tisr.com.tw/？page_id=86. Latest update 1 October 2015.）

TVBS民調中心。2014。〈TVBS民調〉。http://news.tvbs.com.tw/entry/525572。2014/12/30。（TVBS Poll Center. 2014. "TVBS Poll." in http://news.tvbs.com.tw/entry/525572. Latest update 30 December 2014.）

中央通訊社。2014。〈公民憲政會議初步願景出爐〉2014/04/08。http://www.cna.com.tw/news/aipl/201404080350-1.aspx。2015/07/01。（The Central News Agency. 2014. "Citizens Constitutional Conference Preliminary Vision Released." *The Central News Agency* 8 April 2014. in http://www.cna.com.tw/news/aipl/201404080350-1.aspx. Latest update 1 July 2015.）

王甫昌。1996。〈臺灣反對運動的共識動員〉。《臺灣政治學刊》1：129-209。（Wang, Fu-Chang. 1996. "Consensus Mobilization of the Political Opposition in Taiwan." *The Taiwanese Political Science Review* 1: 129-209.）

方家敏。2014。〈服貿16場公聽會？民團：流於形式！〉。《臺灣醒報》2014/03/20。https://anntw.com/articles/20140320-bTCx。2015/03/24。（Fang, Chia-Min. 2014. "CSSTA 16 Public Hearings？ Civic Groups: mere Formality." *Awakening News Networks* 20 March 2014. in https://anntw.com/articles/20140320-bTCx. Latest update 24 March 2015.）

民報社論。2014。〈揚棄虛幻夢想兩岸關係重回基本面〉。《民報》

2014/12/29。http://www.peoplenews.tw/news/7f515760-fb13-4ec0-ade0-0ee0c4cfd300。2015/04/15。（Taiwan People News Editorial. 2014. "Abandoning Illusory Dream, Cross-strait Relations back to the Fundamental." *Taiwan People News* 29 December 2014. in http://www.peoplenews.tw/news/7f515760-fb13-4ec0-ade0-0ee0c4cfd300. Latest update 25 April 2015.）

自由時報。2014a。《遍地開花網友辦到了！集資買下紐時頭版廣告》。《自由時報》2014/03/24。http://news.ltn.com.tw/news/politics/breaking-news/974604/print。2015/04/15。（Liberty Times. 2014a. "Spring up all over the Place The Internet Users Did it! Raising Funds to Purchase New York Times Front Page Advertisement." *Liberty Times Net* 24 March 2014. in http://news.ltn.com.tw/news/politics/breakingnews/974604/print. Latest update 15 April 2015.）

自由時報。2014b。〈談太陽花勝利陳文茜：國家走向惡質民主萬劫不復〉。《自由時報》2014/11/30。http://news.ltn.com.tw/news/politics/breakingnews/1170328。2015/03/25。（Liberty Times Net. 2014b. "Talking about the Sunflower's Victory, Chen Wen-hsien: the Country Steps into Vicious Democracy beyond Redemption." *Liberty Times Net* 30 November 2014. in http://news.ltn.com.tw/news/politics/breakingnews/1170328. Latest update 35 March 2015.）

自由時報即時新聞。2013。〈學歷貶薪資退大學畢業起薪26K碩士31K〉。《自由時報》2013/06/05。http://news.ltn.com.tw/news/life/breakingnews/818417。2015/04/15。（Liberty Times Breaking News. 2013. "Education Derogatory, Wage Recession, University Graduate with Starting Salary of 26000NT, Postgraduate 31000NT." *Liberty Times* 5 June 2013. in http://news.ltn.com.tw/news/life/breakingnews/818417. Latest update 15 April 2015.）

自由時報即時新聞。2014a。〈占領國會學生攻占立院自行透過網路現場直播〉。《自由時報》2014/03/18。http://news.ltn.com.tw/news/politics/breakingnews/970507。2015/03/10。（Liberty Times Breaking News. 2014a. "Occupying the Legislature: Students Occupied the Legislative Yuan Live Broadcast through Internet by Themselves." *Liberty Times* 18 March 2014. in http://news.ltn.com.tw/news/politics/breakingnews/970507. Latest update 10 March 2015.）

自由時報即時新聞。2014b。〈《遍地開花》支持反服貿黑箱日本創吼吼熊〉。《自由時報》2014/03/22。http://news.ltn.com.tw/news/politics/breakingnew。2015/03/15。（Liberty Times Breaking News. 2014b. "Springing up all over the Pace Support for the Anti-under-the table Service Trade, Japan Created the Hoe Hoe Bear." *Liberty Times* 22 March 2014. in http://news.ltn.com.tw/news/politics/breakingnew. Latest update 15 March 2015.）

何明修。2015。〈占領立法院：政治機會、威脅與臺灣的太陽花運動〉。318太陽花運動一週年學術研討會：「重構臺灣──太陽花的振幅與縱深」。2015年3月14日。臺北：臺灣大學法律學院。（Ho, Ming-Sho. 2015. "Occupation of the Legislative Yuan: The Political Opportunity, Threats and Sunflower Movement in Taiwan." March 18 Sunflower Movement in Taiwan Anniversary Annual Conference: Reconstruction Taiwan-The Influencer of Sunflower Movement. 14 March 2015. Taipei: National Taiwan University.）

李欣芳。2014。〈本報民調七成民眾肯定學運〉。《自由時報》2014/04/11：焦點。（Li, Hsing-Fang. 2014. "Our Newspaper Poll: 70% Public Affirmed the Student Movement." *Liberty Times* 11 April 2014: Focus.

林宗弘等人。2011。《崩世代：財團化、貧窮化、少子女化的危機》。臺北市：臺灣勞工陣線協會。（Lin, Thung-Hong et al. 2011. *The Collapses of Generations: the Crisis of Consortium, Impoverishment and Low Fertility*. Taipei: Taiwan Labour Front.）

林朝億。2014。〈挺學生抗議余英時傳真全文〉。《新頭殼》2014/03/23。http://newtalk.tw/news/view/2014-03-23/45570。2015/04/15。

（Lin, Chao-i. 2014. "Supporting the Students' Proest The Faxed Text of Yu Ying-shih's Letter." *Newtalk* 23 March 2014. in http://newtalk.tw/news/view/2014-03-23/45570. Latest update 15 April 2015.

苦勞網。2014。〈人民大串連監督立法院啟動「捍衛民主120」行動反對馬政府推使服貿粗暴闖關搶救人民生存權益捍衛民主120小時〉。《苦勞網》2014/03/16。http://www.coolloud.org.tw/node/77757。2015/04/15。（Coolloud. 2014. "People's Linking to Supervise Legislative Yuan, Starting 'Defending Democracy 120' Action to Oppose Ma Government's Pushing through the Service Trade Agreement, Rescuing People's Subsistence Rights, Defending Democracy 120 Hours." *Coolloud* 16 March 2014. in http://www.coolloud.org.tw/node/77757. Latest update 15 April 2015.）

施聖文。2014。〈一場街頭社會實踐的創新與嘗試：d-street街頭公民審議紀實〉。《新作坊》2014/04。http://hisp.ntu.edu.tw/news/epapers/16/articles/9。2015/04/15。（Shih, Sheng-Wen. 2014. "The Innovations and Try of Social Practice in Street: d-street Citizens Deliberation Documentary." *Humanity Innovation and Social Practice* April 2014. in http://hisp.ntu.edu.tw/news/epapers/16/articles/9. Latest update 15 April 2015.）

孫窮理。2014。〈【出關播種何處萌芽】系列之一法制化、占領行動與民主的悖論〉。《苦勞網》2014/04/08。http://www.coolloud.org.tw/node/78131。2015/04/15。（Sun, Chiung-Li. 2014. "Legalization, Occupation Action and The Democracy Paradox." *Coolloud* 8 April 2014. in http://www.coolloud.org.tw/node/78131. Latest update 15 April 2015.）

莊麗存、江禹嬋。2014。〈服貿僵局王金平：先立法再協商〉。《大紀元電子日報》2014/04/07。http://www.epochtimes.com.tw/n87651。2015/05/03。（Chuang, Li-Chun and Yu-Chan Chiang. 2014. "The Deadlock of Service Trade, Wang Jin-Pyng: Legislation before Negotiation." *The Epoch Times* 7 April 2014. in http://www.epochtimes.com.tw/n87651. Latest update 3 May 2015.）

許有為、郝培芝。2015。〈法國半總統制為何捨棄閣揆同意權？〉。《自

由時報》2015/02/02：言論版。（Hsu, Yow-Wei and Pei-Chih Hao. 2015. "Why French Semi-Presidential System Abandon Premier's Right of Consent." *Liberty Times* 2 February 2015: Editorial.）

陳亮諭。2014。〈【蘋果民調】先立法再協議服貿　7成贊成〉。《蘋果日報》2014/03/26。http://www.appledaily.com.tw/realtimenews/article/new/20140326/367187/。2014/12/30。（Chen, Liang-Yu. 2014. "【Apple Daily Poll】Legislation First Review CSSTA Later 70% are in Favor." *Apple Daily* 26 March 2014. in http://www.appledaily.com.tw/realtimenews/article/new/20140326/367187/. Latest update 30 December 2014.）

陳仔軒。2015。〈臺灣憲改藍圖會議籲立院：本會期通過修憲草案〉。《自由時報》2015/05/03。http://news.ltn.com.tw/news/politics/paper/876990。2015/06/03。（Chen, Yu-Hsuan. 2015. "Taiwan Constitutional Reform Blueprint Conference Called the Legislative Yuan: Adopting Constitutional Amendments Draft in this Sessions." *Liberty Times* 3 May 2015. in http://news.ltn.com.tw/news/politics/paper/876990. Latest update 3 June 2015.）

陳郁仁。2014。〈小刀出鞘！金溥聰「暴力不被容忍」挨批〉。《蘋果日報》2014/03/21。（Chen, Yu-Jen. 2014. "Knife Unsheathed! King Pu-tsung Criticized by his 'Violence will not be Tolerated." *Apple Daily* 21 March 2014.

陳瑞霖。2014。〈激情抗爭！占領立法院背後的科技支援運用〉。《科技新報》2014/03/20。http://technews.tw/2014/03/20/the-technogloyy-behind-the-occupied-taiwan-parliament-protest/。2015/05/03。（Chen, Rui-Lin. 2014. "Passionate Fight! Technology Support and Use behind the Occupation of the Legislative Yuan." *Tech News* 20 March 2014. in http://technews.tw/2014/03/20/the-technogloyy-behind-the-occupied-taiwan-parliament-protest/. Latest update 3 May 2015.）

張茂森。2014。〈日媒評太陽花學運：馬已被孤立　法新社：馬「親中政策」招致民眾反感〉。《自由時報》2014/04/12：政治版。（Chang,

Mao-Sen. 2014. "Japan Media's Comment on the Sunflower Movement: Ma has been Isolated. AFP: Ma's "pro-China policy" led to Antipathy." *Liberty Times* 12 April 2014: Politics.）

曾柏文。2015。〈太陽花運動的論述軸線〉。《學生運動與社會正義》中央研究院會學研究所二十週年所慶學術研討會。2015年5月29-30日。臺北：中央研究院。（Tzeng, Bou-Wen. 2015. "The Main Discourse Analysis of Sunflower Movement." 20th Anniversary Conference of the Institute of Sociology, Academia Sinica: Student Activism and Social Justice. 29-30 May 2015. Taipei: Academia Sinica.）

曾韋禎、王文萱。2015。〈40多個公民團體重返立院提3大訴求〉。《自由時報》2015/03/19：頭版。（Tseng, Wei-Chen and Wen-Hsuan Wang. 2015. "More than 40 Civic Groups Back to the Legislative Yuan with Three Major Demands." *Liberty Times* 19 March 2015: Front Page.）

曾嬿卿、邱奕嵩。2014。〈【財訊雙週刊】朱立倫拋內閣制，要堵住小英的總統夢？〉。《蘋果即時》2014/12/17。http://www.appledaily.com.tw/realtimenews/article/new/20141217/525831/。2015/03/15。（Tseng, Yen-Ching and Yi-Song Chiu. 2014. "Wealth Magazine: Eric Chu Committed to Cabinet System Attempting to Block Tsai's President Dream." *Apple Breaking News* 17 December 2014. in http://www.appledaily.com.tw/realtimenews/article/new/20141217/525831/. Latest update 15 March 2015.）

曾國祥。2014。〈太陽花學運帶出的民主價值：公民權利、人民主權與社群共善〉。《巷仔口社會學》2014/06/04。http://twstreetcorner.org/2014/04/06/tsengkuoshiang/。2015/05/03。（Tseng, Guo-Hsiang. 2014. "Democratic Values Brought out by the Sunflower Movement: Civil Rights, Popular Sovereignty, Community Common Good." *Sociology at the Street Corner* 4 June 2014. in http://twstreetcorner.org/2014/04/06/tsengkuoshiang/. Latest update 3 March 2015.）

黃銘崇。2015。〈回眸318〉。《歷史學柑仔店（kám-á-tiàm）》2015/03/18。http://kam-a-tiam.typepad.com/blog/2015/03/%E5%9B%9E%E

7%9C%B8318.html。2015/12/03。（Hwang, Ming-Chorng. 2015. "Review 318." *History kám-á-tiàm* 18 March 2015. in http://kam-a-tiam.typepad.com/ blog/2015/03/%E5% 9B%9E%E7%9C% 8318.html. Latest update 3 December 2015.）

黑色島國青年陣線。2014。〈318青年占領立法院反對黑箱服貿行動宣言〉。2014/03/18。https://www.facebook.com/photo.php？fbid=241320579384529。2015/05/03。（Black Island Nation Youth Front. 2014. "318 the Youth Occupied the Legislative Yuan, Declaration against under-the-table Trade Services Agreement." 18 March 2014. in https://www.facebook.com/photo.php？fbid=241320579384529. Latest update 3 May 2015.）

彭顯鈞、王寓中。2014。〈王金平回馬槍院際會議破局〉。《自由時報》2014/03/22。http://news.ltn.com.tw/news/focus/paper/764221a。2015/05/03。（Peng, Hsien-Chun and Yu-Zhong Wang. "Wang Jin-Pyng Fight Back Inter-institutions Meeting Broke." *Liberty Times* 22 March 2014 in http://news.ltn.com.tw/news/focus/paper/764221a. Latest update 3 May 2015.）

楊志良。2014。分配正義救臺灣。臺北：時報。（Yaung, Chin-Liang. 2014. *Distributive Justice to Save Taiwan*. Taipei: China Times Publishing.）

蔡慧貞。2014。〈7小時達陣318占領國會行動解密〉。《風傳媒》2014/03/23。http://www.storm.mg/article/21927。2015/04/15。（Tsay, Huoy-Jen. 2014. "7 Hours Touchdown, March 18, Occupying the Legislature Action Decryption." *Storm Media* 23 March 2014. in http://www.storm.mg/ article/21927. Latest update 15 April 2015.）

龍品涵。2014。〈【專題報導】太陽花學運的盛開與播種──楊翠教授專訪〉。《國立東華大學左岸電子報》2014/12/28。http://faculty.ndhu.edu. tw/~LCenews/e_paper/e_paper_c.php？SID=689。2015/05/03。（Lung, Pin-Han. 2014. "The Blooming and Sowing of the Sunflower Student Movement-An Interview with Professor Yang Tsui." *NDHU Left Coastal Electron-*

ics News 28 December 2014. in http://faculty.ndhu.edu.tw/~LCenews/e_paper/e_paper_c.php？SID=689. Latest update 3 May 2015.）

蘇子喬。2010。〈臺灣憲政體制的變遷軌跡（1991-2010）：歷史制度論的分析〉。《東吳政治學報》28，4：147-223。（Su, Tzu-Chiao. 2010. "The Transition Course of Taiwan's Constitutional System（1991-2010）: A Perspective of Historical Institutionalism." *Soochow Journal of Political Science* 28, 4: 147-223.

蘋果日報。2013。〈凱道8月雪　25萬人送仲丘〉。《蘋果日報》2013/08/04。http://www.appledaily.com.tw/appledaily/article/headline/20130804/35197794/。2015/05/03。（Apple Daily. 2013. "August Snow on the Ketagalan Boulevard, 250,000 People said Farewell to Chungchiu." *Apple Daily* 4 August 2013. in http://www.appledaily.com.tw/appledaily/article/headline/20130804/35197794/. Latest update 3 May 2015.）

蘋果日報。2014。〈「轉守為攻，出關播種」聲明全文〉。《蘋果日報》2014/04/08。http://www.appledaily.com.tw/appledaily/article/headline/20140408/35752591/。2015/05/03。（Apple Daily. 2014. *"The Statement of 'Turning Defense into Attack and Going out for Sowing."* *Apple Daily* 8 April 2014. in http://www.appledaily.com.tw/appledaily/article/headline/20140408/35752591/. Latest update 3 May 2015.）

The Contributing Factor of the Sunflower Movement and its Influence on the Civic Movement in Taiwan

Shiow-duan Hawang

Abstract

The Sunflower Student Movement's occupation of Taiwan's Legislative Yuan was an extraordinary event. It started when a group of students rushed into the Legislative Yuan on 18 March 2014 and occupied the Parliament. As news of the occupation spread over the Internet, many students, civil groups and even ordinary citizens came to the Legislative Yuan to give their support. The students occupied the Legislative Yuan for a total of 24 days finally retreating on April 10, after the President of the Legislative Yuan's had promised to "legislate first, review second".

The paper aims to discuss the reasons, and the dynamics of the Sunflower Movement in Taiwan. The Author looks for answers to the questions why the students occupied the Legislative Yuan, why their actions got so many people's support as well as what reasons can explain these developments and what kind of impact such actions would bring about, particularly the impact on the citizens' movement.

Keywords: Sunflower movement, the Cross-Strait Service Trade Agreement (CSSTA), relative deprivation, resource mobilization, the political opportunity structure, consensus mobilization

第七章
後蘇聯空間的「顏色革命」：
後蘇聯公民不服從的幻象與現實

Krzysztof Kozłowski

壹、前言

在喬治亞的「玫瑰革命」、烏克蘭的「橘色革命」和吉爾吉斯的「鬱金香革命」之後，許多政治學者推論出，類似於前蘇聯「東方集團」（Eastern Bloc）民主化的第二波民主浪潮，已於後蘇聯空間如火如荼展開的假設（Avioutskii, 2006: 213）。然而實際的發展卻完全相反。此區域的獨裁政權限縮原已薄弱的公民社會及機構的自由，並對反對運動者發起先制攻擊。這個發展，加上對革命政治菁英、激進政治以及喬治亞、烏克蘭、吉爾吉斯當局的獨裁傾向的失望，終使許多觀察家懷疑提比里斯、基輔和比斯凱克事件的革命甚至民主特質。首先必須指出，吉爾吉斯2010年的政權轉移及烏克蘭2014年亞努科維奇統治告終，並未開展出任何能與2003到2005年後蘇聯民主化相提並論的民主氛圍。在俄國併吞克里米亞及在東烏克蘭未宣戰的戰事後，現今「顏色革命」被視為歷史學者的研究主題，而非政治界的討論議題，然而，從更廣泛的國際觀點看來，這並非合適的觀察途徑。

兩項主流論述主導了對「顏色革命」的詮釋：一方面，他們的批評者將其視之為西方民主標準向後蘇聯空間的強力出口，據稱其後有美國支持；另一方面，他們支持者將其視之為自發性且真實之民主反抗，它導致獨裁政府垮臺及觸發民主變革。兩種途徑的詮釋都隱含強烈的地緣政治意

涵。前者為俄羅斯聯邦及後蘇聯國家所提倡，根源自對無法掌控由下而上草根變革的畏懼，擔憂這會威脅到大部分後共產政權的統治延續。後者為西方國家大力提倡，視這些事件為削弱俄國在後蘇聯區域影響力的大好良機。因此，反對「顏色革命」者視之為外國勢力煽動對統治政權的反抗，且帶有敵視俄國的成分，而熱衷支持在前蘇聯國家倒臺後推動民主改革者，將這些事件描繪為第四波民主化的最終預測成果，以及自由民主制度的成功故事，雙方論點在某一程度上都正確，但也皆犯了部分錯誤。

　　後革命的現實要求另一種更多面向的分析。俄國—喬治亞戰爭、尤申科的下場及亞努科維奇政權的倒臺、吉爾吉斯無止境的政治不安局面等後革命的發展，要求檢視「玫瑰革命」、「橘色革命」、「鬱金香革命」的其他面向以及其所代表的公民不服從模式。假使未對這些事件妥善分析，則無法瞭解在東歐、高加索地區及中亞目前及未來的根本社會及政治動態。對於「顏色革命」是由從未享有適當的民主體現或基本的政治代表之真實的公民不服從運動，這樣的分析，亦提供了一套普世的課程，關懷了所有在威權及後威權國家進行的民主社會運動都必須面對的重要挑戰：在政府當局不尊重民主規範、國際社會未能全然理解當前改變的情況下，如何在深為受挫的社會中管控大規模的公民不服從抗爭。

　　為了完善地研究此議題，本文分為兩個部分：第一部分討論後蘇聯地區這幾場「顏色革命」的本質。稱這些事件為「革命」其實是一種理解的捷徑，在喬治亞、烏克蘭、吉爾吉斯以大規模抗爭爆發的政治危機，產生了一個印象，就是政治系統分崩離析後，新統治者又重新組成新體制。這將導引出抗爭所造成的政權交替是系統性改革的錯誤假設，事實上僅是政治菁英的重新洗牌罷了；第二部分處理國際社會忽略「顏色革命」本質的原因。這些事件其實空有「革命」之名，在時間的驗證之下，以「革命」稱呼在喬治亞、烏克蘭、吉爾吉斯發生的事件，其實是為在後蘇聯區域追求自身利益的利害關係者提供一個方便的解釋。革命的詮釋對於支持西方式改革者（希望擴大西方影響）和反對政權洗牌的親俄人士（想為因民主西方擴張而造成舊體制在此區域的失敗提供解釋）兩者都非常有用，同時

也對於新的政治菁英有用（他們是唯一可以填補後共產主義崩毀後留下的政治真空的一群人）。然而，大家似乎都忽略了最後一塊失落的拼圖——在政治鬥爭塵埃落定後，帶著不滿走上街頭抗爭的公民社會，還是未獲得政治代表權。

貳、「顏色革命」的本質

　　政治變化總是發生在特定社會結構的文化及歷史脈絡下，其背景為政治資產及政治機會的組成，是以，在某種程度上的社會及政治革新，總是出於既有的社會及政治脈絡。這表示所有政治變革都是建立在其所反對的社會架構之上，整體社會及政治系統上的根本改變和體制創新在歷史上鮮少發生，法國革命及蘇聯革命的典型是最好的案例。從而得出的結論是，各式挑戰雖能對政治系統發展的產生改變，事實上卻鮮能造成根本的轉型。

　　東歐及後蘇聯區域的轉變依循以上的模式。如同後共產時代東歐變化的分析家所同意的，這些社會見證政治架構及政治機構排列重組的機會，遠比見證全新政治系統的誕生來得常見許多（Staniszkis, 2005: 135）。根據Carothers（2006）的觀察，大家或許可以說2003年的喬治亞、2004年的烏克蘭和2005年的吉爾吉斯是此趨勢的最佳代表。根據他的觀察，理想中的民主轉型為：民主突破後接續的政權依民主原則重新鞏固，但並未在現實上發生。當分析此三國政治發展時可能可以觀察到，政治現實的混亂重組常同時兼具民主及反民主趨向，且不時會朝向專制統治靠攏。事實上新政治菁英雖然是在因舊政權非法操作選舉，而引發的大規模抗爭後接收權力，但並不代表他們對民主理念或法治有真實的信仰，或有心向公眾引進這些原則，在動盪變局和政治不穩定的情況下，訴諸威權的手段會更受到喜愛，喬治亞、烏克蘭和吉爾吉斯眼前面臨無數的政治難關，就是眾所周知的後果（Carothers, 2002: 20）。然而，多數觀察家明知如此，卻還是忽

視了「顏色革命」所造成政治變局的本質。本文的問題就是：為什麼如此？

　　就研究後蘇聯地區而言，最重要但最常被忽視的挑戰之一即是涉及使用西方政治學派發展出的詞彙來分析非西方的政治脈絡。[1]在後共產主義的詞彙脈絡下，像是「民主」、「改革」、「轉型」、「革命」等詞語，可能有和西方政治學辭典裡相當不同的指涉意涵。例如，若仔細檢視喬治亞、烏克蘭、吉爾吉斯在1991年後獲得獨立的過程，有人可能會懷疑蘇聯統治是否真的如同許多西方人士所聲稱地在無法控制的情況下「失敗」、「垮臺」、「崩解」了，抑或是透過同意與反對勢力妥協的政治菁英，與反對勢力雙方試圖共同平和地管控轉型的狀況下所「解構」。[2]戈巴契夫的政策原是意圖要改革蘇聯體制，但實際上卻掀開體制缺陷並導致其終結。「改革開放」（perestroika）意外地揭露蘇聯國家的社會裡，一大部分人民生活在窮困匱乏中，而共黨菁英根本無法有效掌握國事政務。一方面，與反對勢力的妥協創造了和平改變的契機；另一方面，反對勢力的實力會反映在妥協的範疇。像是部分國家的統治菁英作出實質退讓、共產黨在反對勢力興盛的東歐國家遭到廢除，或像是在反對黨幾乎不存在的白俄羅斯，改革則是輕易地可被逆轉。

　　在蘇聯解體後，後蘇聯國家的新政治秩序不是單純的民主，而是三個或多或少朝向民主解答的平行過程，存在於前「東方集團」國家。這些過程包括：

1. 廣泛引進西式民主機制以取代蘇聯時代的機制架構，但此過程並非總是很具技巧性。
2. 有時帶著過度理想色彩地回溯蘇聯控制前的當地政治傳統，或者有助於強調獨立於外國影響之外。

---

[1] 關於不同觀點的比較，請見：Grochmalski（2006）和Bodio（2010）。
[2] 對於此議題的進一步解析，請見：Pakulski（1991）。

3. 常無意識地訴諸蘇聯時代共黨統治下的社會及心理機制和來適應新的政治環境。

因此，新政治制度的發展是基於以下的結合：回溯各國先前的政治傳統、複製類似於西方的制度以作為解方（特別是當地經濟體系要能和國際自由市場下的現實接軌），以及務實地將過去在共產統治下的政治行為（尤其是心理層面上）調整轉化來適用於新現狀上。[3] 這樣來爬梳「顏色革命」的脈絡，1991年後喬治亞、烏克蘭、吉爾吉斯的政治系統結合了：對過去身為主權國家的理想化記憶、共黨統治下的政治行為，以及有時不是那麼巧妙引進的西式制度創新。

重要的是須瞭解後蘇聯轉型的最終結果不是西式民主政體，也不是蘇聯式或亞洲式的威權國家。後蘇聯的政治現實不是對過去的直接指涉或是全然的斷絕，而是在西方標準、地方傳統和蘇聯遺產的創意結合上建立的新現實。後蘇聯地區代表一個在本質上獨一無二的新政治現實，就如同喬治亞、烏克蘭、吉爾吉斯的政治現實是地方、西方及蘇聯影響的綜合，其國內所發生的政治變局亦然。因此，在探索「顏色革命」的根源時，吾人不只需檢視在典型歐洲理解上政治革命的理論及實踐，還要分析如赫魯雪夫掌權的政權更替史例是如何體現在喬治亞、烏克蘭、吉爾吉斯的現實上。

在分析事件時必須謹記的是，每個個案牽涉到該國之單一條件的組合（例如喬治亞的領土完整議題、烏克蘭的寡頭架構，和吉爾吉斯的氏族歷史）。[4] 總體而論，每一個「顏色革命」導致的政權轉移，都並非如預期中引發系統上的革新，而只是政治菁英的重新洗牌。此三國民間社會展現對後蘇聯統治政權的激進違抗，然而在政權交替後，新政治菁英未能代表失望的大眾，反而遵循既有的政治遊戲規則，適應而非改革既有的政治現

---

[3]　吾人必須注意到，變革雖然是基於社會和反對人士的要求，但卻是仍由舊政治菁英把持的政府機構所執行。參見Bodio（2012: 880）。

[4]　更多資料請見：Kozłowski（2011; 2012）。

實。可能的因素有：

1. 公民在決策過程被其他政治行為者取代（喬治亞的總統人馬、烏克蘭的寡頭、吉爾吉斯的氏族），而失去了政治主權的角色。

2. 民主機構和行為原則只是後蘇聯機制提倡既有思想模式的浮面（總統人馬在喬治亞的中心地位、寡頭間及世族間的平衡分別在烏克蘭和吉爾吉斯的至高重要性）。

3. 對獨立的理想化記憶，混雜了對逐步重建公民社會的野心，提供反對領袖較少真實反映真正目標的空間（此三國總統在僅一任後都被批評放棄或背離了「顏色革命」的理想）。

　　在尋找「玫瑰革命」、「橘色革命」、「鬱金香革命」間的相似性，且試圖將其歸類於某特定科學類別時，將這些事件視為是失敗的公民不服從運動似乎比將其視之為革命還來得精確，在這些案例的起初的抗爭過後，公民反對統治政權並且走上街頭，最後導致了政府崩解及政權轉變，然而，這些新菁英利用不服從行動奪得政權，卻未改革政治系統的本質。事實上，這些事件的效應被新統治階層所挾持，沿襲了與過去相同的路徑，導致社會幻滅和走向極端。[5]「顏色革命」造成的唯一發展是受到先前統治菁英所歧視的部分政治階段地位獲得提升，但整個政治體系並未有明顯改變，而社會中的廣大活躍部分也並未獲得政治代表。

　　稱呼在喬治亞、烏克蘭和吉爾吉斯發生的事件為「革命」其實是一個理解上的捷徑。這些國家毫無疑問地正經歷以大規模示威、抗爭所引爆的嚴重政治危機，這些事件創造了政治系統分崩離析後新統治者重組體制的印象，這導引出抗爭所造成的政權交替體現了系統性改革的錯誤假設，其實只是政治菁英的重新洗牌。顯然地，不是每個政治危機都導致革命，在喬治亞、烏克蘭、吉爾吉斯的案例中，革命性的假定比起詳盡的政治分析

5　喬治亞、烏克蘭、吉爾吉斯的政治菁英間的派系鬥爭，其實更近似於蘇聯時代的共黨內派系鬥爭，而非民主國家政黨競爭的已知模式。

更符合新政權及國際行動者的興趣和利益。長遠看來，沒有民眾普遍支持，此模式是無法持續的，很不幸的，受害的是喬治亞、烏克蘭、和吉爾吉斯的社會。

參、「顏色革命」的詮釋

　　兩項廣泛的詮釋主導了對「顏色革命」的討論：第一項詮釋關係到對民間動員起來反抗越發越專制的政權、歡欣鼓舞的反應。從這個角度來看，喬治亞、烏克蘭、吉爾吉斯的公民社會，挺身而出對抗後共黨時代的威權統治者；第二項詮釋則密切關係到對出口革命到後蘇聯國家而損害了俄國利益的指控。從這觀點來看，這些事件其實是西方煽動，主要是美國支持下的政變，目的是要限縮俄國影響範圍。如此，政治敘述的極端差異，暗示了後蘇聯地區上述雙方地緣政治陣營對此議題的高度重視。此差異的存在，並不否定雙方說法中的部分真實性。沒有人能忽視喬治亞人衝向提比里斯的國會、烏克蘭人在基輔市中心搭起的「橘色」帳篷城撐過寒冬、吉爾吉斯人民奪下比斯凱克總統府這些事件的自發性質。然而，大規模動員並無法確保其後發展的民主或公民性質。很難去駁斥許多革命組織的確是由提倡西式民主標準的機構所支持，這些機構正是美國「軟實力」的關鍵成分。然而，光憑「索羅斯基金會」（The Soros Foundation）或「美國國際開發總署」（USAID）捐款和支持，就足以發動喬治亞、烏克蘭、吉爾吉斯三國社會動員起來推翻享有「硬實力」優勢的政權這種說法，也實在難以令人接受。再怎麼說，終究是喬治亞、烏克蘭、吉爾吉斯人民走上街頭抗爭、冒著生命自由的危險對抗非民主的統治者。更仔細檢視下，很難不認為兩種詮釋都各有道理，但卻也無法充分解釋其欲處理現象的規模。

　　每場「顏色革命」本已非常複雜的內部因素，和後蘇聯地區更複雜的國際現實交錯之下，更形複雜。在各種「顏色革命」的個案之下，吾人可

定義出「顏色革命」每場事件背後的至少三項共通元素。

　　第一，後蘇聯地區自1991年起，經歷了美國和俄國的政治競逐、中華人民共和國逐步擴張的影響，以及歐盟、土耳其和伊朗在此間起起落落的活動。[6]美俄在前蘇聯的歐洲區域內的競爭及中國經濟力在中亞的擴張，已成了整個「東方集團」政治背景的自然成分。因此，此區域內國家的行為者和政治變局的利益交錯，不應令分析家及研究者過於訝異。

　　第二，後蘇聯地區常被簡化為「俄化」或「西化」，或者說「亞洲式」或「歐洲式」。實際上，後蘇聯地區是地方傳統、後蘇聯遺產，以及西方啟示間獨特婚姻的綜合體。上述影響間的平衡在區域內每個國家中均有所不同，因此產生了五花八門的政治制度。然而，這些制度的共同的根源，使其異於任何其他政治現實，也使得拿美國、亞洲或歐洲標準來比較是徒勞無功的。

　　第三，後蘇聯地區內的所有政權，均必須自行理出其在後冷戰世界中的所處地位（Staniszkis, 2005: 106）。特別是在經濟上，各國政府因應內部問題的能力，取決於能否和全球化下的新國際經濟現實接軌，其中，國際組織和機構的信任是最大的資產之一。因此，多數政府試圖以最貼合國際社會期待的方式來組織該國機構。然而，被廣為接受的正式秩序並不總能反映新政權的施政或該國的真正需要，有時這表示在形式上能與快速全球化的國際經濟接軌，被視為比民主化來得重要。實際上，後蘇聯國家和國際機構均常滿足於表面的改革，而忽視在這浮面掩蓋下、前共產體制留存的未決問題（Staniszkis, 2005: 252）。

　　以上三項因素使得後蘇聯地區的複雜狀況難以被外國人士理解，加之，從二戰結束到蘇聯解體的過去四十年中，外界大體上不得其門而入。若結合這項因素和九〇年代的經濟變局及民主變化的樂觀氣氛，吾人可瞭解，為何一方面世界上其餘國家試圖找尋簡易的標籤來處理後蘇聯地區的變化，而另一方面，後蘇聯國家的政治人物滿足於使用這些標籤。對喬治

6　關於「新大博弈」的理論請見：Stępniewski（2012）。

亞、烏克蘭、吉爾吉斯發生的事件做直截了當的革命詮釋，不只利於在國際關係的場域合法化新政權，也向支持及反對雙方提供了對國際局勢發展簡單好用的解釋。

　　將喬治亞、烏克蘭、吉爾吉斯三國的革命解釋為西方輸出，對敵視這些變化的政權十分有用，不只可引此怪罪美國和歐盟入侵後蘇聯地區。或真或假的革命威脅亦成了白俄羅斯以東、多數後蘇聯國家遂行限制公民活動及威權趨向，是一個方便且流行的藉口。美國「國家民主基金會」（National Endowment for Democracy）紀錄了一長串各國政府為了「反制」向其他威權國家輸出革命的限制：取消集會自由、限制非政府組織包括立案登記及取得資金等活動、向非政府組織成員施以非正式的壓力、限制或直接禁止反對黨的活動，以及針對非政府組織活動，包括其資金來源、內部組織的專斷決定。[7]最好的例子是俄國在2005年頒行針對非政府組織的法律、白俄羅斯在2004年對公開集會頒行的規範，及烏茲別克在2005年「安集延」屠殺事件（Andijan Crisis）後採行的規定（World Movement for Democracy, 2015）。西方支配的威脅也構成「獨立國家國協」擴大派遣選舉觀察團的理由。這些任務的目地在於打破「歐洲安全與合作組織」（Organization for Security and Co-operation in Europe, OSCE）專家主導回報後蘇聯地區內違反民主程序的選舉事件。值得注意的是，「歐洲安全與合作組織」和「獨立國家國協」選舉觀察團獲得的結論全然不同，「獨立國家國協」觀察團唯一一次舉報不合民主標準的選舉是烏克蘭於2004年重新進行的總統選舉第二輪投票，這場重選是支持亞努科維奇的「藍營」和支持尤申科的「橘營」間妥協下的產物，由尤申科獲勝（Eberhardt, 2009）。

　　雖然或許看起來弔詭，但喬治亞、烏克蘭、吉爾吉斯發生的「顏色革命」反而成為後蘇聯地區專制趨向最常引用的理由之一。俄國特別是以威權來反擊據稱的西方民主攻勢。必須強調的是，薩卡希維利、尤申科、巴

7　關於各項設限等廣泛案例，請見：National Endowment for Democracy（2006）。

基耶夫（K. Bakijev）均受到反對者以民主的語言批評，指控他們迫害反對人士及展現威權野心。因此，反對「顏色革命」者將自己塑造成民主的真正守護者、譴責西方偽善和雙重標準（Kara-Murza, 2012）。

「玫瑰革命」、「橘色革命」、「鬱金香革命」的支持者並未維持消極，他們多半也不反對對於提倡西方價值和標準的指控，反而大方承認。他們借用Timothy Garton Ash（2009）對「橘色革命」的評論，同意外國的確介入了「顏色革命」各國的內政，但是由於國內人民的不滿而來在先，因此外國介入可合理解釋為公義且公平的。支持此觀點的論者認為，正如國際上已開始討論基於人道原則而採取軍事介入的議題，或許也該是時候開始討論外國經濟力在公民權力及自由受到侵犯的情況下的介入（Ash, 2009）。支持者認為喬治亞、烏克蘭和吉爾吉斯的革命預示了合理化外國行為者推倡民主此一廣泛傾向；民主化為全球所趨，為支持民主化而冒犯國家主權，甚至可能是正當行為（McFaul, 2004-2005: 148）。因此，西方世界介入「顏色革命」有理，西方行為正當，且這幾場革命正是合理的結果。「顏色革命」的支持者也認同西方的支持至為關鍵，沒有美國及歐洲的壓力和經濟支持，喬治亞、烏克蘭、吉爾吉斯的公民社會無法成功向其政府施壓（Trzaskowski, 2009: 88）。對此，正反兩方唯一的區別在於對外國介入的看法，支持者認為西方介入的正當性建立於這些政權明顯違反選舉程序，阻止社會大眾以和平手段影響政局的事實之上（Nodia, 2015: 113）。

喬治亞的謝瓦納茲（E Shevardnadze）、烏克蘭的庫奇馬（L. Kuchma），和吉爾吉斯的阿卡耶夫（A. Akajev）政權多次犯下選舉舞弊的事實難以駁斥，但說這是西方介入的唯一原因也頗為牽強。美國在喬治亞的能源利益、[8]西方對削弱俄國對烏克蘭影響力的野心、[9]「北大西洋公

---

[8] 巴庫—提比里斯—傑伊漢油管（Baku-Tbilisi-Ceyhan pipeline）由美國投資，穿越喬治亞領土，對美國在高加索區域具地緣政治重要性。

[9] 俄國意圖可見於俄國總統普丁在2004年烏克蘭總統大選官方宣告結果前，便恭喜亞努

約組織」（NATO）在吉爾吉斯的軍事基地對「駐阿富汗國際維和部隊」（International Security Assistance Force, ISAF）和「持久自由軍事行動」（Operation Enduring Freedom）的關鍵性毋須贅述。[10]即便如此，是選舉舞弊和違規，而非西方行為者創造了支持民主介入行動的機會（Carothers, 2006: 62）。用前俄國駐提比里斯大使Richard Miles和前美國駐貝爾格勒和提比里斯大使Feliks Stanievskij的話說，喬治亞人對謝瓦納茲的反感不是西方植入的，街頭示威抗爭也不是美國人所趨動。[11]若非對當政者極度失望，抗議示威也不會發生。終歸來說，西方用以擴大其影響力，應該也是意料之中的事。

最後，吾人不應忽略此三國新統治菁英的作為。薩卡希維利、尤申科、巴基耶夫掌權後把重心放在依其利益重新組織權力工具。國內外反對人士作出多起指控，控訴這些領導人為了奪權並消滅政治競爭者，而剝削利用革命口號。[12]不管個人立場傾向為何，歷史似乎最終驗證了這些指控。薩卡希維利被以貪汙罪正式起訴、尤申科無法兌現任何一項政治承諾，而巴基耶夫在企圖壟斷吉爾吉斯的政治權力失敗後，被迫亡命出逃到白俄羅斯。雖然如此，即使沒有革命性改變之實，革命產生的形象仍然助使新政權順利和國際社會接軌，重啟維繫此三國經濟命脈的外援資金。[13]

科維奇，在烏克蘭大選期間亦在媒體上支持亞努科維奇。

[10] 2005年烏茲別克和西方國家因為「安集延」事件關係緊張，美國因而失去位於該國的基地，此後吉爾吉斯是唯一提供北約及美國在阿富汗行動軍事基地的國家。

[11] 更多關於此兩位大使觀點，請見：Welt（2009: 155-188）。

[12] 更多對革命領導人的批評及指控，請見：Bunce, McFaul and Stoner-Weiss, 2009: 325-336）。

[13] 在此脈絡下，值得注意的是另一項後蘇聯及「東方集團」地區內更廣泛的政治趨勢——由蘇聯控制後遺傳下來、政治菁英對外界權力中樞的被動服從。薩卡希維利、尤申科和巴基耶夫似乎為了得以更有效應付喬治亞、烏克蘭、吉爾吉斯的國內挑戰而尋求外國支援。然而，他們也合理化其許多不受歡迎的決定，將之描述成國家為了取得外援，而必須滿足國際組織要求的必要措施。越來越多國際觀察家將此現象與蘇聯時代地方共黨代表為取得莫斯科支持的「演出」作類比。部分評論者亦指出歐盟的新成員國也表現出相似的模式，但此議題需另作闡釋（The Economist, 2010: 18）。

至於為何僅有喬治亞能有效利用這些資金，則是另一個討論議題了。

　　喬治亞、烏克蘭、吉爾吉斯的「顏色革命」揭露了後蘇聯地區內政府和寡頭資本主義的隱藏機制。統治政權掌有管理經濟及政治公共資產之權，將外援當作另一項可隨意支配的資源。在不穩定的國內經濟情勢和1998年俄羅斯金融危機引發的外部問題之下，此三國皆必須依賴只有國際組織有能力提供的經援。每逢遇到其體系得靠保持不同寡頭派系間的平衡來維繫的狀況，政府便利用公共財政來穩定影響力，在不同利益團體間重新分配公共資產。「玫瑰革命」、「橘色革命」和「鬱金香革命」顯示喬治亞、烏克蘭、吉爾吉斯皆是如此。

　　「顏色革命」同時也顯示取得外國經援的能力對政治穩定的重要性，若政府無法取得外援，被忽略的團體將起而要求其視為理所當然的權利，將帶來嚴重後果。以薩卡希維利為代表的喬治亞年輕一輩的反對政治人物、以尤申科代表的逐漸被邊緣化的西烏克蘭政治和商業菁英，和巴基耶夫帶領下吉爾吉斯的南方氏族，就是在爭取統治菁英的公眾資產。反對領袖在政權轉移的過程中，技巧性地利用社會動員來掩飾這個面向。然而，起而抗爭的公民社會卻為這些領袖的成功掌權付出代價，而再度被忽略遺忘。

　　一個未決的問題是，西方和東方世界的政治菁英，在集中心力對付後蘇聯國家的政治菁英之餘，忽視了其公民社會，現在社會人民起而要求獲得承認。喬治亞公眾對薩卡希維利等「玫瑰革命家」的反彈、烏克蘭政界人物即使在面臨戰事時，亦無法建立持久的社會共識和政治基礎，而在吉爾吉斯政界無人能處理族群不安的局面，這些情況一再顯示此三國社會和政府之間的鴻溝已經無法跨越。草根的公民動員和抗爭並未改變廿年來遭受漠視的事實，今日的喬治亞、烏克蘭、和吉爾吉斯人民不僅不信任當局政府，一如蘇聯時代，社會在很大程度上視當局為異類。

　　在現今不穩定的後蘇聯政治情勢中，政治緊張情勢高升剝奪了國家本已脆弱的最重要政治資產——人民和國家的正當性。一旦未來發生危機，這可能導致政治菁英被迫獨自面對高漲的經濟、社會和國際上的挑戰。且

正如2008年底在喬治亞、2010年在吉爾吉斯、2014年在烏克蘭的情況，政治人物無力號召人民的支持，亦無法仰賴任何國際支援，只能孤立地面對外界侵略。

　　以「革命」稱呼在喬治亞、烏克蘭、吉爾吉斯發生的事件，為在後蘇聯地區追求自身利益的利害關係者提供一方便的解釋，但這些事件其實只空有「革命」之名。「革命」的詮釋對於支持西方式改革者希望擴大西方影響，以及反對政權洗牌的親俄人士想解釋因西方擴張而造成舊體制在此區域的失敗兩者來說，非常有用，對新興的政治菁英來說也是（他們是唯一在後共產崩毀後有能力占據其所留下的政治真空的一群人）。國際社會能夠在事件過後回到一切如常的狀態，但大家似乎都忽略了最後一塊拼圖——在政治鬥爭塵埃落定後，帶著不滿走上街頭抗爭的公民社會，還是未獲得政治代表權。正如當代歷史所示，後果雖未立即顯現，但終究被證明是無可避免的。

肆、結論

　　喬治亞、烏克蘭、吉爾吉斯的政治變局，揭露了仍在活躍進行中的地緣政治及經濟過程，雖然鮮為外國觀察家所察覺，但依然強力影響著後蘇聯地區的情勢（Shevcov, 2005）。新統治菁英已在革命性的社會動員上建立其地位：喬治亞雖經歷了與俄國的衝突，仍將自身塑造為西方在高加索的重要盟國，也是目前在此區域的主要經濟夥伴。然而，該國民間社會要求革命菁英要為2003年以來種種違反民主原則的事件負起責任。「橘色革命」證明了烏克蘭需要俄國，俄國也需要烏克蘭，兩國在近期的衝突顯示爭端仍然未決。烏克蘭的社會及政界之間的斷層，導致政府無法快速有效地因應俄國併吞克里米亞危機，以及無法處理民間對於幾乎所有前政界的代表，包括時任代理總統圖奇諾夫（Oleksandr Turchynov）的持續抗爭上；「鬱金香革命」揭露了吉爾吉斯社會的嚴重撕裂。巴基耶夫起初尚能

成功贏得外國勢力的支持，但事實證明他無法平衡世族間的利益及社會的要求。其政權維持不到一任，並於政治混局和種族衝突中作結。[14]

　　稱喬治亞、烏克蘭、吉爾吉斯事件為「民主革命」是技巧性地為後蘇聯地區的複雜情勢尋求解釋。短期內，西方視之為勝利、俄國據此為正當化其威權趨向的理由、新統治菁英引此以求取得在國際場域的正當性。因此，將這些事件詮釋為「革命」，有利於在後蘇聯地區活動的國際行為者以及後革命新政權。然而長遠看來，政客忽視社會人民所帶來的後果，可能會重於西方和俄國間政治競爭的結果。

　　隨著時間過往，「玫瑰革命」、「橘色革命」及「鬱金香革命」的爭議越演越烈，其長遠後果仍曖昧不明。抗爭的民主形象並未轉化為民主改革，反之，數年之後民主理念已遠去，而「革命家」鞏固權力後，走向益發威權的路線。薩卡希維利將面臨濫權的審判，烏克蘭政治史會記載尤申科輸給亞努科維奇，且成為一個全然的失敗案例，巴基耶夫則被另一場反抗行動推翻，不得不亡命它國。依據國際標準，此三國在「顏色革命」後，民主及公民自由反而倒退。喬治亞疆域失守、在面對外界攻擊下烏克蘭政治陷入混局，當局無法和自己的人民取得和解、吉爾吉斯則經歷另一連串的種族及政治暴力，而淪為政治、社會和經濟危機的慢性病例。

　　「顏色革命」的圖像有短期的利用價值，但嚐到勝利果實的並不是抗爭的人民及民主支持者。新統治菁英接收權力、西方和俄國重組其影響所及層面，而該國人民則被遺忘。長遠來看，這算盤打得太過如意，沒有公眾支持，國家機構無力因應高升的經濟及安全挑戰。喬治亞和烏克蘭面對前所未見的俄國軍事威脅、吉爾吉斯陷入不安局面，民主改革的表象僅勉強削除競爭及解決眼前最迫切的內部及國際問題。克里米亞遭到併吞、東烏克蘭的戰事、喬治亞失去南奧塞提亞（Southern Ossetia）和阿布哈茲

---

[14] 自巴基耶夫掌權後，俄國向其施壓、不得對美國提供瑪納斯（Manas）軍事基地。巴基耶夫政府雖然宣布將結束對美的基地租約，但仍然持續和美國合作，換取收受更高基地活動相關的費用。關於瑪納斯基地運作的細節，請見Kozłowski（2009: 233）。

（Abkhazia）、吉爾吉斯對俄國的依賴，證明了要宣告第四波民主的勝利還言之過早。失去了民間的支持，喬治亞、烏克蘭、和吉爾吉斯政權在2003年提比里斯、2004年基輔、2005年比斯凱克事件通常無法說服自己的國民為他們挺身而出。沒有真實的國內支持，此三國政府為了生存只能向外尋求援助，長遠看來，可能會淪為國際利益平衡之下的棋子。且像是亞努科維奇的案例顯示，即便有強大鄰國的支持，也不會永遠保證在自己國人的盛怒下還能維繫政權。

參考書目

英 文文獻

Ash, Timothy Garton. 2009. "Velvet Revolution: The Prospects." *New York Review of Books*, 3 December 2009. in http://www.nybooks.com/articles/archives/2009/dec/03/velvet-revolution-the-prospects. Latest update 16 December 2015.

Avioutskii, V. 2006. *Les Révolutions de velours*. Paris: Armand Colin.

Bodio, T. 2010. "Z problematyki badawczej nad teorią i metodologią transformacji, elit politycznych i ich liderów w WNP." in T. Bodio. ed. *Przywództwo, elity i transformacje w krajach WNP* Vol. 1. Warszawa: Aspra-JR.

Bodio, T. 2012. "Psychologiczne uwarunkowania transformacji systemowej w Polsce." in K.A.Wojtaszczyk andW. Jakubowski eds. *Społeczeństwo i polityka. Podstawy nauk politycznych*.Warszawa: Aspra-JR.

Bunce, V., M. McFaul and K. Stoner-Weiss. 2009. "The Changing Character of the Global Struggle for Democracy." in V. Bunce, M. McFaul and K. Stoner-Weiss. eds. *Democracy and Authoritarianism in the Post-Communist World*: 325-336. Cambridge: Cambridge University Press.

Carothers, Thomas. 2006. "The Backlash against Democracy Promotion." *For-

eign Affairs, 85, 2: 55-68.

Carothers, Thomas. 2002. "The End of the Transition Paradigm." *Journal of Democracy* 13, 1: 5-21.

Eberhardt, A. 2009. *Rewolucja, której nie było. Bilans pięciolecia „pomarańczowej" Ukrainy*. Warszawa: OSW.

Grochmalski, P. 2006. *Kazachstan. Studium politologiczne*. Wydawnictwo Naukowe, Toruń: Uniwersytetu Mikołaja Kopernika.

Kara-Murza, Sergei. 2012. *Narodnoe hozyaystvo SSSR*. Moscow: Algoritm.

Kozłowski, Kozłowski. 2009. *Rewolucja tulipanów w Kirgistanie. Geneza, przebieg, następstwa*. Warszawa: Elipsa.

Kozłowski, Kozłowski. 2011. *Iluzje rewolucji. Rewolucja Róż, rewolucja pomarańczowa, rewolucja tulipanów*. Warszawa: Oficyna Wydawnicza SGH.

Kozłowski, Kozłowski. 2012. *Kolory Rewolucji*. Warszawa: Poltekst.

McFaul, M. 2004-2005. "Democracy Promotion as a World Value." *The Washington Quarterly* 28, 1: 147-163.

National Endowment for Democracy. 2006. *The Backlash against Democratic Assistance*. in http://www.ned.org/docs/backlash06.pdf. Latest update 30 January 2015.

Nodia, G. 2004. "The Parliamentary and Presidential Elections in Georgia 2003-2004." in International Institute for Democracy and Electoral Assistance, Election Assessment in the South Caucasus 2003-2004. in http://www.idea.int/publications/ea_caucasus/upload/BookEng.pdf. Latest update 30 January 2015.

Pakulski, J. 1991. "Rewolucje wschodnioeuropejskie." *Kultura i Społeczeństwo* 3: 4-16.

Shevcov, J. 2005. "Boltijsko-Kaspijskij Majdan." *Severnyj Kovkaz* 30: pages.

Staniszkis, J. 2005. *Postkomunizm. Próba opisu*. Gdańsk: Słowo/Obraz Terytoria.

Stępniewski, T. ed. 2012. *The New Great Game in Central Asia*. Lublin: Instytut

Europy Środkowo-Wschodniej.

The Economist. 2010. "Putinisation in Eastern Europe: The Tasks Undone." *The Economist.* December 16 2010. in http://www.economist.com/node/177328 19?zid=307&ah=5e80419d1bc9821ebe173f4f0f060a07.h. Latest update 30 January 2015.

Trzaskowski, P. 2009. *Gruzińska „rewolucja róż": Zachód i idea Zachodu a przemiany polityczne w Gruzji.* Warszawa: Fundacja Studiów Międzynarodowych.

Welt, C. 2009. "Georgia's Rose Revolution: From Regime Weakness to Regime Collapse." in V. Bunce, M. McFaul and K. Stoner-Weiss. eds. *Democracy and Authoritarianism in the Post-Communist World*: 155-188. Cambridge: Cambridge University Press.

World Movement for Democracy. 2015. "Defending Civil Society." World Movement for Democracy. in http://www.wmd.org/documents/Defending%20 Civil%20Society%20-%20English.pdf. Latest update 30 January 2015.

The Colour Revolutions in the Post-Soviet Space: Illusion and Reality of the Post-Soviet Civil Disobedience

Krzysztof Kozłowski

Abstract

The political events that took place at the end of 2003 in Georgia, in 2004 in Ukraine and in 2005 in Kyrgyzstan are popularly called the Rose, Orange and Tulip Revolution or collectively: the Colour Revolutions in the post-Soviet space.At first glance the term "revolution" may seem appropriate.The Colour Revolutions have resulted in the regime change in all the three states.However, from a decade-long perspective one may notice that the revolutionary changes in the political systems of Georgia, Ukraine and Kyrgyzstan did not actually take place.The post-revolutionary reality: the Russian-Georgian war and criminal charges against the revolutionary Georgian President Micheil Saakashvili, the infamous ending to the political career of the revolutionary leader Victor Yushchenko just four year after the Orange Revolution and the spectacular collapse of the Victor Yanukovych regime, which led to a hybrid warfare with Russia, or Kyrgyzstan's permanent political instability following the revolutionary events of 2005 require yet another insight into what has happened in Tbilisi, Kiev, and Bishkek.Without an in-depth analysis of the events, it is impossible to understand the fundamental social and political dynamics of the ongoing and future changes in Eastern Europe, the Caucasus or Central Asia.The re-evaluation of the Colour Revolutions is not only of historical importance, though.It is also a universal lesson concerning the most important challenge that all the democratic social movements active in the authoritarian or post-authoritarian states have to face: how to manage large-scale civil disobedience protests of a disappointed society while the ruling governments do not follow democratic rules and the international community does not fully comprehend the significance of the ongoing changes.

Keywords: the Colour Revolutions, Civil disobedience, regime change, the post-Soviet space

PART 4

臺灣與波蘭政治的區域性問題

第八章
轉變中的亞太區域安全與經濟情勢：臺灣的挑戰

湯智貿

壹、前言

　　過去二十年來，亞太區域的國際政治經濟權力結構和互動產生了巨大的變化與發展。在經濟層面上，不論是以雙邊或多邊自由貿易協議的形式，亞太區域經濟整合的深度與廣度都以前所未有的速度增加，特別是以最近迅速發展的跨太平洋夥伴協定（Trans-Pacific Partnership, TPP）與區域全面經濟夥伴關係協定（Regional Comprehensive Economic Partnership, RCEP）最受矚目。2014年11月，中國更在亞洲太平洋經濟合作組織（APEC）中提出北京路線圖（Beijing Roadmap），積極提倡推動建立亞太自由貿易區（the Free Trade Area of the Asia-Pacific, FTAAP）。相對於區域經濟合作與整合的蓬勃發展，亞太區域在安全層面上仍存在高風險的衝突熱點等待和平化解，例如東海與南海領土爭端問題等。臺灣作為一個亞太國家，必然無法置身於區域經濟與安全情勢轉變過程之外。在面對亞太地區政經環境變化之時，臺灣比其他區域國家更多了一層關係需要處理，即與中國之間的兩岸關係。在馬英九政府（以下簡稱馬政府）（2008至2016年）執政時期，臺灣積極推動兩岸經貿交流的政策，期望透過和緩兩岸關係的方式來突破臺灣參與國際政治經濟處境的瓶頸。但是，臺灣國內社會對於當時馬政府的兩岸經貿政策的效益卻產生質疑，而這些質疑最後在2014年3月18日觸發影響臺灣政治經濟甚巨的太陽花運動，導致兩岸

經濟合作架構協議（Economic Cooperation Framework Agreement, ECFA）下的服務貿易協定無法在臺灣的立法院通過生效，延滯後續的貨物貿易協定、爭端解決機制、避免雙重課稅與稅務合作與環境保護合作等談判。在太陽花運動的助力之下，民主進步黨也於2016年1月同時贏得總統與國會選舉，取得完全執政的地位。當前國際、兩岸關係與國內相互連動的政治經濟變局將是臺灣無可迴避的挑戰。本文嘗試從安全與經濟的角度，以東海與南海問題和TPP與RCEP的發展為焦點，說明亞太區域的國際政治經濟情勢的發展現況，探討當前亞太政經發展會對臺灣帶來哪些挑戰。

貳、當前亞太區域安全與經濟情勢的發展

一、區域安全：東海與南海領土爭端

　　當前東亞區域安全的發展，就屬東海與南海的海洋領土爭端為焦點。海洋領土劃分問題不僅攸關國家主權，也涉及專屬經濟海域的劃分及海洋資源開發使用權的分配，牽涉臺灣、日本、中國於其中的釣魚台列嶼（日本：尖閣諸島）歸屬爭議是東海領土爭端的核心。1971年，美國與日本簽署琉球歸還條約，該條約於次年生效，其中，美國將釣魚台列嶼行政權而非主權轉交日本。美國的作法也為臺灣、日本、中國三方之間留下了延續四十多年的島嶼主權爭議。雖然，中國與臺灣當時都對於美國的處置提出嚴正抗議，但主要是透過官方、外交或民間運動的方式宣示擁有釣魚台主權，例如當時臺灣的保釣運動。由於中國考量與日本在1972年建立正式外交關係後的未來雙邊關係發展，選擇以相對溫和的「擱置主權爭議、共同開發資源」的主張來處理釣魚台問題，該主張在1978年中日和平友好條約簽訂時也再次被重申（王高成，2012：61）。不過，聯合國海洋法公約在1982年通過之後，因為中國與日本分別主張不同的劃界原則，各自宣稱東海是其專屬經濟海域，擁有東海油氣田的開

採及歸屬權，[1]而釣魚台在地理位置上剛好位於日本與中國東海海域的中間線上，其歸屬牽動專屬經濟海域劃界基點的計算，所以釣魚台主權問題逐漸成為中日關係的矛盾焦點。冷戰結束後，儘管中日之間有時因為日本右翼人士登島，企圖伸張其主權或日本政府拘捕進入釣魚台領海捕魚的中國漁民，而引起中國不滿施壓，導致釣魚台爭端升高，但通常於事件平息後，便就回到擱置爭議、共同開發的政策立場。但以最近的發展來看，日本與中國雙方維護主權作為越來越強硬，衝突有惡化的趨勢。2010年9月中國漁船與日本海上保安廳船隻在釣魚台海域發生碰撞，引發兩國的外交衝突，使得雙方政府延後簽署東海共同開發條約的談判（林正義、陳鴻鈞，2014：38-39；BBC中文網，2010）。此後，中國開始派遣漁政船定期巡視釣魚台海域，升高處理釣魚台問題的強度（蘋果日報，2010；蔡增家，2012：43-44）。面對中國的政策改變，日本的釣魚台政策也趨向積極。2012年4月，當時的日本東京都知事石原慎太郎提出以東京都的名義來購買釣魚台所有權並推動全國性募款鼓吹運動，迫使日本野田佳彥政府在2012年9月以政府資金直接購買釣魚台所有權，實質地將釣魚台國有化。中國對於日本將釣魚台國有化的舉措發出強烈反彈，認為這是從根本上改變釣魚台現狀。因此，中國隨即以外交途徑與日本政府折衝協商，同時也採取一系列的措施來維護釣魚台主權，包括公布釣魚台列嶼的領海基線，並且向聯合國秘書長送交基線座標表與海圖，派遣彰顯國家主權的公務船艦巡視釣魚台領海海域、派遣軍艦至東海活動演習等（王高成，2012：62-65；林正義、陳鴻鈞，2014：39）。2013年11月，中國更進一步宣布劃設東海防空識別區（East China Sea Air Defense Identification Zone, ADIZ），意圖透過法理途徑宣示其釣魚台主權。最近，中國在位於釣魚台列嶼西北三百公里的南麂列嶼興建一座有

1　中國主張大陸礁層的自然延伸原則，因此靠近日本海域的琉球海溝才是兩國專屬經濟海域的分界線；而日本則主張以中間線的原則劃分，以兩國海岸距離的中間線作為劃界基點。

監控能力與可供直昇機起降的軍事基地（中央通訊社，2015a）。除了強化東海的軍事部署和常態化東海海空監控作為，中國也在日本主張的東海中間線附近增加專屬經濟海域的天然氣探鑽平台，積極推動東海油氣開採活動（日經中文網，2015；BBC中文網，2015b）。面對中國強化對東海的軍事部署與增加專屬經濟海域的天然氣開採活動，日本安倍晉三政府在國內強大的反對聲浪中，於2015年7月16日和9月19日分別經眾議院和參議院強勢通過「新安保法」，允許日本自衛隊在國會核准之下，派兵於海外行使集體自衛權，希望藉此強化與美國的合作，因應東亞區域安全的變化。在眾議院通過新安保法之後，日本政府隨即於7月21日正式發布「2015年防衛白皮書」，明白指出海上航行自由對於日本能源進口與貿易的重要性，並表達對於中國單一方面擴大在東海與南海的船艦與軍機活動是不遵守國際法的行為，且會造成區域情勢改變（Defense of Japan, 2015）。在新安保法於2016年3月29日正式實施前夕，日本防衛省在與那國島正式啟動島上新雷達設施與派駐150名陸上自衛隊看守，中日雙邊關係在釣魚台問題上的一來一往之中仍處於緊張升高的趨勢。

　　除了東海，南海亦有島嶼主權與專屬經濟海域劃分的爭議。不同的是，南海因牽涉的國家更多，情勢相對更加複雜，其中以中國與越南、中國與菲律賓之間的衝突最為嚴重。[2]1974年，中國與南越在西沙群島發生海戰後，控制西沙群島；1988年與越南在赤瓜礁（Johnson South Reef）發生海戰後，控制赤瓜礁。雖然中國曾在1990年提議相關主權爭端國家進行共同開發，並於1991年與越南關係正常化，但是在1992年2月公布《中華人民共和國領海及毗連區法》，指出南海的東沙群島、西沙群島、中沙群島、南沙群島為中國的領土，並隨即於同年5月計畫在南沙群島附近海域進行石油天然氣探勘，而中國的舉措引起越南抗議。同年7月，東協（the Association of Southeast Asian Nations, ASEAN）發表「東協南海宣言」（ASEAN Declaration on the South China Sea），呼籲建立「南海國際行為

2　南海領土問題牽涉的國家包括臺灣、菲律賓、越南、印尼、汶萊、馬來西亞、中國。

準則」（The Code of International Conduct over the South China Sea），以和平方式處理爭端，維持東南亞安全的穩定。不過，中國還是持續以實質措施擴大對南海領土的控制，例如中國於1995年占領美濟礁、1998年宣布西沙地區為旅遊區，並在西沙群島興建衛星接收站，而菲律賓與越南也針對中國的舉動提出強烈抗議（林正義，2012：91-94）。在一連串的抗議、折衝與談判過程中，中國與東協在2002年11月達成「南海各方行為宣言」（Declaration on the Conduct of Parties in the South China Sea, DOC），希望各相關國家透過對話處理歧異，通過合作共同維護南海地區的和平與穩定，並於最後建立具約束力的「南海各方行為準則」（Code of Conduct of Parties in the South China Sea）規範南海地區的活動。儘管相關當事國試圖建構信心建立措施，多次共同召開工作小組會議（ASEAN-China Joint Working Group on the Implementation of the DOC），但由於各個當事國仍積極維護自己的主權，以致成效不如預期（林正義，2012：104-105；李瓊莉，2012：121-123）。[3]尤其是近幾年，相關當事國的維權活動頻率與強度皆增加許多。例如，中國在2009年派遣最大漁政船「漁政311號」前往西沙群島巡航執法（BBC中文網，2009），而同年菲律賓將南沙部分島礁和黃岩島（Scarborough Shoal）劃入菲律賓領土，馬來西亞和越南則向聯合國大陸礁層界限委員會（Commission on the Limits of the Continental Shelf, CLCS）提交其大陸礁層的界限。為了反制菲律賓、馬來西亞與越南的作為，中國除了向CLCS提出第三國通知表示異議外，也於其外交部下設置邊界與海洋事物司，並通過海島保護法，強化其控制南海的國內制度正當性（林正義，2012：96-97）。[4]2011年5月發生中國的海監船在越南外海剪斷越南石油公司探勘船電纜的事件，造成雙方相互指責，導致越南於

---

[3] 南海各方行為宣言是一份政治性文件，並不具條約的約束，但可以視為衝突預防措施。

[4] 根據《聯合國海洋法公約》之規定，各沿岸國須在2009年5月13日前陳報其大陸礁層界限，以確立海洋世界的秩序。中國、越南、菲律賓、馬來西亞等南海島礁聲索國也在該日期截止前提出（王冠雄，2012：258-261）。

同年6月進行海上軍事演習宣示主權（BBC中文網，2011）。2012年4月，菲律賓軍艦在黃岩島附近欲逮捕、扣押中國漁民與漁船，遭到中國海監艦艇的阻止，隨後造成兩國之間長達兩個多月的海上對峙與外交折衝，菲律賓提議將黃岩島爭議提交國際海洋法法庭（International Tribunal for the Law of the Sea），但遭中國反對（BBC中文網，2012a、2012b）。最後僅菲律賓於同年6月撤離，但中國卻進而逐步控制黃岩島（South China Morning Post，2016）。同年9月12日，菲律賓總統艾奎諾三世（Benigno Simeon Aquino III）頒布行政命令，正式將菲律賓西海岸的部分南海海域命名為「西菲律賓海」，並將呈遞聯合國有標註西菲律賓海的地圖（BBC中文網，2012c）。[5]在中國實質上控制黃岩島後，菲律賓於2013年1月22日就中菲南海爭議向荷蘭海牙的常設仲裁法院提出仲裁，並且於2014年3月30日正式向仲裁庭提出訴狀文件（中央通訊社，2013；BBC中文網，2014a）。2014年5月初，中國海洋石油公司將其「HD981」號鑽油平台移至距越南海岸120海浬的海域，計畫進行探勘石油三個月。此舉引發越南強烈的抗議，認為「HD981」號鑽油平台的位置是在越南專屬經濟海域及大陸棚區內，它的探勘作業是非法行為，要求中國將其立即撤回。該事件導致中越關係緊張，雙方海軍與海防船艦在鑽油平台附近海域對峙，並且發生數次衝撞與噴射高壓水柱的衝突，甚至引發越南國內排華活動，破壞中國企業在越南的工廠。最後，中國在7月15日始撤離鑽油平台，結束與越南兩個多月的僵持。此外，中國過去這幾年在其所占有的南海島礁大規模擴張性地填海造陸、構建基礎與軍用設施，例如中國已在永暑礁（Fiery Cross Reef）上的機場起降民航機與海軍巡邏機（中央通訊社，2016c），並於永興島（Woody Island）上部署飛彈與戰鬥機（BBC中文網，2016a；中央通訊社，2016b），企圖強化對南海的掌控力，支持其領土主權與專屬經濟海域主張的事實正當性。依據上述這些事件的發展，中

5　菲律賓劃定的西菲律賓海包括呂宋海（Luzon Sea）、中業島（Pagasa Island）所在的自由群島（Kalayaan Island Group）周邊水域以及黃岩島海域。

國在策略上一方面法制化其海洋管理，擴大占有島礁實質控制的作為，另一方面採取雙邊途徑與當事國協商，避免東協各國在南海問題上形成統一戰線，減弱南海問題國際化的影響。相反地，東南亞相關當事國則將南海問題多邊化與國際化作為處理主軸，一方面透過國際法制與多邊途徑伸張自己的權益；另一方面與相關區域外國家合作反制中國的作為，如美國與日本。例如，美國國務卿John Kerry在2013年4月公開支持菲律賓以提出仲裁的方式解決南海問題（U.S. Department of State, 2013），2014年3月美國國務院重申支持菲律賓（U.S. Department of State, 2014），而常設仲裁法院於2015年10月29日宣布受理菲律賓提出的南海仲裁案（中央通訊社，2015g）。此外，日本與菲律賓的軍事合作也逐漸升溫。例如，日本海上自衛隊的護衛艦與潛艇於2016年4月停靠菲律賓蘇比克港參與年度「肩併肩」（Balikatan）軍事演習，而且其最大級別的直升機護衛艦「伊勢」號也於同月搭載美國、東協成員國等國海軍將領造訪蘇比克港（BBC中文網，2016b），這些事件皆顯示南海問題的國際化取得相當進展。不過，即使近幾年危機有升高的趨勢，各方皆避免嚴重的軍事衝突發生，處於鬥而不破的狀態。

　　面對東海與南海爭端，美國則是從不直接介入的立場，以協調者的角色呼籲各方和平解決爭端，逐漸轉變實質介入。從釣魚台問題來看，美國反對中國與日本任一方改變東海現狀，日本將釣魚台國有化的措施和中國劃設東海防空識別區就逾越了美國所設定的紅線。美國在歷次的中日釣魚台衝突中，皆說明其承認日本擁有釣魚台行政管轄權的立場，並重申「美日安保條約」適用範圍包括釣魚台，但也表達美國對盟國的安全承諾不意味美國就任由那些國家採取特定立場[6]，但2013年中國宣布其東海防空識別區後，美國也馬上派無武裝的B-52轟炸機飛過該識別區域（BBC中文網，2013）。這些舉動便是要同時約束中國與日本對於釣魚台問題的處

---

[6]　美國國防部長潘內達2012年在中國裝甲兵工程學院的演說中表明此立場（U.S. Department of Defense, 2012）。

置，但隨著中國逐漸升高東海的維權作為，美國支持日本擴大反制的態度也趨向明顯。

　　在南海問題上，美國也逐漸加強回應中國強勢作為的力道，雖然美國不對特定南海島礁的主權認定採取立場，但一直積極透過區域多邊機制，如東協—美國峰會（ASEAN-U.S. Summit）[7]、東協區域論壇（ASEAN Regional Forum）、東亞峰會（East Asia Summit）等，公開表達南海地區航行與貿易自由不容改變，南海問題應該透過多邊、外交、和平的方式處理的立場，同時積極現代化區域安全同盟體系。例如，在2015年11月的東亞峰會，美國排除中國的阻撓，將南海議題納入議程討論，並在會後主席聲明（Chairman's Statement）把南海議題列為區域與國際議題項下的首要議題，除了重申持續就南海行為準則進行磋商，指出相關國家領導人對南海問題的嚴正關切，更直接把中國領導人習近平的名字放入聲明，明確希望習近平確保在美國進行國事訪問時所做的不追求南海軍事化的承諾（ASEAN, 2015）。在東亞峰會中，美國也與東協簽訂新一階段（2016至2020年）戰略夥伴關係行動計畫。之後，美國總統歐巴馬隨即於2016年2月與東協十國領導人在美國本土上舉行第一次美國—東協特別領導人峰會（U.S.-ASEAN Special Leaders' Summit），會後共同聲明重聲南海航行與貿易自由的重要性，認為相關爭端國家應該遵循國際海洋法規範，共同透過外交途徑解決南海爭端，海上活動行為應非軍事化（The White House, 2016）。除了外交手段，美國也逐漸升高其軍事作為，反制平衡中國的軍事部署。例如，美國派遣航母軍艦與偵察機在南海執行自由航行任務，並且積極地透過統整強化與第一島鏈傳統盟邦（日本、菲律賓、澳洲）和非傳統盟邦越南的軍事合作，處理南海情勢的變化（美國之音，2014；BBC

---

[7]　東協—美國峰會是由東協—美國領導人會議轉變而來，於2013年在汶萊首次舉行，之後分別於2014年在緬甸奈比都、2015年在馬來西亞吉隆坡。東協—美國領導人會議於2009年第一次在新加坡舉行，之後分別於2010年在美國紐約、2011年在印尼峇里島、2012年在柬埔寨金邊舉辦。

中文網，2015a、2016c；中央通訊社，2015d、2015f）。[8]雖然，美國川普政府於2017年初上臺後，有意改變歐巴馬政府的亞太政策，但至目前為止，美國在兩個海域的軍事行動並沒有改變的情形。

二、區域經濟整合：TPP與RCEP

冷戰結束後，亞太區域經濟整合急速前進。根據亞洲開發銀行的統計（圖8-1），顯示亞洲區域從1975至2014年已經累計有144個自由貿易協定被簽署（signed），69個正在談判中（negotiated），65個正在計畫中（proposed）。[9]該圖顯示在亞洲區域，尤其是2000年後，已簽訂、協商中或計畫中的自由貿易協定（包含雙邊性質與多邊區域性質）的數量急遽上升，當前亞太區域經濟整合進程中最受矚目是TPP與RCEP，這兩個多邊自由貿易協定被視為推動深化區域整合的新一波浪潮。

美國原本寄望以APEC為平台，主導亞太區域整合，但是因為APEC成員國之間的政治經濟情況差異大且部分成員國擔心美國坐大主宰區域經濟整合，使得APEC一直無法進一步制度化，始終是一個約束力低的區域性論壇，以致其推動區域貿易自由化的功能不彰，而這也給希望將美國排除在外的東亞區域主義興起的機會。由於擔心被排除在由東亞國家主導的區域整合外，美國在2006年APEC年度會議中倡議亞太自由貿易區，但該

---

[8]　中國目前在南沙群島赤瓜礁、華陽礁（Cuarteron Reef）、西南礁（Gaven Southern Reef）、永暑礁填海造陸，其中以永暑礁規模最大，且已有中國駐軍、碼頭、防空槍砲、通訊設備等設施（Hardy and O'Connor, 2014）。

[9]　亞洲開發銀行以FTA稱呼區域經濟整合協定。由於區域經濟整合協定的對象至少有兩個經濟體，按照經濟體區分，一個雙邊或多邊協定會被重複計算，所以各國加總的區域經濟整合協定數目會比全亞洲區域經濟整合協定數目還多。FTA形成的階段分為，一、計畫中：各方正在考慮區域經濟整合協定，建立共同研究小組或共同工作小組及進行可行性評估研究；二、談判中：各方初步談判架構協定（framework agreement）的內容以作為未來協商的架構（架構協定簽訂或談判當中），或各方在沒有架構協定的基礎上直接開始談判（進行談判當中）；三、完成談判：簽署協定（已通過國內立法或行政批准）或執行當中（區域經濟整合協定開始生效）。

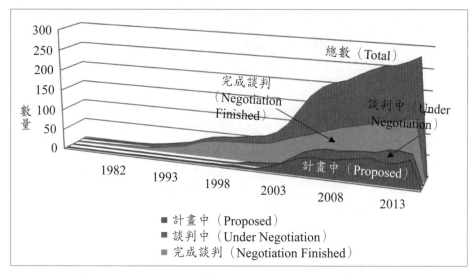

圖8-1 亞洲區域經濟整合協定累計情形（1975-2014年）

資料來源：Asian Regional Integration Center（2014a）。

倡議卻受到阻礙，之後並沒有具體進展。於是美國於2008年9月轉向加入TPP，冀望TPP能為AEPC的貿易自由化進程注入新動力，同時維持美國在亞太區域整合過程中的主導地位。TPP原為紐西蘭、新加坡、智利與汶萊於2005年所簽訂的「跨太平洋戰略經濟夥伴協定」（Trans-Pacific Strategic Economic Partnership Agreement, TPSEP）。[10]在美國加入談判並成為主導國後，TPP的規模迅速擴大，除了原創始成員與美國外，又陸續有澳洲、秘魯、越南、馬來西亞、墨西哥、加拿大與日本加入。TPP成員國的GDP總和約占全球GDP（2013年）38%，其全球經貿與政治的影響力不言可

---

[10] TPP是連結亞洲、太平洋與拉丁美洲地區的區域貿易協定（Regional Trade Agreement, RTA），其緣起背景為1997年的亞洲金融風暴期間，美國因未能積極協助亞洲國家處理金融風暴，且還想在區域內推動部門別自由化的政策，引發包括日本、中國、韓國與東協國家的不滿，並決定轉而發起「東協加三」（ASEAN Plus Three, APT）來因應區域經濟的新衝擊。

喻。[11]TPP是一個貿易議題涵蓋面廣、要求市場全面進入、將整合區域供應鏈的高標準的自由貿易協定。因此成員國必須進行大幅度的經濟、法律制度調整來配合TPP的規範，意謂著成員國所面對的國內政經壓力更大，而TPP的整合困難度也相對地高（葉長城，2014：32-35）。然而，在美國強力主導之下，從2010年3月在澳洲墨爾本舉行的TPP首回擴大談判會議之後，經歷五年20回合的談判，已於2015年10月5日完成第一輪的談判，並且十二個會員國在2016年2月4日簽署協議。[12]不過，雖然歐巴馬政府在卸任之前已經獲得美國國會通過貿易促進授權法案，並且積極推動國會同意TPP。但事與願違，美國共和黨與民主黨在2016年總統選舉的競爭導致延遲對TPP的審議。最後，川普政府於2017年甫上任之初正式宣布退出TPP。目前，TPP的推動主要由日本接手。但是沒有美國的TPP仍否能按時程上路，並且發揮預期的效應，已蒙上一層陰影。

　　當美國積極推展TPP的時候，東協亦在2011年第十九屆東協領袖會議中，通過「東協區域全面性經濟夥伴關係協定架構」（ASEAN Framework for Regional Comprehensive Economic Partnership）文件，正式啟動建立RCEP的進程，並於2013年5月展開RCEP的談判。東協倡議RCEP的主因是現有的五個「東協加一」自由貿易協定的自由化程度差異大，成效不彰，而「東協加三」與「東協加六」也未如預期地更進一步推動區域經濟整合。再者，TPP與中、日、韓自由貿易協定快速成形，對於東協維持以其為主體的亞太區域整合模式形成壓力。RCEP現階段共有十六個成員國，包括ASEAN成員國及其六個FTA夥伴國，即中國、日本、韓國、紐西蘭、澳洲及印度，其目標是以五個「東協加一」自由貿易協定為基礎，統合既有的自由化承諾與資源，達到更高程度的區域貿易自由化，推動以東協為中心的亞太區域整合。RCEP的內容設計不會牴觸現有東協已簽署的各

11　TPP及RCEP的全球GDP比重是依據2013年國際貨幣基金的統計數據加總計算。

12　TPP第一輪談判的完成已經產生磁吸效應，除了汶萊、馬來西亞、新加坡與越南已經是TPP成員國之外，現在印尼、韓國與菲律賓也相繼表明有意願加入，泰國雖仍在觀望，但國內已經有相當支持的聲音。

項雙邊或多邊FTA且開放程度將會更大。但是因為成員國的經濟發展程度差異大，RCEP將採漸進式談判，提供經濟發展相對落後的國家較長的調適期等彈性措施，而這也意謂著RCEP的整體開放品質將會比TPP低。不過，RCEP是一個占全球GDP（2013年）近29%的自由貿易區，擁有超過30億的人口與豐富的天然資源，其未來經濟發展與內需市場的潛力不容小覷。再者，東協國家與日本、韓國、中國之間的產業分工關係相當緊密，RCEP的建立勢必對RCEP內外的企業的生產布局產生深遠的影響，在美國退出TPP之後，RCEP正式生效上路的時程可能超前TPP。

三、臺灣的挑戰

在上述亞太區域國際政治經濟變局中，臺灣必須謹慎應對美國和中國在該區域競爭角力過程中所產生的效應。中國崛起無疑是影響後冷戰時期東亞國際政治權力結構轉變最重要的力量。經歷了鄧小平、江澤民、胡錦濤三個領導世代的發展後，中國已茁壯成為世界第一大經濟體，其軍事力量也大幅度地躍升，是不折不扣的世界經濟與軍事大國。[13]在這樣的基礎之上，2012年11月正式接掌政權的習近平政府更展現出中國積極參與亞太區域國際事務的企圖心，以更堅定的態度處理東海與南海領土的問題和主導區域經濟整合的發展，維護其在區域內的國家利益。中國除了透過RCEP聯合東南亞國家平衡美國主導的TPP可能帶來的政經效應，也於2013年提出的「一帶（絲綢之路經濟帶）一路（二十一世紀海上絲綢之路）」對外發展戰略[14]，2014年APEC高峰會中提出以「北京路線圖」促成亞太自由貿易區（APEC, 2014），同時啟動籌建支持「一帶一路」的

13　根據世界銀行以購買力評價（Purchasing Power Parities）計算，中國於2014年以18兆美元超越美國的17.4兆美元，成為世界第一大經濟體（The World Bank, 2016）。

14　2013年9月習近平至中亞四國（土庫曼、哈薩克、烏茲別克、吉爾吉斯）進行國事訪問，在哈薩克演說時，提出中國將以新的模式與中亞國家合作建設發展「絲綢之路經濟帶」或稱「新絲路」的構想。同年10月訪問印尼時，提出中國將與東協國家加強海上合作，共同建設「二十一世紀海上絲綢之路」或稱「新海上絲路」。

「亞洲基礎建設投資開發銀行」（BBC中文網，2014b），這些倡議若順利實現，無疑地將大大增加中國在亞洲區域整合過程中的自主性與主導性。

　　面對中國越來越積極並全面性地參與構建以中國為中心的亞洲區域整合，美國從2009年末開始陸續提出重返亞洲（Return to Asia）、轉向亞洲（Pivot to Asia）與再平衡（Rebalance）等戰略概念，顯示美國重新將亞洲視為其全球戰略部署的重心，以維持在該區域的領導地位。在區域安全問題上，除了原有的雙邊軍事同盟架構，美國也轉向積極參與區域多邊安全機制，如東協區域論壇，透過雙邊與多邊雙管其下的方式來應對區域安全情勢的變化。雖然川普政府於2017年1月正式就任後，但是其掌管亞太區域事務的外交與國防人事至今仍未完全確定，使得新政府的亞太政策仍處於迷霧之中。不過，川普政府即便想要用改變歐巴馬政府極力推動的再平衡政策來凸顯其新人新政，但是在其新亞太安全政策出爐之前，川普政府目前仍在再平衡政策的軌道上。在區域經濟上，TPP曾是美國政府推動亞太再平衡政策的重要經濟工具，透過經貿生產連結的深化，維繫與盟國的關係，以鞏固美國在亞太區域的領導地位。雖然川普政府現階段宣布退出TPP，且追求「公平的」（fair）雙邊貿易，但它並未忽視亞太經貿關係對美國經濟的重要性，只是尚未推出明確的替代方略處理美國的亞太經貿關係。不過，川普政府已經將對中國的貿易逆差問題列為首要的處理課題，美國與中國的經貿競爭將會會更白熱化。隨著中國與美國在亞太區域安全與經濟整合中的競逐漸升，臺灣的挑戰是如何在區域安全秩序轉變與區域經濟加速整合雙重過程中維持自主性、避免被邊緣化。

　　關於東海與南海問題，臺灣同樣亟欲維護國家領土主權，確保在兩個海域的航行自由與海洋資源使用分配權利，但是中國因素壓縮了臺灣處理東海與南海海域主權與安全問題的外交空間。一個中國的原則使東海與南海相關爭端當事國對於是否與臺灣合作有所顧忌。一方面，這些當事國不希望因為臺灣問題而惡化與中國的關係，若與臺灣合作處理具高政治性主權意涵的東海與南海問題，等於認同臺灣的主權地位，也就違背了一個中

國的原則。另一方面，臺灣經貿高度依賴中國，以致中國對臺灣擁有一定程度的影響力，這些當事國對於臺灣能否堅持立場會有疑慮。因為臺灣若傾向中國，則與臺灣合作可能有損害其國家利益的風險。換句話說，若臺灣與中國合作，不僅有模糊化臺灣主權的風險，也可能造成其他爭端當事國家對臺灣的誤解，進而降低臺灣與它們合作的可能性。

　　針對釣魚台問題，馬政府於2012年提出「東海和平倡議」，希望以和平的方式處理釣魚台主權紛爭，並期望最後建立「東海行為準則」，以規範制度化的方式維繫該海域的和平穩定。[15]在南海問題上，雖然臺灣也支持建立南海行為準則，但因為臺灣不是南海行為準則原始倡議國，且有中國因素的阻擾，以至仍舊被排除在東協與中國的對話協商之外。除了在國際上持續宣示海域主權，健全東沙群島與南沙群島中太平島的設施，臺灣在南海問題上處在比較被動的位置。不過，2015年5月馬政府以東海和平倡議為範本，提出「南海和平倡議」，並且在2016年1月，發表南海和平倡議路徑圖，企圖藉此讓臺灣在南海問題取得發言權，避免被邊緣化（中華民國總統府新聞稿，2015；中央通訊社，2016a）。[16]從策略的角度來看，在美國與中國於東海和南海問題上競爭日趨升高的背景下，馬政府希望藉由提出和平倡議的方式創造參與區域安全合作的空間，作為維護主權的途徑。雖然該和平倡議獲得美國的認同（中央通訊社，2015b、2015e），但因為美國支持菲律賓的仲裁主張，等於反對中國的九段線主張，也就等同反對臺灣以與九段線重疊的U形線主張南海主權，所以美國在南海問題上對於馬政府的作為仍有疑慮（林正義，2016：39-47）。國際仲裁法庭已於2016年7月12日宣布菲律賓─中國仲裁案的結果，明確反駁中國的九段線主張，使得U形線主張在國際上的正當性更形薄弱，而臺灣的太平島被判定為「礁」的結果，也使得當時馬政府欲在太平島劃定基線，主張領海與兩百海浬專屬經濟區的企圖失去法律基礎。因此，蔡英文

---

[15]　有關東海和平倡議內容，請詳見中華民國外交部（2012）。

[16]　有關南海和平倡議內容，請詳見中華民國外交部（2015）。

政府正面對一個不同於馬政府時期的國際時空環境。在當前情勢的變化之下，能否提出區隔的作法有效地向國際社會說明中國目前在南海的強勢作為並非代表臺灣的利益，是說服和推進臺灣與其他東南亞當事國在南海問題上化敵為友、合作交往的關鍵。此外，雖然「菲律賓v.中國」仲裁案（亦稱南海仲裁案）的結果是針對南海，但也可能影響未來東海問題的處理方式與當事國的互動，所以臺灣作為這兩海域的爭端當事國，勢必要同時兩面應對其中的連動效應。但是，在過程中如何與同是兩面作戰的中國維持穩定的兩岸關係也是臺灣無可迴避的挑戰。

除了區域安全問題，臺灣在亞太區域經濟整合的過程中也有被邊緣化的危機。從個別國家參與區域經濟整合情況來看，圖8-2顯示新加坡是最積極參與區域整合的東亞國家，已經簽署23個自由貿易協定、談判中有10個、計畫中有7個。2014年東亞國家平均簽訂7個自由貿易協定、談判中有6個、計畫中有11個，而臺灣目前則簽署7個自由貿易協定，同於平均值，

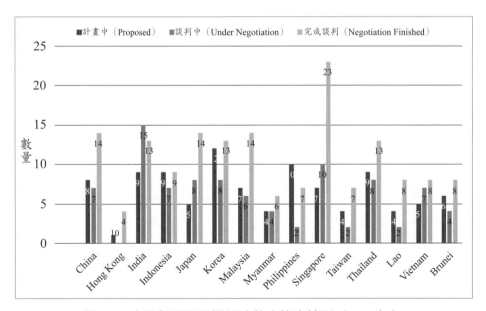

圖8-2 東亞各國的區域經濟整合協定情形（2014年）

資料來源：Asian Regional Integration Center（2014b）。

但談判中（2個）與計畫中（4個）的數量皆低於平均值甚多。若與臺灣主要國際經濟市場競爭對手韓國相比，僅達其一半，這樣的數據顯示臺灣在洽簽自由貿易協定遭遇到困境。

　　由於臺灣的經濟發展相當依賴對外貿易，不論是TPP或是RCEP所帶動的新一波亞太區域整合，都將會影響臺灣在區域經濟中的地位與競爭力。根據臺灣國際貿易局的統計，2003至2013年間，TPP成員國占臺灣平均出口貿易比重約32%，進口貿易比重約43%，其中美國、日本、新加坡、馬來西亞、澳洲五國是在TPP成員國中貿易往來較密切之國家。同一期間，RCEP成員國占臺灣平均出口比重則高達68%，進口比重亦達57%，顯示臺灣與RCEP成員國貿易關係比TPP成員國更為緊密，其中中國（含香港與澳門）、東協國家（特別是星、菲、越、泰、馬）與日本為前三大貿易夥伴，合計占臺灣出口比重將近60%（中華民國經濟部國際貿易局，2015a、2015b）。在TPP與RCEP成員國將加速區域貿易自由化、產業供應鏈的整合與法規革新之際，與TPP和RCEP成員國產業高度連結的臺灣若被排除在外，臺灣不僅會在區域經濟市場上面臨較高的關稅與非關稅障礙，區域經濟產業鏈地位也可能遭到替代，對外貿易競爭力將隨之處於劣勢和衰退；在外國資本流動上，TPP與RCEP將吸引區域內外的投資者前往成員國投資，在未能加入TPP與RCEP且沒有與已是成員國的主要貿易夥伴簽訂個別的自由貿易或經濟合作協定的狀況下，臺灣招商引資的競爭力將可能減低，既有的國內投資與外資也可能轉往TPP與RCEP成員國，進一步劣化國內產業發展環境與動能（中華民國經濟部國貿局，2015c、2015d；葉長城，2014：32-35；史惠慈等人，2014：145-184；吳玉瑩，2014：24-28；顧瑩華、林俊甫，2014：185-212；立法院預算中心，2014）。

　　臺灣並非不瞭解參與RCEP與TPP可以增加與成員國的經貿往來和政經合作關係，有助於拓展新市場，減緩經濟過於依賴中國的問題。但是，中國的態度仍是臺灣能否順利參與這兩個區域經濟整合體系的關鍵。TPP與RCEP對於新成員的加入皆採用既有成員國共識決方式。由於中國已是

RCEP的成員，臺灣能否加入，必然取決於中國的態度。同時，RCEP明定新成員須待RCEP完成談判之後才能申請加入，但是近來中國與部分東協國家之間的南海爭端恐怕會影響談判進度，因此臺灣要在短期間內參與RCEP的可能性不大。相較之下，目前臺灣申請加入TPP的機會較大，因為TPP的第一輪談判也已完成，並且開始與臺灣諮商TPP第二輪談判，分享TPP的目標與標準等相關談判訊息（聯合新聞網，2015；中央通訊社，2015c）。同時，因為中國目前並非TPP成員國，所以臺灣加入TPP的阻力較小。不過，即便現在中國不是TPP成員國，並不代表中國就不能透過其他途徑影響臺灣加入TPP的進程，例如對直接施壓或透過與中國相對有好的成員國提出反對，尤其是在美國退出TPP之後，中國可以更容易地做如此操作。在申請加入TPP第二輪談判之前，臺灣勢必要先做好貿易與投資開放的準備，而這將可能在國內引起受保護產業的反彈。此外，在美國退出TPP後，臺灣仍須繼續與美國協商「貿易暨投資架構協定」（Trade and Investment Framework Agreement, TIFA），以維繫穩定與世界第一大經濟體的關係。

　　由於中國因素讓臺灣在參與亞太區域整合的路上多一層挑戰，馬政府自2008年上臺後，便積極推動兩岸經濟合作協議的簽訂，希望藉此打開臺灣參與亞太區域整合的大門。但是馬政府的政策在臺灣國內卻受到眾多質疑。疑慮反對者認為，兩岸經濟合作協議的正面經濟效益可能言過其實，甚至對於臺灣的經濟與政治會有負面影響，例如臺灣產業升級的腳步可能因為中國的讓利而延滯，讓臺灣經濟發展將更受制於中國，進而弱化臺灣的國際政治自主性（羅致政編，2010；吳榮義編，2010）。已有研究指出，兩岸經濟合作協議的效益至目前為止並不顯著（顧瑩華、高君逸，2014：57-88；童振源，2014）。同時，疑慮反對者也認為，馬政府於推動簽訂各項兩岸經濟合作協議的過程中，未進行充分有效的溝通且沒有接受國會透明實質的監督，以致國內民眾無法綜觀地明瞭兩岸經濟合作協議的利弊得失。因此，反對兩岸經濟合作協議的聲音在過去幾年不斷增加，最後導致太陽花運動，造成2013年6月簽訂的兩岸服務貿易協議無法

生效，之後必須經過臺灣的立法院逐條、逐項審查與表決通過，才可以啟動生效條款。太陽花運動的發生除了是對於馬政府的兩岸經濟政策一定程度的否定，也凸顯在進一步對外擴大開放國內經濟之際，臺灣國內社會共識不足與產業利益分歧。所以國內社會與產業是否準備好應對加入新興區域經濟整合機制之後所帶來的整體性衝擊則是另一個重要挑戰。在亞太地區，臺灣的自由貿易協議網絡薄弱，目前僅與新加坡、紐西蘭簽訂自由貿易協定，和部分與中國簽訂兩岸經濟合作協議項目，使得臺灣相對地缺乏雙邊談判基礎與籌碼的累積，未來要加入TPP或RCEP的困難度將會墊高，亦即需要更多的準備。TPP要求欲參加第二輪談判的國家必須全面接受第一輪談判後成形之開放條件，較無緩衝或豁免的空間。即便RCEP沒有明確相關的要求，為取得成員國的共同同意，勢必面臨類似處境。目前臺灣經濟自由化程度與TPP訴求的高標準還存有相當的落差，臺灣將必須在國內經濟法律制度上做大幅調整，而該過程勢必對當前產業結構與就業分布造成衝擊，國內社會與政治衝突將不可避免。

參、結語

　　亞太區域的國際安全與經濟情勢正在歷經一個結構性的轉變，而這個轉變混合著安全上的衝突和經濟上的整合與競爭。在區域安全上，雖然東海與南海爭端的相關當事國都呼籲和平解決爭端，可是隨著中國越趨強勢的作為，其他爭端當事國也採取積極的反制，如日本、菲律賓、越南等，而美國則以更明確的軍事作為介入其中，向其區域盟國展現重返亞洲的決心，以致於區域軍事衝突風險有升高的跡象，但是目前仍處於鬥而不破的階段。不過，因為南海仲裁案的結果等同於向國際社會宣示中國在南海的作為不具國際法基礎，即使中國公開表明不接受仲裁結果，它未來在雙邊與多邊兩個層次上處理南海或東海問題時的一舉一動將承受更多的國際壓力。仲裁結果基本上是在當前的國際互動中創造了一個新的賽局層次，而

且可能反過來影響原來討價還價的模式與走向。由於仲裁結果同樣地反駁臺灣過去在南海的主權主張，臺灣勢必要調整維護南海主權的論述與作法。在和平解決爭端基調之下，臺灣一方面應加強主權主張的法律論述和持續政府對所屬島嶼的治理與保衛作為，保持未來與各方當事國談判時的籌碼；另一方面，除了宣示資源共同開發的意願，也應在非傳統安全的面向做出更多貢獻，如海洋環境保護、科學研究與人道救援等，增加臺灣在海洋良善管理上的國際聲譽，建立臺灣是和平製造者的形象。除了中國，臺灣是唯一同時牽涉東海與南海問題的當事國，但過去卻多處於被動回應的困境。不過，因為最近幾年美國、日本與相關周邊國家逐漸提升介入的強度，似乎為臺灣創造出主動對話，參與協商合作的突破點。臺灣應把握這樣的國際情勢，以更明確實質的方式向其他爭端當事國表達自己的立場，主動地於美國、日本與其他當事國之間借力使力維持關鍵的地位。

　　在區域經濟合作與整合方面，TPP與RCEP的成立不僅反映其所屬成員國冀望藉此推進國家經濟發展，更有在整合過程中取得自主優勢的企圖。雖然TPP與RCEP像是相互競爭的區域經濟整合機制，但是這兩組整合體系的成員國相互重疊，維持相當的聯繫，反而像是分進合擊的態勢，將可能進一步推動亞太地區邁向單一經濟體的目標。因此，亞太區域當前的產業價值鏈將會有不小的重組與轉變，每一個區域國家都將積極尋求自己的最佳產業發展位置，避免在轉變過程中被替代、邊緣化。在亞太區域自由貿易協定上，臺灣的參與程度相對落後，目前主要透過APEC、WTO與過去幾十年建立的雙邊經貿交流關係來維繫既有國際經貿產業地位。參與新興區域整合機制，開放國內市場難免有痛苦期，但若能以此為契機推動國內產業結構轉換與升級，對臺灣的經貿發展將會帶來正向效果。雖然ECFA在臺灣國內受到相當大的疑慮，甚至反對，但與中國簽訂合理的經濟協定亦是臺灣布局進入新一波亞太區域整合中不可避免的環節。在目前尚未正式加入區域經濟整合機制的狀況之下，臺灣必須持續加強和TPP與RCEP成員國的雙向投資與經濟合作，提升國內產業創新動能、改善就業與投資市場，如此才能讓臺灣在轉變中的亞太區域產業價值鏈繼續保持優

勢、不被替代的關鍵。

參考書目

英文文獻

ASEAN. 2015. "Chairman's Statement of The 10th East Asia Summit." in http://www.asean.org/chairmans-statement-of-the-10th-east-asia-summit/. Latest update 24 November 2015.

APEC. 2014. "Statement on the 25th Anniversary of APEC-Shaping the Future through Asia-Pacific Partnership." in http://www.apec.org/Meeting-Papers/Leaders-Declarations/2014/2014_aelm/2014_aelm_25th.aspx. Latest update 07 January 2014.

Asian Regional Integration Center.2014a. "Table 1.FTA by Status (cumulative)." Asian Development Bank. in http://aric.adb.org/fta.Latest update 28 January 2015.

Asian Regional Integration Center.2014b. "Table 6.FTA Status by Country/Economy, 2014."Asian Development Bank. in http://aric.adb.org/fta.Latest update 28 January 2015.

Defense of Japan. 2015. "Defense of Japan 2015 (Annual White Paper)." in http://www.mod.go.jp/e/publ/w_paper/2015.html. Latest update 18 April 2016.

Hardy, J. and S.O'Connor. 2014. "China Building Airstrip-Capable Island on Fiery Cross Reef." *IHS Jane's Defence Weekly.* in http://www.janes.com/article/46083/china-building-airstrip-capable-island-on-fiery-cross-reef. Latest update 07 January 2015.

South China Morning Post. 2016. "Philippine President Benigno Aquino attacks China for breaking deal on South China Sea." 26 May 2016. in http://www.

scmp.com/news/asia/southeast-asia/article/1955814/philippine-president-benigno-aquino-attacks-china-breaking/. Latest update 26 May 2016.

The White House. 2016. "Joint Statement of the U.S.-ASEAN Special Leaders' Summit: Sunnylands Declaration." in https://www.whitehouse.gov/the-press-office/2016/02/16/joint-statement-us-asean-special-leaders-summit-sunnyl-ands-declaration. Latest update 16 February 2016.

The World Bank. 2016. "GDP Ranking, PPP Based." in http://data.worldbank.org/data-catalog/GDP-PPP-based-table. Latest update 11 April 2016.

U.S. Department of Defense. 2012. "Secretary Panetta Delivers Remarks to the Engineering Academy of Armored Forces in Beijing, China, September 12, 2012." in http://www.defense.gov/transcripts/transcript.aspx?transcriptid=5117. Latest update 12 September 2012.

U.S. Department of State. 2013. "John Kerry Secretary of State Remarks with Secretary Albert Del Rosario State Department, 2 April 2013." in http://www.state.gov/secretary/remarks/2013/03/index.htm. Latest update 2 April 2013.

U.S. Department of State. 2014. "Press Statement: Philippines: South China Sea Arbitration Case Filing." in http://www.state.gov/r/pa/prs/ps/2014/03/224150.htm. Latest update 30 March 2014.

中 文文獻

BBC中文網。2009。〈中國向西沙群島派出漁政船〉。2009/03/15。http://news.bbc.co.uk/chinese/trad/hi/newsid_7940000/newsid_7944500/7944504.stm。2015/02/10。（BBC Zhongwen. 2009. "China Sent Fisheries Administration Vessel to Paracel Islands." 15 March 2009. in http://news.bbc.co.uk/chinese/trad/hi/newsid_7940000/newsid_7944500/7944794.stm. Latest update 10 February 2015.）

BBC中文網。2010。〈釣魚台撞船事件，中日兩國相互提抗議〉。2010/09/07。http://www.bbc.co.uk/zhongwen/trad/china/2010/09/100907_

china_japan_diaoyu_crash.shtml。2015/01/07。（BBC Zhongwen. 2010. "China and Japan Protest Each Other over the Ship Crash in Diauyu Islands." 07 September 2009. in http://www.bbc.co.uk/zhongwen/trad/china/2010/09/100907_china_japan_diaoyu_crash.shtml. Latest update 07 January 2015.）

BBC中文網。2011。〈越南再次抗議中國破壞越南勘測船〉。2011/06/09。http://www.bbc.co.uk/zhongwen/trad/rolling_news/2011/06/110609_china_vietnam 2011-05-31/。2015/02/10。（BBC Zhongwen. 2011. "Vietnam Again Protests Chinese Attack on Vietnamese Servey Ship." 09 June 2011. in http://www.bbc.co.uk/zhongwen/trad/rolling_news/2011/06/110609_china_vietnam 2011-05-31/. Latest update 10 February 2015.）

BBC中文網。2012a。〈菲律賓想把黃岩島爭端訴諸國際法庭〉。2012/04/17。http://www.bbc.com/zhongwen/trad/world/2012/04/120417_philippines_china_dispute。2015/02/10。（BBC Zhongwen. 2012a. "Philippines Thinking of Taking Internaitonal Court Action on Disputing Scarborough Shoal." 17 April 2012. in http://www.bbc.com/zhongwen/trad/world/2012/04/120417_philippines_china_dispute. Latest update 10 February 2015.）

BBC中文網。2012b。〈中國拒絕將南海爭議提交國際法庭〉。http://www.bbc.com/zhongwen/trad/world/2012/04/120418_philippines_china_southsea。2015/02/10。（BBC Zhongwen. 2012b. "China Reject to Take Disputes in South China Sea to International Court." 18 April 2012. in http://www.bbc.com/zhongwen/trad/world/2012/04/120418_philippines_china_southsea. Latest update 10 February 2015.）

BBC中文網。2012c。〈南海部分海域，菲改為西菲律賓海〉。2012/09/12。http://www.bbc.com/zhongwen/trad/world/2012/09/120912_philippines_china_maritime。2015/02/10。（BBC Zhongwen. 2012. "Philipines Rename South China Sea as West Philippine Sea." 12 September 2012.

in http://www.bbc.com/zhongwen/trad/world/2012/09/120912_philippines_ china_maritime. Latest update 10 February 2015.）

BBC中文網。2013。〈英媒：美國轟炸機挑戰中國「禁飛區」〉。 2013/11/27。http://www.bbc.co.uk/zhongwen/trad/china/2013/11/131127_ press_uk_uschinajapan。2015/02/14。（BBC Zhongwen. 2013. "British Press: U.S. Bomber Challenges China's 'No-Fly Zone'." 27 November 2013. in http://www.bbc.co.uk/zhongwen/trad/china/2013/11/131127_press_uk_us-chinajapan. Latest update 14 February 2015.）

BBC中文網。2014a。〈菲律賓正式將中菲南海爭議提交國際仲裁〉。 2014/03/30。http://www.bbc.com/zhongwen/trad/china/2014/03/140330_ china_philippines_dispute。2015/02/10。（BBC Zhongwen. 2014a. "Philipines Officially Issues an Arbitration Application on Disputes in South China Sea." 30 March 2014. in http://www.bbc.com/zhongwen/trad/ world/2012/09/120912_philippines_china_maritime. Latest update 10 February 2015.）

BBC中文網。2014b。〈中國推「一帶一路」戰略籌建海上絲綢之 路銀行〉。2014/11/13。http://www.bbc.co.uk/zhongwen/trad/busi-ness/2014/11/141113_china_new_silkroad_bank。2015/01/07。（BBC Zhongwen. 2014. "China Promotes'One Belt One Road' and Preparesthe Maritime Silk Road Bank." 12 November 2014. in http://www.bbc.co.uk/ zhongwen/trad/business/2014/11/141113_china_new_silkroad_bank. Latest update 07 January 2015.）

BBC中文網。2015a。〈中國稱美軍機南海偵察行動「十分危險」〉。 2015/05/22。http://www.bbc.co.uk/zhongwen/trad/china/2015/05/150522_ china_us_south_sea。2016/04/18。（BBC Zhongwen. 2015a. "China: the Surveillance of the U.S. Military Plan'Very Dangerous'." 22 May 2015. in http://www.bbc.co.uk/zhongwen/trad/china/2015/05/150522_china_us_ south_sea. Latest update 18 April 2016.）

BBC中文網。2015b。〈中國多型戰機飛臨日本島嶼巡航〉。2015/11/28。

http://www.bbc.com/zhongwen/trad/world/2015/11/151128_china_military_jets_japan。2016/04/18。（BBC Zhongwen. 2015b. "China's Military Fighter Jets Fly Near Japan." 28 November 2015. in http://www.bbc.com/zhongwen/trad/world/2015/11/151128_china_military_jets_japan. Latest update 18 April 2016.）

BBC中文網。2016a。〈中國：「有權在本國領土上部署必要防禦設施」〉。2016/02/17。http://www.bbc.com/zhongwen/trad/china/2016/02/160217_south_china_sea_chinese_missiles_paracels。2016/04/18。（BBC Zhongwen. 2016a. "China: We have the Right to Build up Essential Defense Facilities on Chinese Territories." 17 February 2016. in http://www.bbc.com/zhongwen/trad/china/2016/02/160217_south_china_sea_chinese_missiles_paracels. Latest update 18 April 2016.）

BBC中文網。2016b。〈日本準航母「伊勢」號停靠菲律賓蘇比克港〉。2016/04/26。http://www.bbc.com/zhongwen/trad/world/2016/04/160426_japan_philippines_navy。2016/05/02。（BBC Zhongwen. 2016b. "Japanese Semi-Aircraft Carrier 'JDS Ise' Docked at SubicBay."26 April 2016. in http://www.bbc.com/zhongwen/trad/world/2016/04/160426_japan_philippines_navy. Latest update 02 May 2016.）

BBC中文網。2016c。〈美艦近距駛過永暑礁中國指其危及和平〉。2016/05/10。http://www.bbc.com/zhongwen/trad/china/2016/05/160510_fiery_cross_reef_uss_destroyer。2016/05/13。（BBC Zhongwen. 2016c. "U.S.Destroyer Patrolling Nearby Fiery Cross Reef, China Says an Action Jeopardizes Peace." 10 May 2016. in http://www.bbc.com/zhongwen/trad/china/2016/05/160510_fiery_cross_reef_uss_destroyer. Latest update 13 May 2016.）

中央通訊社。2013。〈南海爭議菲律賓提國際仲裁〉。2013/01/22。http://www.cna.com.tw/news/firstnews/201301220050-1.aspx。2015/02/10。（CNA News. 2013. "Philippines Apply an International Arbitration on Disputes in South China Sea." in http://www.cna.com.tw/news/firstnews/201301220050-1.aspx. Latest update 10 Febuary 2015.）

中央通訊社。2015a。〈詹氏防衛：南麂島興建直升機場〉。2015/01/24。http://www.cna.com.tw/news/acn/201501240292-1.aspx。2015/03/07。（CNA News. 2015a. "JDW: China Build Heliport on Nan Chi Islands." 24 January 2015. in http://www.cna.com.tw/news/acn/201501240292-1.aspx. Latest update 07 March 2015.）

中央通訊社。2015b。〈凱瑞：東海和平倡議攸關亞洲海域〉。2015/04/28。http://www.cna.com.tw/news/aopl/201504280078-1.aspx。2015/05/03。（CNA News. 2015b. "John Kerry: The East China Sea Peace Initiative is Important to Sea in Asia." 28 April 2015. in http://www.cna.com.tw/news/aopl/201504280078-1.aspx. Latest update 03 May 2015.）

中央通訊社。2015c。〈美亞太助卿：美臺持續經貿努力〉。2015/05/15。http://www.cna.com.tw/news/aopl/201505150024-1.aspx。2015/05/20（CNA News. 2015c. "U.S. Assistant Secretary of State for East Asian and Pacific Affairs: U.S. and Taiwan Keep Striving on the Trading Issues." 15 May 2015. in http://www.cna.com.tw/news/aopl/201505150024-1.aspx. Latest update 20 May 2015.）

中央通訊社。2015d。〈制衡陸南海勢力日本加入美澳軍演〉。2015/05/26。http://www.cna.com.tw/news/aopl/201505260016-1.aspx。2015/05/27。（CNA News. 2015d. "Japan Participated in the Joint Military Exercise between the U.S. and Australia for Balancing China in the South China Sea." 26 May 2015. in http://www.cna.com.tw/news/aopl/201505260016-1.aspx. Latest update 27 May 2015.）

中央通訊社。2015e。〈美讚馬總統南海和平倡議外交部歡迎〉。2015/05/27。http://www.cna.com.tw/news/aipl/201505270247-1.aspx。2015/06/02。（CNA News. 2015e. "The R.O.C. Ministry of Foreign Affairs Welcomed the U.S. Praise on President Ma Yin-Jeou's South China Sea Peace Initiative." 27 May 2015. in http://www.cna.com.tw/news/aipl/201505270247-1.aspx. Latest update 02 June 2015.）

中央通訊社。2015f。〈美防長訪越加強國防合作〉。2015/06/01。http://
www.cna.com.tw/news/aopl/201506010072-1.aspx。2015/06/02。（CNA
News. 2015f. "U.S. Secretary of Defense Visited Vietnam for Strengthen-
ing Defense Cooperation." 01 June 2015. in http://www.cna.com.tw/news/
aopl/201506010072-1.aspx. Latest update 02 June 2015.）

中央通訊社。2015g。〈國際仲裁法院同意受理南海主權爭議案〉。
2015/10/30。http://www.cna.com.tw/news/firstnews/201510300010-1.
aspx。2016/04/18。（CNA News. 2015g. "The Permanent Court of Arbitra-
tion Accept the Philippines vs. China Case." 30 October 2015. in http://www.
cna.com.tw/news/firstnews/201510300010-1.aspx. Latest update 18 April
2016.）

中央通訊社。2016a。〈總統登太平島提南海和平倡議路徑圖〉。
2016/01/28。http://www.cna.com.tw/news/aipl/201601280165-1.aspx。
2016/04/18。（CNA News. 2016a. "President Ma Yin-Jeou Visit Taiping
Island and Propose the South China Sea Peace Initiative." 28 January 2016.
in http://www.cna.com.tw/news/aipl/201601280165-1.aspx. Latest update 18
April 2016.）

中央通訊社。2016b。〈南海風雲西沙永興島陸部署殲11戰機〉。
2016/02/24。http://www.cna.com.tw/news/firstnews/201602240018-1.
aspx。2016/04/18。（CNA News. 2016b. "China Deployed Shenyang J-
11on Woody Island." 24 February 2016. in http://www.cna.com.tw/news/first-
news/201602240018-1.aspx. Latest update 18 April 2016.）

中央通訊社。2016c。〈中共軍機首次公開降落永暑礁〉。2016/04/18。
http://www.cna.com.tw/news/firstnews/201604180316-1.aspx。
2016/04/25。（CNA News. 2016c. "Chinese Military Plane Lands Fi-
ery Cross Reef."18 April 2016. in http://www.cna.com.tw/news/first-
news/201604180316-1.aspx. Latest update 25 April 2016.）

王冠雄。2012。〈結論：東亞海域爭端和平解決之探索〉。何思慎、王冠
雄編《東海及南海爭端與和平展望》：251-268。臺北市：財團法人兩

岸交流遠景基金會。（Wang, Kuan-Hsiung. 2012. "Conclusion: Exploring the Peaceful Settlement on the Disputes in East Asia Sea." in Ssu-Shen Ho and Kuan-Hsiung. eds. *The East and South China Sea Disputes and Prospect of Peaceful Settlement*: 251-268. Taipei City: The Prospect Foundation.）

王高成。2012。〈中國大陸對於東海的政策〉。何思慎、王冠雄編《東海及南海爭端與和平展望》：51-71。臺北市：財團法人兩岸交流遠景基金會。（Wang, Kao-Chen. 2012. "The Mainland China's Policy toward East China Sea." in Ssu-Shen Ho and Kuan-Hsiung. eds. *The East and South China Sea Disputes and Prospect of Peaceful Settlement*: 51-71. Taipei City: The Prospect Foundation.）

中華民國外交部。2012。〈中華民國政府提出「東海和平倡議」〉。2012/08/15。http://www.mofa.gov.tw/News_Content.aspx?n=9FB1B5 F1C76243EE&sms=20EB7F887746D351&s=B3F2CDD313292AC0。2014/10/12。（The R.O.C. Ministry of Foreign Affairs. 2012. "The R.O.C. Government Propose 'The East China Sea Peace Initiative'." 15 August 2012. in http://www.mofa.gov.tw/News_Content.aspx?n=9FB1B5F1C76243EE&s ms=20EB7F887746D351&s=B3F2CDD313292AC0. Latest update 12 October 2014.）

中華民國外交部。2015。〈南海和平倡議〉。2015/05/26。http://www. mofa.gov.tw/News_Content.aspx?n=604CBAA3DB3DDA11&sms=69594 088D2AB9C50&s=3BEC439D5F6A9CEE。2016/04/18。（The R.O.C. Ministry of Foreign Affairs. 2015. "The South China Sea Peace Initiative." 26 May 2015. in http://www.mofa.gov.tw/News_Content.aspx?n=604CBAA3D B3DDA11&sms=69594088D2AB9C50&s=3BEC439D5F6A9CEE. Latest update 18 April 2016.）

中華民國經濟部國際貿易局。2015a。《區域全面經濟夥伴協定（RCEP）簡介及最新談判進展》。臺北市：中華民國經濟部國際貿易局。（R.O.C. Bureau of Foreign Trade. 2015a. *The Introduction of Regional Comprehensive Economic Partnership (RCEP) and the Latest Negotiation*

Process. Taipei City: R.O.C. Bureau of Foreign Trade.）

中華民國經濟部國際貿易局。2015b。《跨太平洋夥伴協定（TPP）簡介》。臺北市：中華民國經濟部國際貿易局。（R.O.C. Bureau of Foreign Trade. 2015b. *The Introduction of The Trans-Pacific Partnership* (*TPP*). Taipei City: R.O.C. Bureau of Foreign Trade.）

中華民國經濟部國際貿易局。2015c。《我國推動加入參與「區域全面經濟夥伴協定」（RCEP）策略》。臺北市：中華民國經濟部國際貿易局。（R.O.C. Bureau of Foreign Trade. 2015c. *R.O.C.'s Strategy to Participate in Regional Comprehensive Economic Partnership (RCEP)*. Taipei City: R.O.C. Bureau of Foreign Trade.）

中華民國經濟部國際貿易局。2015d。《我國推動加入「跨太平洋夥伴協定（TPP）」策略》。臺北市：中華民國經濟部國際貿易局。（R.O.C. Bureau of Foreign Trade. 2015d. *R.O.C.'s Strategy of Participate in The Trans-Pacific Partnership (TPP)*. Taipei City: R.O.C. Bureau of Foreign Trade.）

中華民國總統府。2015。〈總統今（26）日上午出席「2015年世界國際法學會與美國國際法學會亞太研究論壇」開幕典禮〉。2015/05/26。http://www.president.gov.tw/Default.aspx?tabid=131&itemid=34788&rmid=514。2015/06/01。（Office of the President, Republic of China. 2015. "President Ma Attend the Opening Ceremony of '2015 ILA-ASIL Asia-Pacific Research Forum'." 26 May 2015. in http://www.president.gov.tw/Default.aspx?tabid=131&itemid=34788&rmid=514. Latest update 01 June 2015.）

日經中文網。2015。〈日本公開中國開發東海氣田證據照片〉。2015/07/22。http://zh.cn.nikkei.com/politicsaeconomy/politicsasociety/15354-20150722.html。2016/04/18。（NIKKEI Zhongwen. 2015. "Japan Publicize the Pictures of China's Development of Oil and Gas Field on East China Sea." 22 July 2015. in http://zh.cn.nikkei.com/politicsaeconomy/politicsasociety/15354-20150722.html. Latest update 18 April 2016.）

立法院預算中心。2014。《TPP與RCEP等區域整合對我國總體經濟之影

響（103139）》。臺北：立法院。（Accounting Department, Legislative Yuan. 2014. *The Effect of Regional Integration (TPP and RCEP) on the Overall Economy of R.O.C.* Taipei: Legislative Yuan, Republic of China.）

史惠慈、顏慧欣、葉長城、胡聚男。2014。〈加入TPP臺灣準備好了嗎？〉。陳添枝、劉大年編《由ECFA到TPP：臺灣區域經濟整合之路》：145-184。臺北市：財團法人兩岸交流遠景基金會。（Shih, Hui-Tsu, Hui-Hsing Yen, Chang-Chen Yeh, and Chu-Nan Hu. 2014. "Is Taiwan Ready to Join TPP?" in Tien-Chih Chen and Ta-Nien Liu. eds. *From ECFA to TPP: Taiwan's Road toward Economic Integration*: 145-184. Taipei City: The Prospect Foundation.）

吳玉瑩。2014。〈區域全面經濟夥伴協定（RCEP）最新談判進展及其對臺灣經濟之影響與因應〉。《經濟前瞻》154：24-28。（Wu, Yu-Ying. 2014. "The Latest Negotiation Process of Regional Comprehensive Economic Partnership (RCEP), its Affection to Taiwan's Economy, and Taiwan's Response." *Economic Outlook Bimonthly* 154: 24-28.）

吳榮義編。2010。《解構ECFA：臺灣的命運與機會》。臺北：新臺灣智庫。（Wu, Jung-Yi eds. 2010. *Decoding ECFA: Taiwan's Destiny and Opportunity*. Taipei:Taiwan Brain Trust.）

李瓊莉。2012。〈東協對南海情勢的回應與影響〉。何思慎、王冠雄編《東海及南海爭端與和平展望》：115-130。臺北市：財團法人兩岸交流遠景基金會。（Li, Chiung-Li. 2012."ASEAN's Response to South China Sea Situation and and Its Influence." in Ssu-Shen Ho and Kuan-Hsiung eds. *The East and South China Sea Disputes and Prospect of Peaceful Settlement*: 115-130. Taipei City: The Prospect Foundation.）

林正義。2012。〈中國大陸的南海政策〉。何思慎、王冠雄編《東海及南海爭端與和平展望》：91-113。臺北市：財團法人兩岸交流遠景基金會。（Lin, Cheng-Yi. 2012. "The Mainland China's South China Sea Policy."in Ssu-Shen Ho and Kuan-Hsiung eds. *The East and South China Sea Disputes and Prospect of Peaceful Settlement*: 91-113. Taipei City: The Prospect Foundation.）

林正義。2016。〈歐巴馬政府的南海政策：中國的回應及對臺灣的影響〉。《東吳政治學報》34，1：1-80。（Lin, Cheng-Yi. 2016. "Obama's South China Sea Policy:China's Response and Implications forTaiwan." *Soochow Journal of Politial Science* 34, 1: 1-80.）

林正義、陳鴻鈞。2014。〈兩個「中國」在東海的油氣勘探與美日的角色〉。《遠景基金會季刊》15，4：1-61。（Lin, Cheng-Yi and Hung-Chun Chen. 2014. "Exploration for Oil and Natural Gas in the East China Sea by 'Two Chinas' and the Role of the U.S. and Japan." *Prospect Quarterly* 15, 4: 1-61.）

美國之音。2014。〈美國軍方促中國停止南沙海域填海造島〉。2014/11/23。http://www.voacantonese.com/content/dhh-hk-us-calls-for-china-to-stop-reclamation-project-in-scs/2531110.html。2015/01/08。（Voice of America. 2014. "U.S. Military Urges China to End Recalmination in Spartly Islands." 23 November 2014. in http://www.voacantonese.com/content/dhh-hk-us-calls-for-china-to-stop-reclamation-project-in-scs/2531110.html. Latest update 08 January 2015.）

葉長城。2014。〈「跨太平洋夥伴協定」（TPP）之談判進展及其對臺灣對外政經關係之可能影響與因應〉。《經濟前瞻》154：32-35。（Yeh, Chang-Chen. 2014. "The Latest Negotiation Process of the Trans-Pacific Partnership (TPP) and Its Influence to Taiwan's Economy, and Taiwan's Response."*Economic Outlook Bimonthly* 154: 32-35.）

童振源。2014。《臺灣經濟關鍵下一步─兩岸經濟整合的趨勢與挑戰》。臺灣：博碩。（Tung, Chen-Yuan. 2014. *The Next Crucual Point of Taiwan's Economy-the Trend and Challenges of Cross-Strait Economy Integration*. Taiwan: DrMaster Press Co.）

蔡增家。2012。〈日本民主黨上臺後東海政策的發展與演變〉。何思慎、王冠雄編《東海及南海爭端與和平展望》：33-49。臺北市：財團法人兩岸交流遠景基金會。（Tsai, Tseng-Chia. 2012. "The Development and

Evolvment of Japan's East China Sea Policy after the Democratic Party of Japan Takes Power." in Ssu-Shen Ho and Kuan-Hsiung Wang. eds. *The East and South China Sea Disputes and Prospect of Peaceful Settlement*: 33-49. Taipei City: The Prospect Foundation.）

聯合新聞網。2015。〈凱瑞：美與臺諮商TPP第2輪談判〉。2015/05/09。http://udn.com/news/story/6656/891223-%E6%9F%AF%E7%91%9E%EF%BC%9A%E7%BE%8E%E8%88%87%E5%8F%B0%E8%AB%AE%E5%95%86TPP%E7%AC%AC2%E8%BC%AA%E8%AB%87%E5%88%A4。2015/05/10。（Udn.com. 2015. "John Kerry: the U.S. and Taiwan Discussed the Second Round of TPP." 09 May 2015. in http://udn.com/news/story/6656/891223-%E6%9F%AF%E7%91%9E%EF%BC%9A%E7%BE%8E%E8%88%87%E5%8F%B0%E8%AB%AE%E5%95%86TPP%E7%AC%AC2%E8%BC%AA%E8%AB%87%E5%88%A4. Latest update 10 May 2015.）

羅致政編。2010。《ECFA大衝擊：臺灣的危機與挑戰》。臺北：新臺灣智庫。（Lo, Chih-Cheng. eds. 2010. *Strong Impactof ECFA: Taiwan's Crisis and Challenge*.Taipei: Taiwan Brain Trust.）

蘋果日報。2010。〈中派船巡釣島與日僵1.5小時〉。2010/11/21。http://www.appledaily.com.tw/appledaily/article/international/20101121/32977741/。2015/01/07。（Apple Daily. 2010. "Chinese Vessels Patrolling Diaoyu Island and Confronting Japanese Vessels for 1.5 Hours." 21 November 2010. in http://www.appledaily.com.tw/appledaily/article/international/20101121/32977741/. Latest update 07 January 2015.）

顧瑩華、林俊甫。2014。〈RCEP帶給臺灣之機會與挑戰〉。陳添枝、劉大年編《由ECFA到TPP：臺灣區域經濟整合之路》：185-212。臺北市：財團法人兩岸交流遠景基金會。（Ku, Yin-Hua and Chun-Fu Lin. 2014. "Taiwan's Opportunities and Challenges from ECFA." in Tien-Chih Chen and Ta-Nien Liu. eds. *From ECFA to TPP: Taiwan's Road toward Economic Integration*: 185-212. Taipei City: The Prospect Foundation.）

顧瑩華、高君逸。2014。〈ECFA之整體回顧與早收效益評估〉。陳添枝、劉大年編《由ECFA到TPP：臺灣區域經濟整合之路》：57-88。臺北市：財團法人兩岸交流遠景基金會。（Ku, Yin-Hua and Chun-Yi Kao. 2014. "ECFA's Overall Review and the Evaluation of Early Profit." in Tien-Chih Chen and Ta-Nien Liu. eds. *From ECFA to TPP: Taiwan's Road toward Economic Integration*: 57-88. Taipei City: The Prospect Foundation.）

Taiwan's Challenges in the Changing Landscape of Regional Security and Economy in the Asia-Pacific Region after the Cold War

Chih-Mao Tang

Abstract

After the Cold War, international politics and economy of the Asia-Pacific region has changed tremendously. Regional economic integration accelerates up with the rapid increase of bilateral and multilateral free trade agreements between regional countries, whereas regional security is continually confronted with conflict flashpoints, including regional maritime sovereignty disputes. This article provides the recent development of regional economy and security with emphasis on maritime disputes in East China Sea and South China Sea and Trans-Pacific Partnership (TPP) and Regional Comprehensive Economic Partnership (RCEP) and discusses the possible challenges to Taiwan in these issues.

Keywords: TPP, RCEP, East China Sea, South China Seas, Taiwan, Asia-Pacific

第九章
歐盟與其他國家合作新模式：
東部夥伴關係[*]

Ewa Latoszek、Agnieszka Kłos

壹、簡介

　　歐盟在向中歐及東歐擴張後，很自然地尋求確保所有成員國的安全及穩定。歐盟決定特別針對新成員國的鄰國，發展建立在共同價值及歐盟標準之上的正向優惠關係，並藉以彰顯出歐盟對外政策的效力。歐盟對此區域的政策成形，目的是無論歐盟是否向東進一步擴張的爭論如何發展，成員國希望持續協助鄰國進行改革。東境鄰國尤其會在歐盟政策上扮演更重要的角色，這些和前蘇聯接壤的前蘇聯共和國國家，在過去廿多年是西歐政壇持續關注的焦點；近年來，透過雙邊政治及經濟協議，這些國家和歐盟已建立起連結，一般預期將漸漸朝向西方漂移、逐漸歐化，離開俄國影響力範圍，成為歐盟和俄國的緩衝地帶（MEARP, 2011: 10）。本文的主要目標是分析參與「東部夥伴關係」的背景、目標、成本，及對相關國家和歐盟產生的利益。研究方法包括綜合和演繹呈現「東部夥伴關係」的概念本質、對波蘭及其他國家相關文獻資料的批判分析，同時也涵蓋多項經濟指數的量化分析及資料比較分析。

---

[*] 本文亦見於拉脫維亞大學於在2014年6月11至13日舉行的東部夥伴關係：由基本能力至卓越國際研討會後衍生出的電子書，發行於首都里加。

貳、「東部夥伴關係」的源起及目標

德國在2007年輪執歐盟主席時倡議「歐洲睦鄰加強政策」（European Neighbourhood Policy Plus），提出了歐盟對「東部夥伴關係」的共同政策。不久後，波蘭在瑞典的支持下，對亞美尼亞、亞塞拜然、白俄羅斯、喬治亞、莫爾多瓦及烏克蘭（參見圖9-1）開展整體政治工作計畫。波蘭向來憂心歐洲可能將被劃分為優勢國家及落後國家，此共同倡議是為了宣示無論歐盟是否向東進一步擴張，成員國決意要協助鄰國進行體質改革。因此，波蘭及瑞典在既有的「歐洲睦鄰政策」之上發展此項計畫（MEARP, 2011: 10）。

「歐洲睦鄰政策」起於2004年，適用對象為東歐、南高加索、北非及中東（阿爾及利亞、亞美尼亞、亞塞拜然、埃及、喬治亞、以色列、約旦、黎巴嫩、利比亞、莫爾多瓦、巴勒斯坦當局、敘利亞、突尼西亞和烏克蘭）。原本白俄羅斯將成為「歐洲睦鄰政策」的另一夥伴，然而因該國的民主化及人權進展裹足不前，具體行動計畫的協商未能產生成果（Mongrenier, 2010）。「歐洲睦鄰政策」的合作區域相當多元，包括民主改革、市場改革、立法改革、邊境管制、媒體、環境保護及培植非政府組織。此政策背後的概念是：模糊剛擴張的歐盟及鄰國間的界線，並塑造區域的繁榮、穩定及安全。「歐洲睦鄰政策」成形之時，各方預期，在2004年歐盟東擴而成了歐盟鄰國的國家將大力引進民主及市場改革，若非如此，東境鄰國的國家情勢將會不進則退。果不期然，烏克蘭受持續的政治混局所困，天然氣危機在東歐持續上演，專制政權繼續把持亞美尼亞、亞塞拜然、白俄羅斯及莫爾多瓦（儘管情節較為輕微），喬治亞當局持續施行非民主的政策，而喬治亞在2008年8月被俄國入侵。「歐洲睦鄰政策」在激勵東方鄰國改革成效上不如預期，主因雖然是這些國家未展現足以推行改革的政治意志，但「歐洲睦鄰政策」計畫本身也得負部分責任。有鑑於此，歐盟政壇欲建立一更有效的新機制，以刺激東境鄰國改革（Ananicz, 2009: 1-2）。

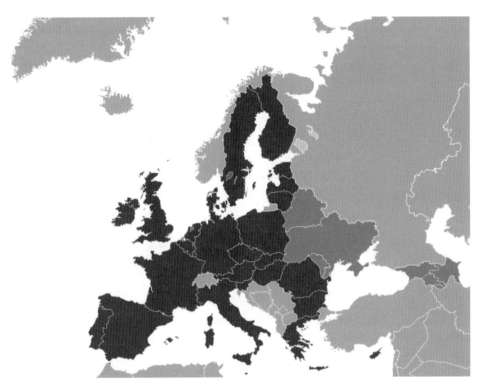

圖9-1　歐盟及其東部夥伴地圖

資料來源：Nieczypor（2013）。

　　由此引發一更具野心的計畫，目標在於以對東歐各國現代化及體制變革的全面協助，取代過去對東歐改革選擇性的支持。歐盟的共識認知到唯有以和歐盟達成強力的經濟及政治整合為後盾，這些夥伴國家才可能成功推行現代化及體制變革。波蘭外長Radosław Sikorski及瑞典外長Carl Bildt於是在2008年5月的歐盟外長會議上，提出「東部夥伴關係」計畫並爭取支持（Sikorski, 2011a）。

　　此計畫快速發展，僅僅一個月後，「歐盟理事會」就在2008年6月通過一致決議，採納了此計畫，並責成「歐盟執行委員會」據波蘭及瑞典的提案規劃出細詳計畫。是以，「歐盟執委會」於2008年12月提出了「東部夥伴關係」的相關具體計畫。在其正式宣言中，「歐盟執委會」表示「歐

盟東方邊境的穩定、良好治理及經濟發展，是歐盟的核心利益」，並強調成員國在此轉型過程中必須扮演關鍵角色。2009年3月，「歐盟理事會」一致通過，支持此「目標遠大的『東部夥伴關係』」，此舉顯示本項計畫成為歐洲外交政策不可分割的部分。「歐盟理事會」在2009年3月高峰會後的結論重申，在歐盟東境推動安定、良好治理及經濟發展，對歐盟整體亟具戰略關鍵。

　　參與上述會議的尚有主要歐盟政治機構的領袖，包括「歐洲議會」及「歐盟執委會」，以及提供「東部夥伴關係」資金的金融機構代表。眾領導人在峰會結束時宣告採納「布拉格宣言」（Prague Declaration），作為「東部夥伴關係」的成立基礎文件。此宣言聲明，歐盟各國會以全然透明的方式，基於共同利益及義務，共同推展「東部夥伴關係」計畫。「東部夥伴關係」的基礎是對國際法原則，及民主、法治、人權、根本自由以及市場經濟、永續發展、以及良好治理等基本價值的承諾（MEARP, 2011: 10-11）。

　　「東部夥伴關係」為既有的「歐洲睦鄰政策」注入重要改變，如：

1. 此舉將東境鄰國和南境鄰國區分開來，等同於將前者當作一個獨立實體、置於歐盟外交政策的軌道上。在此之前，「歐洲睦鄰政策」對東歐國家和北非、中東國家一視同仁，如此將東歐國家和非歐洲國家混作一談，降低了歐盟及東歐關係的規格。更有甚者，有些東歐國家認為此舉顯示出，親歐盟的期望沒有多少成功的機會，同時也對改革轉型潑了冷水。然而最重要的影響是，將如此不同的區域併作一塊處理，阻礙了歐盟對其鄰國推展有效的外交政策。

2. 針對那些依照歐盟標準進行國內體制改革有成效的夥伴國家，此舉更具體地擴大了歐盟提供的援助。主要的效益理應是加深夥伴國家與特定歐盟架構的整合，但整合的程度大致決定於個別國家的期望及實際的改革進展（Ananicz, 2009: 1）。

　　歐盟及夥伴國家的共同聲明描述了「東部夥伴關係」的目標及機制—對依照歐盟標準進行國內體制改革有成效的國家提供更多的獎勵。本文作者認為，「東部夥伴關係」的主要效益在於逐步推動夥伴國家整合入歐盟架構內（European Commission, 2009）。

參、「東部夥伴關係」架構下的合作面向

　　「東部夥伴關係」的前提為以下幾個合作面向：雙邊、多邊及跨政府（參見表9-1）。「東部夥伴關係」的雙邊關係，著眼於建立新的法律基礎、像是簽訂合作協定（association agreement）、建立「深化暨全面性的自由貿易區協定」（Deep and Comprehensive Free Trade Areas）等，以作為歐盟及其東境鄰國間關係的指導方針。此倡議亦預見在朝向推動免簽證機制及能源安全上的合作。

　　「東部夥伴關係」的多邊面向，則是要協助夥伴國家國內的政治及經濟改革，發展出供各國國家及政府領導人、外長、高階官員及專家交換資訊及經驗的論壇。多邊面向下進行的會議分別在四個主題的平台上展開：民主法治及安定、人際聯繫、經濟整合及遵循歐盟各類政策、安全。在此多邊面向下，「東部夥伴關係」發展出所謂「旗艦計畫」，也就是要讓此「夥伴關係」更具體具象，並在國際舞臺上得以獲得更高能見度。

　　所謂非政府面向的合作包括、但不限於：歐盟與各夥伴國家議會間對話的論壇EuroNest（Parliamentary Assembly EuroNest），聚集歐盟及夥伴國家非政府組織及其他議會代表的東部夥伴關係公民社會論壇（Civil Society Forum of the Eastern Partnership），還有供業界組織、企業家、政府代表和歐盟及各夥伴國家機構代表面對面商談的東部夥伴關係業界論壇（Business Forum of the Eastern Partnership）。同樣推行「東部夥伴關係」實質目標的亦包括負責組織「東向論壇」（Going East forum）及指導歐盟及夥伴國家地方及區域政府合作平台「東部夥伴關係地方及區

表9-1 「東部夥伴關係」內的合作面向

雙邊面向	多邊面向	非政府面向
1. 支持改革 2. 合作協定 3. 「深化暨全面性的自由貿易區協定」 4. 遷徙自由及安全 5. 能源安全 6. 支持社會及經濟發展	1. 主題平台： 　1.1. 民主、良好治理及安定 　1.2. 經濟整合及遵循歐盟各部門政策 　1.3. 能源安全 　1.4. 人民間的接觸 2. 旗艦計畫： 　2.1. 整合邊境管制 　2.2. 支持中小企業 　2.3. 區域供電市場、能源效率、再生能源 　2.4. 環境治理 　2.5. 天然及人為災害之預防、準備及應變	1. 議會聯盟EuroNest 2. 東部夥伴關係公民社會論壇 3. 地方及區域政府議會 4. 東部夥伴關係業界論壇

資料來源：Szeligowski（2013）。

域政府議會」（Congress of Local and Regional Authorities for the Eastern Partnership）的「區域委員會」（Committee of Regions）（Szeligowski, 2013）。

　　「東部夥伴關係」並非單一辦公室或機構，而是一多邊面向的計畫、夥伴國家間資訊及經驗交換的平台。自2011年5月起，歐盟各國政府元首會固定在每兩年夥伴國家組織之會議中，設定「東部夥伴關係」的重要目標。各國外長在EuroNest進行年度會面，檢討執行共同計畫的進程，並規劃未來行動的方向。自2009年6月起，直接負責推動各部門改革的官員固定在歐盟執委會帶領下，每年在布魯塞爾進行兩度聚會，依主題分為四個平台（MEARP, 2012: 11）：

- 民主、法治、安定（尊重人權及市場經濟）——此平台包涵整合邊境管制、反貪腐及行政改革等領域。
- 經濟整合及歐盟各部門政策匯集——此平台之會議關心到支持中小企業及貿易、環境保護及氣候變遷等議題。
- 能源安全。
- 各國人民、文化、教育及科學界的接觸。（MEARP, 2012: 11）

「民主、法治、安定」的討論平台關係到公務體系改革、反貪腐、司法及警政改革、安全議題、媒體自由及選舉標準等議題。

「經濟整合及歐盟各部門政策匯集」的討論平台包括以下議題：經濟及貿易、各部門內改革、社經發展、機會均等、健康醫療、環境保護、氣候變遷、降低貧窮及社會排斥現象。

「能源安全」的討論平台則處理能源政策統合，以及夥伴國家依歐盟標準措施統合規範管制之事宜。

「各國人民接觸」的討論平台則是要推動文化合作、非政府組織支援、交換學生計畫、媒體合作計畫，以及將夥伴國家納入研究計畫架構。

這些會議的目的在於推行新的實際重要合作目標。在計畫中的座談會間，各平台將會推展「東部夥伴關係」多邊平台欲達成的目標（European Commission, 2011）。

議會聯盟EuroNest[1]是多邊議會對話的平台，由「歐洲議會」議員及各夥伴國家的國會議員組成，供諮詢、掌握、監控有關「東部夥伴關係」的各項議題。EuroNest的目標為在上述四主題平台下，以實質的支持強化「東部夥伴關係」，依此四主題設有四個委員會，亦能通過決議、建議及發布意見。

部分人士質疑EuroNest能在歐盟內起多少作用。EuroNest是一個不具

---

[1] 關於EuroNest更多資訊請見http://www.euronest.europarl.europa.eu/euronest/cms/home/gendocs. Latest update 17 May 2014。

決策力的機構，只能發布建議，其通過的決議也僅限於「歐洲議會」和各夥伴國家國會議員間的對話。「東部夥伴關係」國家對EuroNest的作為也甚無興趣，不認為它有任何進一步價值（Łada, 2011）。2011年9月舉行的EuroNest第一屆會議令人大為失望，原本計畫要通過採行兩份文件，但會議未能達成任何共識，任何具體結論也付諸闕如。原規劃要通過的文件關乎2011年9月底在華沙舉行的「東部夥伴關係」峰會中計畫要提出的建議以及針對白俄羅斯的聲明，然而辯論被一起喬治亞、亞塞拜然和亞美尼亞間的爭端打斷[2]。

　　2011年峰會的失敗經驗並未劃下EuroNest的句點。EuroNest的運作讓歐盟持續關注東境鄰國，也可作為「東部夥伴關係」的個案研究。鼓勵夥伴國家發展多邊合作將是極為不易，尤其是高加索國家，夥伴國家最在意的是經濟援助及簽證鬆綁。公民社會的支持及對年輕人的教育是「東部夥伴關係」的關鍵，唯有新世代才能真正打破浮面民主和充斥著沙文主義的無端爭論（Szczepanik, 2011）。

肆、夥伴國家及歐盟對「東部夥伴關係」的看法

　　「東部夥伴關係」自啟動以來，就接受歐盟及夥伴國家代表的評估檢視。此評估關係到歐盟可能的擴張——法國及德國視「東部夥伴關係」為歐盟進一步擴張的替代方案，而波蘭則視之為歐盟擴張、納入夥伴國家的第一步。

　　爭議點在於「東部夥伴關係」及其他區域倡議——「黑海協同」（Black Sea Synergy）及「歐盟北方政策」（Northern Dimension）間的競爭關係。「黑海協同」對羅馬尼亞、保加利亞及希臘而言比「東部夥伴關

---

[2]　http://oide.sejm.gov.pl/oide/index.php?option=com_content&view=article&id=14731&Itemid=784. Latest update 17 May 2014。

係」更具價值，因此這些國家擔憂「東部夥伴關係」會降低「黑海協同」的格局。「黑海協同」是「歐盟執委會」早在2007年提出的倡議，納入保加利亞、喬治亞、俄國、土耳其、烏克蘭、亞美尼亞、亞塞拜然及希臘等黑海盆地國家，目標在於刺激黑海周圍區域在能源、運輸、環境保護、人民遷徙、安全上的合作。「黑海協同」的基礎建立在三項主要程序上：「歐洲睦鄰政策」、歐盟及俄國戰略夥伴關係，以及土耳其加入歐盟的進程。「歐盟北方政策」則是芬蘭於2009年提出，包括了冰島、挪威、俄國及歐盟，其目的在於發展歐洲極地及副極地圈的區域合作，主要包含波羅的海、巴倫支海，和北冰洋盆地（Popielawska, 2009）。

　　烏克蘭視「東部夥伴關係」為加入歐盟會籍的一步，強調該國支持在能源等部門的具體改革。白俄羅斯則期待在出口、外資及貸款上獲得一些優惠，以及比照申根區域的簽證鬆綁。莫爾多瓦總統曾表達對未能取得加入歐盟進展的失望，但也表示仍期待簽署合作協議。南高加索國家自始以來，對「東部夥伴關係」尚稱滿意，但其中，亞塞拜然基於種種原因，對能源上的合作興趣最深；亞美尼亞也希望能和歐盟簽合作協定；南高加索國家中，似乎只有喬治亞準備在「東部夥伴關係」內和歐盟進行全面的深度合作。喬治亞總統在回應2008年「東部夥伴關係」首度舉行的峰會時評論，稱「夥伴關係」為歐盟對前年9月俄國－喬治亞戰爭的「妥善舉措」。非屬「東部夥伴關係」的俄國，反應則又是另外一回事了，該國當局不只一度表達對「夥伴關係」的不滿。歐盟眼中的社會經濟計畫，在俄國看來卻是政治，甚至地緣戰略的部署（Jankowski, 2009: 47）。

　　「東部夥伴關係」背後有遠大的概念，但未必真正適切於歐洲及全球的政經情勢。「東部夥伴關係」的核心目標是「為加速歐盟及其東鄰國家間的政治統合及進一步的經濟整合創造條件」。然而，起草和簽署布拉格宣言者，不應為因全球經濟問題及歐元區主權債務危機所造成的情況惡化、或是各夥伴國家在引進良好治理原則時遇到的困難負責。換句話說，目前仍未能見到「東部夥伴關係」2009年在布拉格創始時，各國領域人預見歐盟及夥伴國家關係的具體升級。「東部夥伴關係」的成敗大抵取決於

資金的取得。夥伴國家要大舉提升至歐盟的生活水準和文明是艱鉅的任務。另外一個議題是，進行中的各項提案計畫，是否真能促使歐盟實際支援東鄰國家內部的發展，尤其是對經濟及社會成長、民主、尊重人權和良善治理的支持（Bagiński, 2011: 1-2）。

喬治亞的改革成功與否會是「東部夥伴關係」成效及可信度的指標，歐盟對喬治亞民主化的參與、金融協助以及專家的提供至為關鍵。歐盟對該國改革能施展重大影響力，每當喬治亞當局侵犯民主法治時，歐盟必須基於原則給與更堅定的批評，強調其支持是有條件的（Sikorski, 2011b）。

根據部分專家批評歐盟程過度的官僚程序，在「東部夥伴關係」啟動後的四年後，多數人民並不認為它是影響生活的因素。[3]

歐盟每年會就「東部夥伴關係」各國提出「歐洲整合指標」（European Integration Index, EaP Index），以掌握各夥伴國家的整合進程。此指標是觀測公民社會的工具，設計來鞭策夥伴國家堅持改革道路，並在偏離預期進程時提出警告。指標有三個主要面向：第一，看重持續的深度民主改革，並定出詳細的評估標準；第二，提供跨國及跨部門的圖像以供比較分析；[4]第三，藉由提供對夥伴國家的獨立分析，這個指標強化年度進展報告的提交等歐盟既有措施。這個指標詮釋「歐洲整合的進步」為，結合了兩項分別進行但相互關連的過程：各夥伴國家和歐盟間的進一步連結，以及這些國家內部的立法、施政等機構制度和歐盟相近的程度。起始過程反映出「東部夥伴國家」及歐盟間的相互依賴關係，其次則顯示各夥伴國家的機構制度在多大程度上貼近歐盟國家的機制政策以及歐盟對夥伴國家的要求。「歐洲整合指標」清楚展示了進一步連結和相似程度對達成目標的重要性，然而其實際運作則取決於政治決定。這導出了以下「2013年歐洲

---

[3] 取自http://www.euractiv.pl/rozszerzenie/artykul/partnerstwo-wschodnie-nie-przynioso-rezultatow-004570. Latest update 17 May 2014.。

[4] 此六國按同一份問題及指標列表（共計823項）評量。

整合指標：東部夥伴國家」的三個評估面向（IRF/OSF/EPCSF, 2013）：

- 連結：此指六個夥伴國家各自和歐盟間的政治、經濟和社會聯繫增加。
- 近似程度：顯示夥伴國家的結構、制度是否貼近歐盟標準及符合歐盟要求。
- 管理：此指夥伴國家的管理結構和歐洲整合政策的演進（IRF/OSF/EPCSF, 2013: 12）。

「2013年歐洲整合指標」顯示，除了幾項例外之外，六個「東部夥伴國家」皆有進展。不同的起點、不同的願景、不同的改革腳步，導致了不同的評量結果及此六國各自不一的狀況。

莫爾多瓦在此區域中改革成效最佳，也最接近達到歐盟標準。該國已提升了「近似程度」和「管理」面向的成績，在所有三個面向上的表現最佳，也在深度持續民主上取得最好的成績。

喬治亞在「2013年歐洲整合指標」中取得第二名，所有三個面向的成績都有所提升，其中在「近似程度」上取得第二高分，在「管理」面向和莫爾多瓦同分。在「東部夥伴國家」中，喬治亞於過去的2012年，在建立深度持續的民主上展現可觀進展。

烏克蘭是整體表現的第三名，在政治對話、貿易、經濟整合和與歐盟各部門合作上也表現位居領先。然而，烏克蘭未能充分利用和歐盟地理上的接近以及優惠關係，以進一步趨於歐盟標準。與2012年相較，烏克蘭在「連結」面向較為退步，而在「近似程度」則稍加進步，至於「管理」則是持平。

亞美尼亞於2013年在邁向歐盟上進展可觀，提高了所有三個面向的成績，特別是在「管理」上幾乎和烏克蘭同分。

亞塞拜然是「2013年歐洲整合指標」的第五名。該國雖然提高了和歐盟「連結」的成績，但在「近似程度」上沒有進度，在「管理」面向的分

數甚至稍為下滑。

　　白俄羅斯似乎離歐盟最遠，在所有三個面向的成績排名最後。然而，雖然該國在「連結」上沒有改變，在「近似程度」和「管理」上其實有所進步（IRF/OSF/EPCSF, 2013: 16）。

伍、「東部夥伴關係」的經費來源

　　「東部夥伴關係」計畫於2010到2013年間19億歐元的預算由「歐盟執委會」通過，並透過「歐洲鄰國與夥伴關係工具」（ENPI）進行。此總額包括「夥伴關係」多邊計畫與提案，以及與特定夥伴國家合作的經費。由「歐洲鄰國與夥伴關係」撥款的經費有三個基本目標：

- 協助夥伴國家在政治轉型的進程，以及邁向民主法治（包括提升人權的努力）
- 協助在這些國家中建立市場經濟的進程
- 提倡永續發展

　　「東部夥伴關係」下的各項計畫亦獲得其他歐盟金融機制的挹注。「歐洲民主人權機制」（European Instrument for Democracy and Human Rights）支持提倡公民社會及人權的計畫；「睦鄰投資工具」（Neighbourhood Investment Facility, NIF）支持基礎建設的投資，包括能源和交通部門、環境保護及培植私營及社會部門（特別是中小企業）。2007至2013年期間「歐盟執委會」就籌資7億歐元於「睦鄰投資工具」，此外，國際財政機構對「東部夥伴關係」的投資逐漸成長，特別是「歐洲投資銀行」（European Investment Bank，EIB）和「歐洲復興開發銀行」（European Bank for Reconstruction and Development）的參與加深。2010年「東部夥伴工具」（Eastern Partners Facility）計畫起動，總預算15億歐

元，將提撥給夥伴國家確保投資及借貸，企業家可直接向「歐洲投資銀行」申請此項貸款。

　　「歐盟外交理事會」於2011年12月1日創設了「歐洲民主基金」（European Endowment for Democracy, EED），目的是協助民主轉型，其運作主要是透過撥款給政治性基金會、非政府組織等合作組織，贊助符合「歐洲民主基金」任務願景的行動。「歐洲民主基金」將由歐盟預算以及歐盟會員國提供資金。另一個支持公民社會的機制是「睦鄰公民社會工具」（Neighbourhood Civil Society Facility, NCSF），其撥款目的為強化民主（促進非政府組織的角色、提倡多元媒體，以及派遣選舉觀察團等等），包括提高公民社會發展並促成參與政治對話。「睦鄰公民社會工具」於2011至2013年間預算為2,200萬，由「歐洲鄰國與夥伴關係工具」中提撥，將平均分配給針對南方及東方鄰近區域的政策。以外亦有歐盟之外的經費來源，歐盟及「歐洲經濟區」（European Economic Area, EEA）的成員國、國際組織及國際企業等其他經濟體，亦可協同資助各項計畫（MEARP, 2011: 39-40）。

　　歐盟2014至2020年度預算加入了部分對融資機制的修正，其中也包括給「東部夥伴關係」的資金。自2014年起，「歐洲睦鄰工具」（European Neighbourhood Instrument, ENI）將取代「歐洲鄰國與夥伴關係工具」，提供「東部夥伴」國家的主要資金。新的「歐洲睦鄰工具」會更進一步切合政治需要，撥款更靈活多元，在施用更嚴格的門檻的同時，也會提供表現最佳者更廣泛的福利（Taczyńska, 2013: 22）。「歐洲睦鄰工具」預計將在2014至2020年期間對「東部夥伴關係」投注150億歐元預算。[5]

5　http://oide.sejm.gov.pl/oide/index.php?option=com_content&view=article&id=14781&Itemid=831. Latest update 17 May 2014.

陸、波蘭在「東部夥伴關係」發展的參與

　　1998年波蘭和歐盟展開會籍談判時，就以建立歐盟東方面向為目標。波蘭在積極參與「歐盟未來大會」（Convention on the Future of Europe）時，持續為「東部夥伴國家」進行遊說，同時也採取一連串國內行動，例如廢除烏克蘭國民的簽證費用，以及推動所謂的「里加倡議」（Riga Initiative）。[6]波蘭試圖利用其在「中歐倡議」（Central European Initiative）的領導地位以發展共同政策。當時波蘭就已提出要對東歐國家推行整合性的政策，內建足夠的彈性以確保和每個國家維持個別關係，同時指出除了聚焦於政治及經濟整合之外，亦會關注人權及社會面向。在歐盟東擴之後，許多東方鄰國擔心會出現一道新牆，將歐陸二分為優勢國家和必須自行處理問題的國家。波蘭採取許多措施，展示會利用其歐盟會籍，有效促成東歐國家的正面改變，包括積極參與「東部夥伴關係」的推行，並努力強化此倡議，加入新元素，提供對夥伴國家社會的額外支援。

　　波蘭當局聯同當時輪執歐盟主席的西班牙，於2010年1月在馬德理合辦一場針對「東部夥伴關係」的國際研討會，其中提出了許多對歐盟東境鄰國現代化的額外支援，包括建立現稱「資訊及協同合作組織」（Information and Coordination Group）的「東部夥伴關係友好組織」（Group of Friends of the Eastern Partnership）。在波蘭外長Radosław Sikorski召集邀約下，2010年5月在波蘭索波特（Sopot）舉行歐盟及「東部夥伴國家」外長非正式會議，「東部夥伴關係盟友」就是於其間成立。此非正式組織將作為與美國、挪威、日本、加拿大、瑞士、俄羅斯與土耳其等有興趣支持「東部夥伴關係」的非歐盟國家的合作論壇。這些國家中，有的準備提供此歐盟倡議經援，有些國家（尤其是鄰近「東部夥伴國家」者）願意參與部分相關計畫。波蘭政府將其援外經費的一大部分分配於推行「東部夥伴關係」目標，於2010至2011年度就在夥伴國家中進行接近

6　此為支持轉型過程及合作打擊犯罪及恐怖主義的17國廣泛區域合作。

一百項計畫。「東部夥伴關係」也是波蘭在2011下半年輪執歐盟主席時的主要優先項目之一。波蘭持續透過加深強化其東向夥伴政策，尋求各部門合作及將「東部夥伴國家」納入與歐盟機構和計畫合作。

2011年9月29至30日於華沙舉行的第二屆「東部夥伴關係」峰會採行了又稱「華沙宣言」（Varsavian）的「共同宣言」（Common Declaration），其為要加深、加廣歐盟與東部夥伴國家共同提案的整合及參與的強力的政治宣示。宣言內容包括，積極強調具體合作意願宣告，包括：「東部夥伴關係」建立於共同價值之上、認知「東部夥伴國家」欲加入歐盟的願望、以及整合進歐盟內部市場的準備，並在未來建立歐盟及「東部夥伴國家」共同經濟區域。此宣言重申了朝向免簽證機制以及深化各部門間合作的努力。「華沙宣言」同時也宣告了未來歐盟計畫會對夥伴國家的人民開放，並設定2011年要完成與烏克蘭簽訂合作協定的談判，並開始與喬治亞及莫爾多瓦展開「全面性深化自由貿易區」（Deep and Comprehensive Free Trade Areas, DCFTA）談判。同時在華沙峰會期間，「東部夥伴公共行政學院」（Eastern Partnership Academy of Public Administration, EPAPA）成立，以作為訓練夥伴國家官員的多年期計畫。如同「華沙宣言」構想中的，與喬治亞及莫爾多瓦的「全面性深化自由貿易區」談判如期開展，歐盟與烏克蘭簽訂合作協定的談判也告完成。

波蘭也成功地創設「東部夥伴關係業界論壇」，在索波特舉行成立會議。作為歐盟輪執主席的身分也有助於在波茲南（Poznan）籌設「公民社會第三論壇」（Third Forum of Civil Society），並在此舉行第一屆「東部夥伴關係地方及區域政府議會」。議會聯盟EuroNest的第一屆正式會議也是在波蘭輪執歐盟主席任內召開。波蘭著眼於加深「東部夥伴關係」各部門的合作，組織了一系列部長、高階官員及專家的會面，包括經濟、交通及農業部長會議；一場高等教育部長間的討論；出入境主管會議；統計局局長會面；多場針對移民、打擊毒品犯罪及人口走私、氣候合作、反貪、能源、安全、教育、文化、海關、工業產權等的專家會議。基於波蘭的倡議，「歐盟執委會」現正進一步發展跨部門合作，例如建立在2013年

秋季「東部夥伴關係」峰會前推行計畫的路線圖（European Commission, 2014）。

柒、結論

　　「東部夥伴關係」倡議創立了「東部夥伴國家」與歐盟整合的框架和機制，僅管如此，它尚未取得任何重要政治成就，足以迎合歐盟的高度期待及迎接未來挑戰。此計畫的影響受限於歐盟組織、歐盟成員國及夥伴國家等眾參與者的不同利益牽涉其中。鄰近區域國家的轉型進程落後於期待，亦反應出歐盟及其促進改革機制的重大侷限。歐盟未能如同其高遠目標中期待的，成為此區域改革的推手。「歐洲睦鄰政策」和「東部夥伴關係」架構下發展出的組織和官僚機構未能即時回應瞬息萬變的東歐及歐盟政治發展。在此情況下，東境鄰國與歐盟整合的過程淪為被官僚程序主導，實際政治重要性已然消降。各方參與者只願維持對話，而非達成與歐盟整合的明確進程。

　　在歐盟的外交政策當中，包括「東部夥伴關係」建立內部共識比起與外界達成具體成果更費時費工。若缺少與鄰國追求更深整合的政治意志或對長程整合目標的一致意見，策略決策及如建立簽證機制等特定承諾的允行會被推延。另一方面，夥伴國家會利用這個情形，在國內避免付出實質改革轉型的高昂政治及經濟代價，對外則追尋在歐盟及俄羅斯間的平衡政策。目前雙邊關係短期內似乎有所突破的機會不大。歐盟在簡化其決策程序及決定未來發展方向之前將無法革新對鄰國的政策。更有甚者，此刻東方鄰近區域的情勢顯得高度不穩，歐盟雖受到需採行更主動的政策的壓力，但卻無法找到能符合所有成員國利益的最佳途徑。

參考書目

英 文部分

Ananicz, Sz. 2009. "Eastern Partnership." *Bureau of Research of Chancellery of the Sejm.* nr 17,64: 1-2. in http://orka.sejm.gov.pl/WydBAS.nsf/0/856700 7B249862DEC12576350035AB90/$file/Infos_64.pdf. Latest update 17 May 2014.

Bagiński, P. 2011, *Wspieranie rozwoju krajów Partnerstwa Wschodniego: czy powinniśmy zaoferować więcej?* Warszawa: Fundacja im.Stefana Batorego.

European Commission. 2009. "Joint Declaration of the Prague Eastern Partnership Summit, Prague, 7 May 2009, 8435/09 (Presse 78), Council of the European Union, Brussels. in http://europa.eu/ rapid/press-release_PRES-09-78_en.htm. Latest update 17 May 2014.

European Commission. 2014. "Eastern Partnership." in http://ec.europa.eu/dgs/home-affairs/what-we-do/policies/international-affairs/eastern-partnership/index_en.htm. Latest update 17 May 2014.

European Commission. 2011. "Eastern Partnership Multilateral Platforms. General Guidelines and Rules of Procedure." Brussels: European Commission. in http://ec.europa.eu/external_relations/eastern/platforms/rules_procedure_en.pdf. Latest update 17 May 2014.

IRF/OSF/EPCSF. 2013. "European Integration Index 2013 for Eastern Partnership Countries, International Renaissance Foundation in Cooperation with the Open Society Foundations and Eastern Partnership Civil Society Forum." in http://www.eap-index.eu/sites/default/files/EaP_Index_2013_0.pdf. Latest update 17 May 2014.

Jankowski D. 2009. *Rozdrażniony niedźwiedź*, "Nowa Europa Wschodnia", no.5. in http://www.new.org.pl/166, artykul.html. Latest update 17 May 2014.

Łada, A. 2011. "EURONEST as a Euro-problem" Institute of Public Affairs, April 4. (Instytut Spraw Publicznych) in http://www.isp.org.pl/ programy,program-europejski,projekty,wspolpraca-z-parlamentem-europejskim,737.html. Latest update 17 May 2014.

MEARP. 2011. "Eastern Partnership." Ministry of Foreign Affairs of the Republic of Poland. Year. in http://eastern-partnership.pl/pw_pl/MSZ%20PW%20 PL.pdf. Latest update 17 May 2014.

MEARP. 2012. "Poland's Development Co-operation and the Eastern Partnership, 2009-2010." Ministry of Foreign Affairs of the Republic of Poland. in http://www.polskapomoc.gov.pl/files/dokumenty_publikacje/PUBLIKACJE_2011/projekty_polska%20pomoc_w_krajach_PW_2011.pdf. Latest update 17 May 2014.

Mongrenier, J. S. 2010. "Eastern Europe is a Long term Challenge." the Debate: Belarus-EU: a Cold Neighbourhood? in http://www.easternpartnership.org/ community/debate/eastern-europe-long-term-challenge. Latest update 17 May 2014.

Nieczypor, Krzysztof. 2013. "Trwa nieformalne spotkanie krajów Partnerstwa Wschodniego w Tbilisi." in http://eastbook.eu/2013/02/country/georgia/trwa-nieformalne-spotkanie-kraj%C3%B3w-partnerstwa-wschodniego-w-tbilisi. Latest update 17 May 2014.

Popielawska, J. 2009. "Perfect Together? Eastern Partnership in the Context of other EU Initiatives in the East." *Analizy Natolińskie*, 6:38.

Sikorski, T. 2011a. "Armenia and Azerbaijan and their Eastern Partnership." *Bulletin* 63, Polish Institute for International Affairs. in http://www.pism.pl/ files/?id_plik=7605. Latest update 17 May 2014.

Sikorski, T. 2011b. "Eastern Partnership in Georgia: Initial Results." *Bulletin* 19, Polish Institute for International Affairs. in http://www.pism.pl/files/?id_ plik=5842. Latest update 17 May 2014.

Szczepanik M. 2011. "Eastern Partnership: the Failure of EURONEST." in http://wyborcza.pl/prezydencja2011/1,111800,10305362,Partnerstwo_

Wschodnie_porazka_Euronestu.html. Latest update 17 May 2014.

Szeligowski, D. 2013. "Eastern Partnership. Effectiveness Analysis: Ukraine Case Study" *WSIiZ Working Paper Series.* in http://workingpapers.wsiz.pl/pliki/working-papers/Szeligowski_WPS%204_102013.pdf. Latest update 17 May 2014.

Taczyńska J. 2013. "The Cooperation of Polish Local Authorities with Regional and Local Authorities and other Entities of the Eastern Partnership." WPiA University of Łódź, Łódź: 22. http://www.umww.pl/attachments/article/34141/Partnerstwo%20Wschodnie%20%E2%80%93%20Samorzady.pdf. Latest update 17 May 2014.

2014 European Parliament Elections in Poland:

Evaluation of Challenges for the European Union

Ewa Latoszek、Agnieszka Kłos

Abstract

The paper concerns the elections to the European Parliament in Poland. The authors discuss the electoral regulations and the institutional background of the elections. They put the 2014 elections against the historic background of 2004 and 2009 European Parliament elections. The authors emphasize that the most important challenge in terms of the elections is the low electoral turnout. The major reasons of this state of facts are the low quality of knowledge concerning the European Institutions and the social discontent of Polish citizens with the economic and political situation both in Europe and in Poland.

Key Words: European Parliament, Elections, European Union, Electoral Regulations

PART 5

強權政治下的臺灣與波蘭

第十章
亞洲地緣政治思維的再興：
從中國一帶一路與亞投行政策的角度分析以及
其對臺灣之衝擊

吳志中

« La politique d' un Étatestdanssagéographie »

一國之政治決策取決於其地理位置

Napoléon／拿破崙

（引自Chaliand and Rageau, 1994：1）

壹、前言

　　強權的興起一直是地緣政治學裡一個非常重要的議題，強權政治更是地緣政治裡的一個主要的運作模式。在二十世紀初的新興強權為美國、德國、日本與義大利等國，對當時的國際秩序造成不小的衝擊。二十一世紀的新興強權則為中國，隨著其經濟實力的快速發展，其對國際社會的影響力發展快速，然而由於國家體制非民主政治的本質，加上不同的時空背景，北京政府受到國際社會質疑的現象也不容忽視。[1]同樣的，如果以亞

---

[1] 中國的國民生產總毛額排名世界第二，在世界已經擁有相當的發言權與影響力，但是由於其政治制度並非是民主國家，今年持續在德國慕尼黑舉辦的世界2015年G7七大工業國會議裡，仍然沒有中國的參加，而併吞克里米亞的俄國，也於2014年起被排除在這個世界主要強權會議之外。

太地區為國際舞臺設定範圍，臺灣的國力也不容忽視。以世界兩百個國家來排列，臺灣在世界上的國力排名是屬於中型強權，在亞洲地區也算是相當重要的中型強權。而中型強權的角色扮演，正是不具全球性影響力，而是以特定區域做為範圍的設定。[2]1996年臺海飛彈危機，以及1997年亞洲金融危機，都讓我們觀察到臺灣的安危與穩定確實影響著整個東亞地區的穩定發展。而在2010年爆發之歐債危機裡，只占歐盟地區國民生產總毛額2%的希臘竟然讓整個歐盟地區陷入金融危機，甚至讓歐元地區陷入分裂的風險裡，也讓國際社會理解到二十一世紀全球化社會互賴程度之深，以及中型國家不可忽略的影響力，不管是正面的還是負面的。

　　本文的問題意識，是探討中國在亞洲的崛起，在地緣政治學所代表的意義，並且從臺灣的角度觀察其對地區安全秩序的挑戰。由於，臺灣與中國之特殊關係，這樣的角度自然不同於其他國家，但是也有其與地區其他國家共享的國家利益所在。雖然，臺灣無法參加大部分的國際組織，也被屏除於大部分的政治性國際活動。但是，如果臺灣被中國併吞，那無疑的將是亞洲地緣政治秩序的嚴重打擊。

　　事實上，臺灣自1949年以來的地緣政治目標，就是維持國家的生存，避免被中國軍事、政治與經濟的併吞。在地緣戰略的策略制定，隨著臺灣綜合國力由一個開發中國家晉升為中型強權，戰略上也由一個陸權思想的政府逐漸轉化為一個海權思想的政府。[3]

　　同時，中國的最高地緣政治策略則是收復在十九世紀所失去的中國領土，重建過去在亞洲身為政經中心的光榮歷史。而在臺灣與全世界引起

2　以目前世界近200個國家而言，具有全球性經濟、軍事與政治影響力的唯一國家，應該只有美國；歐盟也有類似的影響力，但由於是國家聯盟，因此，其影響力不如美國。其他強權如同俄羅斯、中國、日本、印度、巴西、德國、法國都有其地緣政治的侷限性。

3　由於臺灣在第二次世界大戰以後受到來自中國的國民黨政府統治，因此，其最初的國家戰略思維完全繼承中國的陸權思想。臺灣國防三軍的預算，也逐漸偏重海軍與空軍。

高度討論，之亞洲基礎設施投資銀行（Asian Infrastructure Investment Bank, AIIB），簡稱亞投行，在中國的主導之下，於2015年成立，其總部將設置於北京，法定資本預定1000億美元，目前有57個會員國，加上原來於2013年所設定之亞洲一帶一路建設計畫，將是中國重新成為亞洲政治、經濟中心的一個重要地緣戰略政策。

亞洲基礎設施投資銀行的想法，並不是世界上第一次產生的想法。在目前社會有其他三個與亞投行性質相似的國際機構，其分別為：設在菲律賓馬尼拉的亞洲開發銀行，其資本額為1,750億美元；其次，於1991年在冷戰結束之後，為了重建蘇聯崩潰後之東歐而在英國倫敦設立的歐洲復興開發銀行，其資本額為400億歐元；[4]以及，在第二次世界大戰之後，為了協助開發中國家的國家發展，而就教育、農業、工業……等議題進行幫忙的世界銀行，其總部設在美國華盛頓，總資本額則是2,233億美金（The World Bank, 2015）。就參與的國家規模而言，在全世界近200個主權國家中，世界銀行有188國參與，亞洲開發銀行有67國，歐洲復興開發銀行則為64國（如果加上不被承認為國家，但是有參與投資協助的臺灣，則為65國），亞投行目前則有57個國家參與。但是，前面所列的三個國際主要協助開發的國際金融機構（世界銀行、亞洲開發銀行、歐洲復興開發銀行），卻無一是由世界第二經濟強權中國所主導。

一帶一路（One Belt One Road, OBOR）計畫則是習近平於2013年所提出，於2014年創立，企圖在歐亞大陸地區建立之國際經濟合作計畫。基本上，一帶一路與亞投行的建立思維，都是中國在二十一世紀崛起之後，所欲建立新地緣政治秩序的國家總戰略目標。

臺灣的馬英九政府，雖然面對國家內部許多質疑與反對的意見，在諮詢過美國的意見之後（聯合新聞網，2015），也在2015年3月31日提出加入亞投行之正式申請，但是卻在2015年4月13日遭到中國的「國臺辦」拒

4　請參看歐洲復興開發銀行官方網站：http://www.ebrd.com/downloads/capital/spsupra.pdf。

絕（蘋果日報，2015）。不過，中國同時也表示：「歡迎臺灣『以適當名義參與』」。在一個中國原則下，中國國家主席習近平更進一步於2015年5月4日的朱習會中對臺灣加入亞投行表示歡迎的立場（中央社，2015）。

　　本文將就臺灣面對中國建造亞投行與一帶一路戰略的成型，在地區所代表的地緣政治意義與戰略思維，進行初步分析，並且深入瞭解中國創立亞投行的政策考量，以及其所隱含的國家利益思考進行討論。

貳、從傳統地緣政治思考中國的新戰略

Who rules East Europe commands the Heartland

Who rules the Heartland commands the World Island

Who rules the World Island commands the World.

（*Mackinder, 1919*）[5]

　　由於本文所關心的主題之一是地緣政治，因此在深入討論中國的崛起所代表的戰略意義之前，必須先討論古典地緣政治的實質內容為何。基本上，第二次世界大戰後之國際秩序是由美國所主導的國際關係理論所主導。但是，在戰前，歐洲大陸的地緣政治思維才是世界各國關係的主流。地緣政治的前身是政治地理學，這兩門學科都是十九世紀末及二十世紀初於歐洲所發展出來的社會科學。政治地理學的概念可以源自早期地理學的發展，如兩千三百年前亞里斯多德Aristotle（西元前384-322）所提的國家模型裡人口與領土的比例關係。亞里斯多德特別強調首都的位置、邊界、海軍、陸軍、自然地理環境及天氣對國家發展的影響。

　　愛爾蘭人英國經濟學家William Petty（1623-1687）則於十七世紀專

5　in Mackinder, 1950, *Democratic Ideals and Reality*.

注於所謂政治解剖學（Political Anatomy）。Petty專注於地圖的製作，用以解釋領土、人口與經濟及政治之間的關係，他所繪製的全國分區地圖Hiberniae Delineatio精緻到一個世紀之後才有新的成品出現（Goblet, 1955: 5-8）。Petty所導引出的政治地理學概念就是現代化國家是在人口與領土集中的基礎上對其實施經濟與政治的控制。

　　兩百年後，德國地理學家Friedrich Ratzel（1844-1904）則在十九世紀末，將地理學理論化。他所著PolitischeGeographie政治地理學於1897年出版，將所謂生存空間論Lebensraum做首次的發表。這樣的理論深深的影響了同期的學者柯吉倫Kjellén（1846-1922）及後來的地緣政治學者Haushofer。柯吉倫隨後成為地緣政治學Geopolitik（1899年）的創始者。地緣政治學從政治地理學分支，其中拉采爾與柯吉倫兩位教授的研究最為關鍵。

　　以拉采爾與柯吉倫兩位教授的研究做基礎，整個國際政治世界隨即開始對地緣政治做大量的研究。然而地緣政治學的研究卻被德國及日本用來合理化其在第二次世界大戰中的侵略行為。因此，二戰後有關地緣政治學的研究與論述隨即被歐洲學界所禁止。在同時，政治地理學也受到相當大的影響，但是並沒有因而消失。Martin Ira Glassner在1996年所出版的Political Geography就詳列了以下所述現代政治地理學者的研究成果（Glassner, 1996）：

1. 研究各地政治現象的變化與孕育人類地球之其他特徵變化的相互關聯。（Hartshorne, 1954）
2. 政治地理學—人文地理學的分門—關注且特別強調的是地球與人類關係中一個特別的面向：地理因素和政治實體的關係。（Weigert, 1957）
3. 政治區域或地球表面特徵的研究。（Alexander, 1963）
4. 地理本質、政策和國家的權力。（Pounds, 1972）
5. 從政治現象產生環境之政治現象研究。（Jackson, 1971）

6. 地理區域和政治過程的交互作用之研究。（Ad Hoc Committee on Geography, Association of American Geographers）

7. 空間和地區結構及政治過程和體制的交互作用之研究，或簡言之，政治現象的空間分析。（Kasperson, 1973）

8. 政治地理關心的是政治過程中空間的特質。

9. 政治地理學家關注的是政治決定及行為和地理因素所導致地理上的後果，在決策成形的過程中，都有被考慮，而任何地理因素的角色都會影響政治行為。（Pacione, 1985）

10.人道的政治地理學所關注的是揭示充滿動力的社會過程，因此自然和社會的空面向被組織和重組，經由自然及泛自然的族群而形成地理上去限制以及具有象徵意義的省份。

在歐洲，由於深受納粹德國發動戰爭之害，政治地理學與地緣政治學幾乎成為禁忌。1970年代，在所謂新地理學的掩護之下，Roger Brunet 開始將一些經濟與政治概念加入地理學之中（Brunet, 1992）。其中，將世界依經濟發展、權力集中處及地理位置做為分析架構的極化（Center and peripheries）現象為最多數。巴黎大學的Yves Lacoste教授則以地理學為起點，為政治地理學及地緣政治學的重建做辯護。Lacoste教授在其所著：「地理學就是用來作戰的La géographieçasertd'abord à faire la guerre」（Lacoste, 1976），將地理環境學與國家對外政策做了最直接的連接。

從古典的自然地理學，演化成政治地理學，再發展出地緣政治學，這些都是將地理位置、空間、邊界與權力及國家外交政策做為研究對象的社會科學。Stéphane Rosière教授則嘗試將這些概念做了區分（Rosière, 1993: 18-22）。巴黎第一大學國際關係系教授Rosière認為所謂政治地理學是將地理位置與空間視為比較靜態的範圍、背景（cadre）；所謂地緣政治學則是將地理位置與空間視為動態的角色扮演者，是必須爭取及透過競爭的手段而獲得的賭注（enjeu）；所謂地緣戰略則是將地理位置與空間視為一個舞臺（Théâtre）。政治地理學在某一個時間點，描述空間地理與政治權

力之間的象徵與關連性，地緣政治比較關心其未來發展與所會引發的衝突性。地緣戰略則是根據地緣政治的分析結果，訂出最適當的及最有效的政策方法來達到國家的政治目的，確保國家的強盛與影響力。因此，地緣政治學的分析著重行動者的識別、衝突原因的論述及如何使用衝突地理環境的積極性。該文作者則認為所謂政治地理學是很靜態的描述地理學與政治學之間的互動，例如氣候、地形如何影響一個國家人民的思考及其國家政策的制訂，這是國家策略制定時的戰術考量。地緣政治學則是國家政策制訂時的戰略考量。地緣戰略則是有積極國家發展總目標達成企圖心的戰略總思考。

不過，影響世界地緣政治研究重大，也可以與中國二十一世紀的「一帶一路」戰略思維互相輝映的，則是英國與美國的地緣政治思維。這就是所謂盎格魯薩克遜國家的地緣政治理論。而以英國與美國為首的研究，則是重視對於海權的掌握。

海權論的理論化與陸權歐亞大陸的掌控有著相同的脈絡。不管是隨後所述，麥金德的心臟地帶論，或者是史匹克曼的邊緣地帶論，都是以歐亞大陸的掌控做為基礎點，唯有馬漢將軍看的比較是德國在稱霸陸權之後，如何結合各海權國家來圍堵德國的海權計畫。

一、心臟地帶論與世界島地緣政治學：麥金德（Mackinder, 1861-1947）

麥金德（Halford Mackinder）與郝斯霍佛一樣均是軍人出身的學者。麥金德是大英帝國海軍將領，後來在英國牛津大學任教，隨後擔任倫敦政治與經濟學院校長。他的理論軸心發表於1904年歷史的地理軸心（The Geographical pivot of history），並且分為兩個重點（圖10-1）：

第一，世界權力中心集中心臟地帶輪：世界所有地緣政治的動力皆圍繞著歐亞大陸的心臟而運轉。也就是說，歐洲大陸的中心是世界政治運轉的軸心，也是海權國家的軍艦勢力所無法到達的地方。而主宰歐亞大陸權

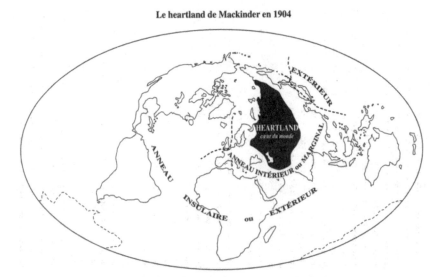

圖10-1　麥金德在1904年所發表的心臟地帶論

資料來源：Lorot（1995：21）。

力中心的正是俄羅斯，但是主宰歐洲地區運轉中心的卻是德國。

　　第二，邊緣控制心臟地帶論：麥金德將歐亞大陸中心當作宗教般的聖域。因此，他也認為著各聖域是被一些天然的屏障保護著。這些天然屏障就是內心月型屏障（inner crescent），包含西伯利亞、喜馬拉雅、戈壁沙漠及西藏。然而，只要能控制屏障之外的邊緣地帶：西歐、中東、南亞及東亞，就可以藉此將勢力往內擴展，終究控制歐亞大陸的心臟，進而控制全世界。因此，統治東歐者，控制心臟地帶（Heartland）；統治心臟地帶者，控制世界島（World Island）；統治世界島者控制世界。

　　麥金德的最大惡夢就是世界島的掌控，也就是德國與俄羅斯在的結合與聯盟。因此，第一次世界大戰之後，麥金德全力支持法國在德國與蘇聯之間建立無數小小國家緩衝區的地緣政治外交政策。在奧匈帝國與鄂圖曼帝國瓦解之後的地區，塞爾維亞、斯洛凡尼亞、羅馬尼亞、捷克斯拉夫、波蘭紛紛建國，雖是有各民族主義的聲浪，但是也符合英國與法國的地緣政治戰略思考。

英國自從成為海上霸權以來，一貫地地緣政治外交政策就是不主動與歐洲大陸強權爆發直接的衝突，但是也積極介入歐洲大陸的紛爭以避免一個歐洲超級大國的出現。而這樣的地緣外交政策甚至到今日還能反應在英國的歐盟政策上。在過去，英國的最大惡夢分別是拿破崙、希特勒與史達林。如果任何一個人的統一歐洲大陸夢想得以實現，都足以摧毀海權的大英帝國。[6]因此，麥金德的歐亞大陸心臟地帶地緣政治論，其實只是正好反應出及理論化英國對歐洲的地緣政治外交政策。

二、邊緣地帶論地緣政治學：史匹克曼（Spykman, 1893-1943）

史匹克曼（Nicholas J. Spykman）出身新聞記者，對中東及亞洲事務一直有著濃厚的興趣。他後來任教於加州大學政治系，然後轉往耶魯大學國際關係研究所任所長。史匹克曼最有名的學術成就就是理論化美國在冷戰時期的「圍堵政策」。

史匹克曼的理論與麥金德很類似，也是以歐亞大陸的控制權為中心。但是，史匹克曼認為歐亞大陸的心臟地帶是無人地帶，氣候也不適合人類居住，所以無法成為世界的權力中心。史匹克曼認為世界的權力中心雖然也是以控制歐亞大陸為基礎，但是歐亞大陸的權力中心是在大陸的邊緣地帶（Rimland）。事實上，從西歐開始，以地中海為中心的大陸邊緣國家，中東地區印度次大陸、中南半島、中國沿海、臺灣、日本、南韓甚至俄羅斯的遠東地區，都是人類最富庶及人口最集中的地區。所以史匹克曼認為：控制邊緣地帶者，統治歐亞大陸；控制歐亞大陸者，手中必定掌握全世界人類的命運（圖10-2）。

6　1939年8月23日簽訂的德蘇友好同盟條約是英國近代史上最黑暗的時期。第二次世界大戰爆發後，英國在歐陸上沒有任何盟邦，西班牙中立，法國戰敗，義大利與德國、蘇聯站在同一陣線，美國又尚未參戰。英國必須獨立應付一股歐亞大陸上的大勢力，而在遠東也必須面對強大日本的挑戰。就英國傳統的外交政策可以說，從來沒有像這樣面臨如此艱困的挑戰。

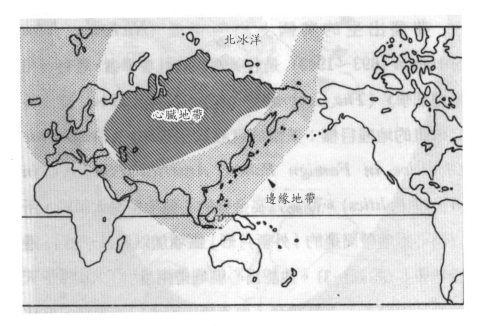

圖10-2　史匹克曼的邊緣地帶論

資料來源：蕭全政、李文志、許介鱗（1991：10）。

　　十九世紀與二十世紀之間，地球霸權的一個爭奪就是由海權的英國與陸權的俄羅斯在邊緣地帶的控制權爭奪戰。中東、中亞、印度、西藏與中國爭奪戰都可以看見英國與俄羅斯的勢力衝突。二十世紀前後則是海權的英國與陸權的德國以身在邊緣地帶的法國為戰場或者角逐的舞臺。第二次世界大戰之後，Georges Kennan於1946年，杜魯門總統於1947年紛紛認同史匹克曼的地緣戰略觀，而發展出Containment的全球地緣外交政策。NATO、OEEC、CENTO、SEATO紛紛在Rimland上成立，再輔佐以美日安保條約、美韓協防條約、中美協防條約、美菲協防條約及與東南亞各國的軍事合作條約（Geoffrey, 1985: 120-139）。[7]

---

[7] 2003年7月3日法國世界報Le Monde報導，美國從2003年7月1日起停止軍援35個國家，因為這些國家不願意與美國簽署拒絕引渡被國際法庭以戰爭罪或者違反人道罪控告的

三、海權論：馬漢（Alfred Thayer Mahan, 1840-1914）

　　馬漢是美國海軍將領出身的歷史學家。他於1859年於美國海軍官校畢業，隨後並且參與1861到1865年的美國內戰。馬漢後來成為美國在Newport海軍戰爭學院第二任校長。其最重要的兩本著作分別為《海權對歷史的影響》（The Influence of Seapower upon History, 1890）、《海權中的美國利益》（The Interest of America in Seapower, 1897）。

　　當時的一些歷史背景分別為1867年，美國向俄羅斯購買阿拉斯加地區；1898年，美國為了古巴與西班牙開戰，結果獲得關島、波多黎各、夏威夷及菲律賓，美國也成為人類史上第一次有一個國家同時在兩大海洋發動戰爭。1898年，門羅宣言正式實施。美國泛美洲主義以華盛頓的利益為中心，將整個美洲視為美國的勢力範圍。1901年，美國開始興建巴拿馬運河。1914年巴拿馬運河通航。

　　馬漢對海權的堅持其實源自於美國南北戰爭時期，他觀察到北軍之所以能夠獲勝不僅僅在於北方的工業力量，最主要還是北軍擁有的海軍力量成功的封鎖了南軍的補給。而這樣的親身體驗讓馬漢努力理論化海權的掌握對一個國家力量的重要性。

　　而隨後馬漢所發展出來的海權論則包含以下幾個重要的主軸（Chauprade, 1999: 27-28）：

1. 美國必須與英國的海軍相互合作，以達到控制各海洋的目的。
2. 美國必須設法箝制德國的歐亞大陸霸權角色，並且抗爭德國向海洋發展的計畫。
3. 美國必須與歐洲各國合作，設法制止亞洲強權的興起。

美國公民。這些國家包含一些東歐國家、非洲國家及南美洲國家。然而，報導特別詳細列舉出被美國視為必要的盟邦，如果這些盟邦也不願意簽署此項雙邊條約則不在此限。這些所謂美國最重要的盟邦包含北約各國、阿根廷、澳洲、巴林、埃及、以色列、日本、約旦、紐西蘭、南韓、菲律賓及臺灣。我們可以發現，這些盟邦除了南美洲的阿根廷及澳洲、紐西蘭，基本上都是史匹克曼邊緣地帶論的國家。

　　馬漢在當時認為美國有潛力成為世界第一強權，因此必須盡快放棄孤立主義，建立一個強大的海軍。馬漢強烈支持美國在太平洋的擴張政策，認為菲律賓、夏威夷、巴拿馬對美國海洋戰略的制訂有極大的幫助，這就是所謂的藍洋戰略（blue water strategy）。他強烈主張美國必須進軍太平洋，但是對於由太平洋介入亞洲大陸則有所保留。馬漢想像的戰略就如同十六世紀到二十世紀大英帝國的海洋戰略。英國靠著對戰略要點的控制而主在全世界：直不羅陀、開普敦、蘇彝士運河、葉門首都亞丁、赫耳姆斯海峽、新加坡、香港。馬漢將軍應該是第一個建立戰略，並且預測美國在二十一世紀建立霸權的學者。

　　馬漢的海權論隨後影響了全球的海軍思想，所有的海軍官校紛紛開始教授馬漢的海權論。他的思想也深深影響了其他的霸權國家如英國及德國。尤其像德國是沒有海權歷史的，但是將從馬漢的海權論證明德國是需要一個強大的海軍來支持德國帝國的地緣政治政策（Lorot, 1995: 37-38）。馬漢的海權思想雖然沒有在第一次世界大戰中得到印證，但是等到後來第二次世界大戰後的大西洋與太平洋戰爭就完全符合了馬漢的海權理論。目前美國所擁有的九艘現役航空母艦及四大艦隊，是全球最具實力的海軍艦隊，更是美國為了保持世界第一霸權，以維持世界秩序的最重要工具。這些都是馬漢海權論所傳承的地緣政治思維與邏輯。

　　然而，就中國而言，自十八世紀中葉帝國主義入侵之後，中國即陷入了地緣政治與國際角色的混亂。中國獨霸亞洲大陸數千年的主導地位受到嚴重的挑戰，尤其在1894年的中日戰爭和1900年的八國聯軍之後，中國的國際地位更是一落千丈，面臨了被列強瓜分的危機。直至1949年中華人民共和國成立後，中國內部的地緣政治秩序才慢慢重建起來。但在中國建政的最初三十年內，中國因為本身還處於相對虛弱的狀態，其國家戰略的考慮主要是以防衛為主。稍後，隨著改革開放與綜合國力的逐漸提升並且晉升為美國的主要競爭對手之後，中國除了繼續保留著「中華世界觀」與邊疆理論的典範思維，也開始重新思考和界定中國在世界體系和地緣政治中的角色。具體而言，中國此時的防衛任務主要包括以下五大範疇：1.嚇

阻超級強權美國對中國的攻擊；2.防止中國的領土被侵犯；3.收復中國的「失土」；4.擴大中國在區域的影響力；5.增強中國的全球領導地位。而隨著蘇聯瓦解與冷戰的結束，中國更是積極地在構思自身在新世紀國際體系中的角色，其企圖成為亞洲乃至世界霸權的欲望已經趨於明顯。

參、中國的戰略意圖與執行策略

中國在鄧小平實施改革開放政策之後，國力逐年增強。根據IMF的統計，在2014年，中國的GDP達到10.3兆美元，超過日本的4.6兆美元與德國的3.8兆美元，僅次於美國的17.4兆美元與歐盟的18.5兆美元，占世界國民生產總毛額77.3兆美元的13.3%（International Monetary Fund, 2015）。在軍事花費亦然，根據瑞典Stockholm International Peace Research Institute的估算，見表10-1。在2014年，世界第一大軍事花費國是美國，達到6,100億美金，第二大就是中國（2,160億美金），遠遠超過俄國的845億美金，法國的623億美金，日本的458億美金，以及印度的500億美金。

在成為經濟上與軍事上世界第二大強權之後，基於國家利益的考量，中國在政治上自然也想擁有其在世界政治層面的影響力。而這樣具有國際影響力政治地位的建立，是可以透過1.國際組織（亞投行）；2.地緣政治（一帶一路）與；3.反對普世價值建立中國價值，三個國際戰略來執行。本文以下將分析中國如何透過這三方面來建立其二十一世紀新的國際地位與國際秩序。

一、在二十一世紀新的國際秩序裡，主導重要國際組織是中國重要國家利益

前文有提到，中國在經濟實力的層面，已經成為世界第二大強權。其GDP在2009年超越日本之後，在2014年甚至是第三大強權日本的一倍以上。但是，中國擁有這樣的國家實力，卻缺乏在國際社會主導國際組織的

表10-1　SIPRI對世界軍事花費的估算

Rank		Country	Spending, 2014 ($ b.)	Change, 2005-14 (%)	Spending as a share of GDP (%) [b]	
2014	2013[a]				2014	2005
1	1	USA	610	-0.4	3.5	3.8
2	2	China	[216]	167	[2.1]	[2.0]
3	3	Russia	[84.5]	97	[4.5]	[3.6]
4	4	Saudi Arabia	80.8	112	10.4	7.7
5	5	France	62.3	-3.2	2.2	2.5
6	6	UK	60.5	-5.5	2.2	2.4
7	9	India	50.0	39	2.4	2.8
8	8	Germany	[46.5]	-0.8	[1.2]	1.4
9	7	Japan	45.8	-3.7	1.0	1.0
10	10	South Korea	36.7	34	2.6	2.5
11	12	Brazil	31.7	41	1.4	1.5
12	11	Italy	30.9	-27	1.5	1.9
13	13	Australia	25.4	27	1.8	1.8
14	14	UAE	[22.8]	135	[5.1]	[3.7]
15	15	Turkey	22.6	15	2.2	2.5
Total top 15			1427			
World total			1776	21	2.3	2.4
[]=SIPRI estimate.						

資料來源：Perlo-freemanet al.（2015）。

相對地位。在亞洲，中國唯一主導的國際組織是上海合作組織。而上海合作組織正式會員國裡，只有中國與俄國是比較具影響力的大國。[8]其他如同東南亞國協、APEC、亞洲開發銀行，中國是重要的角色扮演者，但不是主導國。在2010年，IMF曾經企圖進行一連串的重要改革，以增加其在世界的影響力。其中一項是將其資本額增加，讓中國與印度的影響力能夠增加。但是，這一項改革計畫一直停頓在美國的國會大廈裡。事實上，為了維持美國在這些國際組織的影響力，美國一直反對在這些重要國際組織進行強權影響力重新分配的改革（Chinafrica, 2015）。

在大家耳熟能詳的國際組織，如同世界銀行、IMF、世界貿易組織、亞銀……等等，中國都只是重要的參與者，但並非是主導者。以世界銀行為例，從1946年以來，十二任的總裁皆為美國人。[9]亞洲開發銀行自1966年的九任總裁均是日本人。[10]歐洲復興開發銀行的總裁則是由法國、德國與英國輪流擔任。

因此，建立由中國主導的亞投行是中國成為世界第二經濟強權的重要戰略目標（圖10-3）。更何況，與第一強權美國主導大部分的國際組織，第三經濟強權日本主導亞銀，第四與第五經濟強權德國與法國主導歐盟及歐洲復興開發銀行進行比較，中國確實想要在國際組織的平台上藉由亞洲基礎設施投資銀行的設立找到自己的國際定位。

8　上海合作組織成立於2001年，會員國分別是由中國、俄羅斯、哈薩克、吉爾吉斯、塔吉克和烏茲別克六個國家組成的一個國際組織。其官方網站為：http://www.sectsco.org/CN11/，其涵蓋的範圍以歐亞大陸的國家為主。

9　請參看世界銀行官方網站有關歷任總裁之介紹：http://www.worldbank.org/en/about/archives/history/past-president。目前的總裁是Jim Yong Kim，是韓裔的美國人，任期從2012年開始。

10　請參看亞洲開發銀行之官方網站：http://www.adb.org/about/management/past-presidents。

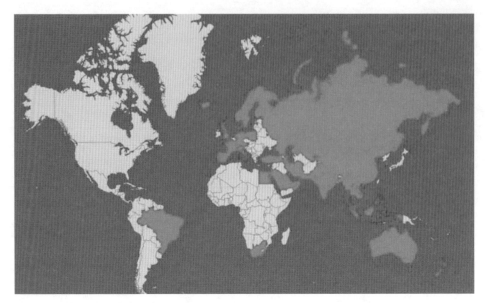

圖10-3　中國主導亞投行之會員國涵蓋範圍

資料來源：Chinafrica（2015）。

二、「一帶一路」的地緣政治戰略思維

如同前文所述，二次世界大戰後的國際關係，基本上受美國思維影響甚大。在歐洲強權仍然主導世界的時代，古典的地緣政治學曾經是影響強權決策很重要的根據。其中，英國地緣政治學家麥金德（Halford John Mackinder）曾經在1904年英國皇家地理學會的倫敦大會上，提出了「心臟地帶理論」，認為任何一個國家能夠控制歐亞大陸，必能控制全世界。當然，這個陸權理論提出的時代已經與現在完全不同。當時的陸權地緣政治學，也在二十世紀被海權的英國與美國完全破解。

但是來到二十一世紀，整個科技的發展已經完全不同於二十世紀初期。二十世紀初期的飛機與鐵路運輸沒有現代如此發達，世界各國也陷在經濟發展與能源缺乏的危機當中。以中國而言，往東要突破美日聯盟，往南要面對印度的疑慮，唯有往西的古代絲路似乎給了中國進行地緣政治突

破的機會。因此，一帶一路計畫給了中國領導歐亞大陸的一個可能機會（圖10-4）。藉由主宰歐亞大陸，中國應該在未來與美國有平起平坐的可能機會。而要領導歐亞大陸，進行經濟建設，單單中國一國之力量一定不足。亞洲基礎設施投資銀行的設立除了滿足中國想要領導一個重要國際組織的計畫之外，正好也可以給中國帶來必須的建設資金與國際支持。

三、在實質利益上，中國反對「普世價值」對其經濟發展的重要性

　　在1999年6月，由西方世界主導的世界銀行本來同意由中國提出「減少中國西部貧窮之補助計畫」（China Western Poverty Reduction Project），藉由這個計畫讓6萬個中國貧困農民移置到西藏地區。但是，因為違反了世界銀行有關於資訊透明、少數民族政策、環境政策、保護文化政策，最後遭到否決。由西方主導的國際合作組織，通常對於人權、自由、

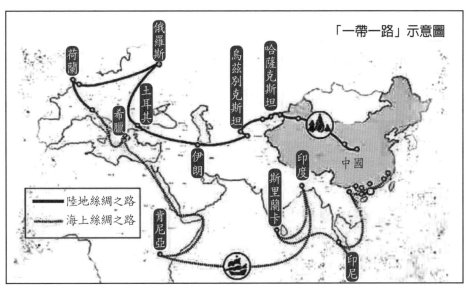

圖10-4　中國一帶一路計畫

資料來源：劉英（2015）。

民主、環境、資訊透明與保護文化都非常重視。根據華爾街日報2015年
3月31日的報導，在中國福州的世界銀行計畫也引起了許多中國與世界銀
行不同標準之對抗。許多援助發展中國家的政策，都因為這些西方重要價
值考量而有許多爭議。中國的外交政策主軸之一，就是不干預各國之內
政。新的亞投行勢必對這些西方世界重視的普世價值採取忽略的政策，這
樣不僅有助於吸引資金建設中國，也幫助中國在困難重重的發展中國家建
立起一定的影響力。但是，這是否有助於整個人類文明走向法治化的世
界，這就是另外一種爭論了。

肆、立基歐亞大陸，布局世界的地緣政治戰略

　　本文在前面所提，中國因為國家實力的壯大，而積極向歐亞大陸發
展，以便能夠主宰以中亞為主的新興市場。一帶一路與亞投行是中國陸權
概念向西發展的主要策略。但是，中國仍然必須根據海權思維向東發展。
目前，在現行國際海洋法的保障之下，中國主要的海洋生命線是在美國的
主導之下受到保障的。但是，中國基於其國家利益，仍然不希望將其生命
線放在對美國的依賴之下。這也是為什麼中國也積極在世界進行地緣政治
布局，希望能夠在未來打破由美國所主導的現行國際秩序。在世界的地緣
政治布局，基本上可以從北極、美洲、東南亞及南中國海的建設與掌控觀
察到中國的戰略考量。中國的東方是太平洋，可以維持的海運生命幹線基
本上可以有三條：第一條是向北，也就是未來冰山溶解的北極新航道。第
二條向東，前往美洲與歐洲市場，本來是要經過巴拿馬運河，在未來將可
以有第二個選擇，也就是尼加拉瓜運河。第三條往南，通過南中國海及馬
六甲海峽，因此，控制南中國海，建立新的泰國克拉地峽運河也是另外一
個重要的戰略考量。本文以下分述這些為了鞏固歐亞大陸，中國在世界的
布局。

一、北極航道（圖10-5）

由於溫室效應造成全球暖化，也對整個地球的生態造成許多嚴重的衝擊。許多研究都討論到全球暖化之後，冰山將溶解，造成海平面上升，當然也對許多國家的安全形成重大的挑戰。但是，在同時，冰山的融解也形成新的航道，給予許多人新的商業機會。根據科學家的預測，這條新航道將比其他的航道節省40%的時間，而中國的雪龍號破冰船也在2012年8月首次利用這個航道從中國來到冰島的雷克雅未克（Sciences et Avenir, 2012）。為了進行這樣的商業戰略布局，中國因此積極在冰島進行投資，希望將冰島納入其影響勢力的範圍（Independent, 2011）。在2012年，中國與冰島簽了六項有關北極、航海與科學之緊密合作協定（Le Point, 2012）。在2013年，中國與冰島簽訂自由貿易協定，希望更加深與冰島的經濟合作關係（Les Echos, 2013b）。事實上，中國企圖透過加強與冰島的關係來建構未來的北極航道（圖10-6），已經是每一日的進行式（Higgins, 2013）。

二、尼加拉瓜運河

在尼加拉瓜建造運河的想法並非是從中國來的。在十九世紀，當時的中美洲聯邦共和國就已經有這樣的想法了，並且希望得到美國的支持，但

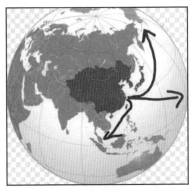

圖10-5　舊北極航道圖

圖10-6　新的北極航道，航程將縮短12天

資料來源：Les Echos（2013a）。

是後來基於對當地不穩的政治局勢，而沒有得到美國國會的通過。在2013年6月，尼加拉瓜國會批准了中資的香港尼加拉瓜運河開發投資有限公司（HKND）用五年的時間來開鑿運河。尼加拉瓜並且同意給予該公司於運河正式運營後，五十年的特許經營權。

　　這一次中國與尼加拉瓜的合作投資計畫，預計將提供五萬個工作機會，並且投資超過500億美金（Collet, 2014）。尼加拉瓜是臺灣的正式邦交國。對於中國如此龐大的投資，應該可以預期，如果中國對臺灣的政府有任何意見，將是有能力隨時要求尼加拉瓜與臺灣斷交，而與中國建立正式邦交關係。在同時，美國也對於中國在美國的後院建立運河計畫非常擔憂（BBC中文網，2015）。因為不可諱言地，國際政治觀察家普遍都將這項計畫視為對美國在太平洋利益的挑戰（Latin Reporters, 2015）。一些專家甚至預測，尼加拉瓜運河將成為中國戰艦穿越太平洋前往大西洋的要道，而不須經過美國控制的巴拿馬運河。無論如何，隨著建造運河的計畫將於2019年完工，可以想見，美國將面臨中國介入太平洋秩序的地緣政治戰略逐漸成形（圖10-7）。

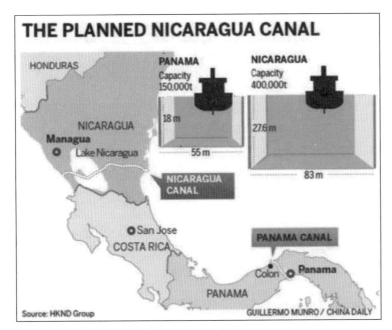

圖10-7　2014年開始建造的尼加拉瓜運河，將能容納更大的貨船

資料來源：Stuards（2014）。

三、泰國克拉地峽運河

　　泰國克拉地峽運河也是一個有相當歷史的計畫案，根據《中國時報》的報導：「克拉運河有東方巴拿馬運河之稱。早在十七世紀，泰國就有開鑿這條運河的構想，約100年前，由泰王拉瑪五世（1868年10月至1910年10月在位）正式提出；惟因工程成本過高，以及爆發兩場世界大戰，該計畫始終未能實現，直到2004年，才又被泰國前總理塔克辛再度提起」（陳筑君，2015）。同樣的，根據該報導：「寧波海事局官方微博15日公布，中泰兩國在廣州簽署「克拉運河」合作備忘錄，讓這項延宕10年的世紀大工程向正式開工跨一大步；初步預估，該計畫需耗時10年、投資總額280億美元，一旦開通，大陸的「麻六甲困局」也將迎刃而解。「克拉運河」是指從泰國克拉地峽區域，挖掘一條溝通太平洋的泰國灣與印度洋的安達

圖10-8　泰國克拉運河示意圖

資料來源：Channel NewAsia, 2015。

曼海的運河，修建完成後，國際海運線將不必繞過新加坡、取道麻六甲海峽，航程至少縮短約1,200公里，可省2至5天航運時間；以10萬噸油輪來算，單次能省下35萬美元的運費。」（Channel NewAsia, 2015）雖然，隨後泰國政府隨即否認與中國有簽屬這樣的協定，但是，泰國政府官員也同時承認中國確實有在積極推動這樣的一個工程計畫（Admin, 2015）。然而，泰國政府基於其國家利益考量，暫時無法同意。不過，泰國國內比較親中國的勢力則認為這個計畫是無法避免的，並且認為泰國政府否認的聲明不代表該計畫不可行（Bangkok Post, 2015）。

四、在南海創造主權

在從中國前往泰國克拉地峽運河，或者馬六甲海峽之前，必須經過南中國海。而南中國海目前有許多主要包含菲律賓、越南、臺灣與中國之

間的主權衝突。為了確保中國的航運與資源利益，中國在最近幾年積極
填海，建造人工島嶼，同時企圖創造主權，因而引起越南、菲律賓與美
國的嚴重抗議（圖10-9）。越南在2015年3月，再度對中國在南海的工程
提出強烈的抗議（Khanh, and Thu, 2015）。而菲律賓總統Benigno Aquino
則在日本一場演講中，強烈指控中國在南海的作為如同二戰時的納粹德國
（The Guardian, 2015a）。美國國防部長卡特Ashton Carter則在2015年5月
於新加坡舉辦的香格里拉會議Shangri-La regional dialogue裡指出，中國最
近18個月以來所宣稱的領土已經超過整個地區所有其他國家所主張，並且
超越整個地區在歷史上的主張（China has reclaimed over 2,000 acres, more
than all other claimants combined, and more than in the entire history of the
region. And China did so in only the last 18 months），因此，卡特也指出，
將海洋底下的石頭延伸為水面上的土地，不能夠因此而轉換成主權或者
國際航線的限制權（Turning an underwater rock into an airfield simply does
not afford the rights of sovereignty or permit restrictions on international air or

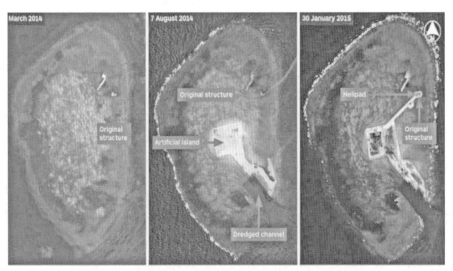

圖10-9　法國費加洛報公布中國創造主權的過程

資料來源：Patrick Saint-Paul（2015）。

maritime transit）（The Guardian, 2015b）。而七大工業國會議G7，則已經連續兩年表達出他們對南中國海衝突的憂慮（Philippine Daily Inquirer, 2015）。

伍、中國新地緣戰略對臺灣與世界所造成的影響

一、歐洲國家的戰略思考

　　對於歐盟的國家而言，這是一個多元化世界體系的建立。尤其，歐盟本身與中國並無直接的戰略衝突。也就是說，以目前的國際局勢而言，歐盟國家不像烏克蘭問題與俄羅斯的針鋒相對，對中國之政策僅管有許多不同的國家利益考量，卻無直接衝突之危險。相反的，一個比較有發言權的中國，有助於歐盟在一些議題上不必然要跟隨美國之戰略可能性。也就是說，就一個多元化的國際社會是符合歐盟的戰略思考。此外，參與亞投行，歐洲各國希望可以從內部監督以便堅持民主與透明化的價值。事實上，參加亞投行與一帶一路經濟建設，除了符合歐洲戰略利益的多元化世界，歐盟也認為平常所堅持的人權、民主、資訊透明化等議題，也必須參與決策，才能發揮影響力，也可以逐步得到比較具體的結果。從2014年的烏克蘭危機，歐盟一直採取與美國不同的立場，不主張與俄國直接對抗。或者以臺灣的進口牛肉為例，歐盟也主張臺灣必須遵守國際規範，開放進口牛肉市場，但是，也是採取與美國不同的方法，並沒有把牛肉議題以非常嚴重的臺美貿易障礙處理，而是採取比較軟性的溝通管道。這樣的處理方式，與主權國家的影響力有關，但是也是比較適合歐盟追求改變的方式。

二、以美國為首之中小型國家民主聯盟的疑慮

　　美國與日本在許多議題上都有直接與中國衝突的可能性。一個威權、

不服膺普世價值、強大的中國並不符合美國與日本目前與中國之戰略關係。在朝鮮半島、北韓核武、釣魚台、臺灣海峽、南海等議題，美日都與中國有直接戰略與軍事衝突的可能性。因此，美國不僅對英國加入亞投行感到不悅，日本也在3月31日成為創始國的期限之前，宣布暫時不需要加入亞投行。臺灣也因此必須考慮，到底要偏向美國與日本的民主聯盟，還是要更加速朝具有威脅性的威權中國靠攏。

三、臺灣的國家戰略思考

　　二十一世紀的國際秩序正在重組，這是不爭的事實！全球化與永續發展，這是臺灣、美國、歐洲、日本與中國都必須共同面對的現象。

　　在經濟的層次，中國由於其經貿力量的崛起，因此在國際上的聲音也越來越大聲。但是，這不代表中國得到越來越多的國際支持。從中國崛起之後，中國與日本、菲律賓、越南、印度的關係都是逐日變壞。甚至北韓與中國的關係也有越來越多的摩擦，可見中國的外交政策並沒有如同其經貿政策一樣成功。

　　在政治層面，整個國際社會裡，民主、自由、人權則逐漸成為普世價值。不僅僅國際社會主權國家的數目越來越多（聯合國的會員國在1945年有50國，現在則是193國），人民的聲音更是受到越來越多的重視，並且主導國家的政策。就這一個趨勢而言，臺灣是領先中國非常多的。整體而言，中國是大國，其世界第一的14億人口的市場本來就比較占有優勢。但是就政治與社會價值而言，臺灣社會的先進是中國必須學習的。

　　此外，在潛在的世界軍事衝突裡，臺灣事實上是有其不可忽略的地緣政治重要性。世界的最後一場國際戰爭是2008年的俄羅斯與喬治亞之間的戰爭。目前在敘利亞與伊拉克的戰爭，基本上是反恐戰爭，而不是國家與國家之間的戰爭。歐盟與美國看來也不可能為了烏克蘭而與俄羅斯打仗。然而，觀察東亞地區三個最危險的潛在衝突地區：亞州的朝鮮半島存在著無法預測的危險；日本東京都在2012年將釣魚台國有化之後，日本與中國

的軍事衝突危機日漸浮現；在南海，菲律賓、越南、中國與美國為了海洋主權與航行自由問題，也是軍事衝突不斷。菲律賓不僅在國際法庭對中國提出告訴（Asia Maritime Transparency Initiative, 2015），美國也派出最先進的LCS戰艦巡弋南中國海，並且警告中國不得在南海創造主權（Lendon and Sciutto, 2015）。而將這些有潛在大國軍事衝突的區域化一個圈，臺灣正好在整個衝突區域的中心（圖10-10）。這樣的地緣政治重要性，也是美國與美日安保條約一直將臺灣海峽的穩定列為重要國家利益的重要原因。

陸、結論

　　在現代國際關係的體系中，世界各國際組織是有其功能上的分工。世界銀行主要是透過基礎建設與資金的借貸，進行國家開發的議題。亞洲開發銀行在日本與美國的主導之下，歐洲復興開發銀行在法國、德國與英國聯盟下，有著同樣的功能。而IMF則必須負責金融秩序的穩定，所以從

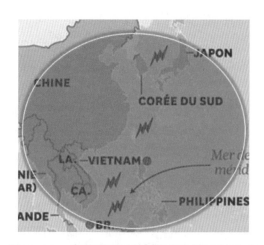

圖10-10　臺灣是亞洲地緣政治衝突的中心

資料來源：Khanh and Thu（2015）。

1997至1998年的亞洲金融危機、近幾年的世界金融危機與歐債危機，都要求IMF介入。世界貿易組織則負責打破貿易障礙，希望建立一個無障礙之世界自由貿易區。臺灣由於是貿易強權，因此得以有限加入世界貿易組織與APEC。也由於在1966年臺灣政府已經不再實質統治中國，在美國與日本的支持之下，因此得以以中華民國統治臺灣地區的身分成為亞銀的創始會員國。也由於在亞銀，當年的中華民國只是代表臺灣地區，這也使得中國在隨後雖然迫使臺灣改名為中國臺北（Taipei China），卻無法取代臺灣，也不能排除臺灣。

新的亞投行，是中國崛起的重要工具，也是中國政府建設大西部取得國際資金的未來希望。亞投行與世界銀行一樣，比較是為了對開發中國家進行基礎建設與資金的獲得而設立的。而臺灣的經濟產業，基本上在鐵公路等基礎設施的建設能力與競爭力是比較弱。臺灣在電子產業、機器人產業與其他製造業是比較強的，但是，這並非是亞投行的設立，所能夠提供的經濟機會。要不然，身為亞銀創始國以及歐洲復興開發銀行的參與者，臺灣早就因此而獲得許多經濟投資利益了。

但是，更重要的國家利益思考是，一個主導亞洲國際秩序、排除普世價值，以統一臺灣作為重要政策的強大中國，基本上是不利於臺灣的國家利益的。曾經長期參與國家決策以協助臺灣政府加入國際經濟組織的前行政院副院長吳榮義也很明確指出：「中國對臺灣參與的任何區域及國際組織打壓，絕不手軟，除了聯合國及其相關組織，如世界銀行、國際貨幣基金等無法參加以外，就是我國為創始國的亞洲開發銀行（Asian Development Bank），我國也照樣受到排斥及不公平的對待。」（吳榮義，2015）也就是說，在北京現有的一中原則政策架構之下，中國不可能給臺灣具有國家身分的地位。

因此，不僅僅臺灣、美國、日本、菲律賓、越南及許多東亞國家，在亞太地區有著共同的戰略思維與國家基利益考量，臺灣在面對亞投行與一帶一路的政策上，更是需要有更多比較深入的戰略思考。中國這一次亞投行與一帶一路建設計畫，是中國企圖挑戰美國的民主聯盟秩序，重組世界

經濟秩序的重要地緣政治戰略。東亞地區所有國家政府，都必須再思考亞洲基礎設施投資銀行的設立，與一帶一路經濟建設的成型，除了經濟的利益之外，將會對亞洲帶來什麼樣的地緣政治秩序的改變與衝擊。

參考書目

英文文獻

Admin. 2015. "Thailand: Unlikely of Kra Canal to materialized." *States Times Review* 20 May 2015. in http://statestimesreview.com/2015/05/20/thailand-unlikely-of-kra-canal-to-materialized/. Latest update 3 December 2015.

Alexander, Lewis M. 1963. *World Political Patterns.* Chicago: Rand McNally.

Asia Maritime Transparency Initiative. 2015. "ARBITRATION 101: PHILIP-PINES V. CHINA." in https://amti.csis.org/arbitration-101-philippines-v-china/. Latest update 9 June 2015.

Bangkok Post. 2015. "Kra Canal Dream still far from rReality." *Bangkok Post* 07 June 2015. in http://www.bangkokpost.com/news/special-reports/584473/kra-canal-dream-still-far-from-reality. Latest update 3 December 2015.

BBC中文網。2015。〈美國：中國參建尼加拉瓜運河不透明〉。《BBC中文網》2015/01/07。in http://www.bbc.com/zhongwen/trad/world/2015/01/150107_nicaragua_canal. Latest update 3 December 2015.

Channel NewAsia. 2015. "Thailand denies Kra Canal Deal." *Channel NewAsia* 20 May 2015.

Chinafrica. 2015. "Une Banque mondiale très rouge." in http://chinafrica.info/une_banque_mondiale_tr_s_rouge. Latest update 17 April 2015.

Collet ,Valérie. 2014. "Le canal de Nicaragua, rival de Panama, sera chinois" in http://www.lefigaro.fr/conjoncture/2014/12/23/20002-20141223ART-FIG00004-le-canal-de-nicaragua-rival-de-panama-sera-chinois.php. Latest update 3 December 2015.

Glassner, MartinIra. 1996. *Political Geography.* 2nd ed. USA: John Wiley & Sons.

Goblet, Y. M. 1955. *Political Geography and the World Map.* London: George Philip and Son Limited.

Hartshorne, Richard. 1954. "Political Geography" in Clarence F. Jones and Preston James. eds. *American Geography: Inventory and Prospect.*: 167-225. Syracuse, NY: Syracuse University Press.

Higgins, Andrew. 2013. "Teeing Off at Edge of the Arctic? A Chinese Plan Baffles Iceland." *The New York Times* 22 March 2013. in http://www.nytimes.com/2013/03/23/world/europe/iceland-baffled-by-chinese-plan-for-golf-resort.html?_r=0. Latest update 3 December 2015.

Independent. 2011. "The East Looks North as China Moves in on Iceland." 30 August 2011. in http://www.independent.co.uk/news/business/news/the-east-looks-north-as-china-moves-in-on-iceland-2346482.html. Latest update 3 December 2015.

International Monetary Fund. 2015. "Data from World Economic Outlook Database." April 2015. in http://www.imf.org/external/pubs/ft/weo/2015/01/weodata. Latest update 3 December 2015.

Jackson, W. A. ed. 1971. *Politics and Geographic Relationships.* 2nded. Englewood Cliffs, NJ: Prentice-Hall.

Kasperson, Roger E. 1973. *Frontiers of Political Geography.* Englewood Cliffs, NJ: Prentice-Hall.

Khanh, Vu Throng and Nguyen Anh Thu. 2015. "Vietnam Protests China Construction on Disputed South China Sea Island." *The Wall Street Journal* 5 March 2015. in http://blogs.wsj.com/frontiers/2015/03/05/vietnam-protests-china-construction-on-disputed-south-china-sea-island/. Latest update 3 December 2015.

Latin Reporters. 2015. "Canal du Nicaragua: percée stratégique de la Chine en

Amérique." in http://www.latinreporters.com/nicaraguaeco09022015kbfr. html. Latest update 3 December 2015.

Le Point. 2012. "Six Accords de coopération entre la Chine et l'Islande, dont un sur l'Arctique." in http://www.lepoint.fr/monde/six-accords-de-cooperation-entre-la-chine-et-l-islande-dont-un-sur-l-arctique-20-04-2012-1453657_24.php. Latest update 3 December 2015.

Lendon, Brad and Jim Sciutto. 2015. "China cautions U.S. Navy on patrols in South China Sea." CNN 14 May 2015. in http://edition.cnn.com/2015/05/13/politics/south-china-sea-us-surveillance-aircraft/. Latest update 3 December 2015.

Les Echos. 2013a. "Premier Succès d'estime pour la route de l' Arctique." *Les Echos* 22 August 2013. in http://www.lesechos.fr/22/08/2013/LesEchos/21505-054-ECH_premier-succes-d-estime-pour-la-route-de-l-arctique.htm. Latest update 3 December 2015.

Les Echos. 2013b. "La Chine pose un premier pied en Arctique" in http://www.lesechos.fr/15/04/2013/lesechos.fr/0202704660936_la-chine-pose-un-premier-pied-en-arctique.htm. Latest update 3 December 2015.

Mackinder, H. J. 1950. *Democratic Ideals and Reality*. NY: Henry Holt & Co.

Mackinder, H. J.. 1904. "The Geographical Pivot of History." *Geographical Journal* 23: 421-437.

Mahan A.T. 1894. *The Influence of Sea Power upon History 1660-1783. New York: Dover Publications*. INC.

Pacione. Michael. ed. 1985. *Progress in Political Geography*. London:Croom Helm.

Parker, Geoffrey. 1985. *Western Geopolitical Thought in the Twentieth Century*. England: Croom Helm.

Patrick, Saint-Paul. 2015. "Pékin étend son emprise en mer de Chine méridionale." in http://www.lefigaro.fr/international/2015/02/21/01003-20150221ARTFIG00048-pekin-etend-son-emprise-en-mer-de-chine-meridionale.php. Latest update 3 December 2015.

Perlo-Freeman, S. et al. 2015. "Trends in World Military Expenditure, 2014." *SIPRI Fact Sheet* April 2015. in http://books. SIPRI.org/files/FS/SIPR-IFS1504.pdf. Latest update 3 December 2015.

Philippine Daily Inquirer. 2015. "G7 to Express Concern over Sea Row, Says Paper." in http://www.pressreader.com/philippines/philippine-daily-inquirer/20150608/281535109605736/TextView. Latest update 3 December 2015.

Pounds, Norman J. G. 1972. *Political Geography*. 2nd ed. New York: McGraw-Hill.

Sciences et Avenir. 2012. "Première traversée de l'Arctique par le passage du nord-est pour les Chinois" Sciences et Avenir 18 August 2012. in http://www.sciencesetavenir.fr/sciences/20120817.AFP5956/premiere-traversee-de-l-arctique-par-le-passage-du-nord-est-pour-les-chinois.html. Latest update 3 December 2015.

Stuards, Milton. 2014. "Construction of Nicaragua Canal Starts in December." *VesselFinder* September 10 2014. in https://www.vesselfinder.com/news/2340-Construction-of-Nicaragua-Canal-starts-in-December. Latest update 3 December 2015.

The Guardian. 2015a. "China behaving like Nazi Germany in South China Sea, says Benigno Aquino." *The Guardian* 03 Jun3 2015. in http://www.theguardian.com/world/2015/jun/03/china-nazi-germany-south-china-sea-philippine-president-benigno-aquino. Latest update 3 December 2015.

The Guardian. 2015b. "South China Sea islands are Chinese plan to Militarise-Zone, Claims US." *The Guardian* 30 May 2015. in http://www.theguardian.com/world/2015/may/30/us-claims-south-china-sea-islands-are-beijing-plot. Latest update 3 December 2015.

The World Bank. 2015. "Everything you always Wanted to Know about the World Bank." in http://treasury.worldbank.org/cmd/pdf/WorldBankFacts.pdf. Latest update 4 April 2015.

Weigert, Hans et al. 1957. *Principles of Political Geography.* New York: Apple-ton-Century-Crofts.

法 文文獻

Brunet Roger. 1992. *Les mots de la géographie.* Paris: GIP-RECLUS & La Documentation Française.

Chaliand, de Gérard and Jean-Pierre Rageau. 1997. *Atlas de l'Asie orientale.* Éditions du Seuil Paris, France.

Chaliand, de Gérard and Jean-Pierre Rageau.. 1994. *Atlas Stratégique Géopolitique des nouveaux rapports de forces dans le monde.* Paris: Éditions Complexe.

Chauprade, Aymeric. 1999. *Introduction à l'analyse géopolitique.*Collège Inter-armées de Défense. Paris, France: Édition ellipses.

Chauprade, Aymeric. 2001. *Géopolitique Constantes et Changements dans l'Histoire.* Paris: Ellipses.

COUTAU-BÉGARIE Hervé. 1987. *Géostratégie du Pacifique.* IFRI, Institut français des relations internationales, enjeux internationaux. Paris: Economica.

DUFOUR Jean-François. 1999. *Géopolitique de la Chine.* Paris: Complexe.

Lacoste Yves. 1976. *La géographie ça sert d'abord à faire la guerre.* Paris: Maspero.

Lorot, Pascal. 1995. *Histoire de la Géopolitique.* Paris: Economica.

Rosière Stéphane. 1993. *Géographie Politique et Géopolitique.* Paris: Ellipses.

中 文文獻

中央社。2015。〈朱習會習近平歡迎臺灣入亞投行〉。http://www.cna. com.tw/news/aipl/201505040332-1.aspx。2015/12/04。（CNA. 2015.

"Xi-Chu Meeting, Xi Jinping Welcomed Taiwan to Participate in AIIB." in *Central News Agency*4 May 2015. inhttp://www.cna.com.tw/news/aipl/201505040332-1.aspx. Latest update 4 December 2015.）

陳筑君。2015。〈擺脫美封鎖中泰鑿克拉運河〉。《中國時報》2015/05/18。http://www.chinatimes.com/newspapers/20150518000727-260301。2015/12/03。（Chen, Zhu-jun. 2015. "Break away the U. S. Block-ade, China and Thailand Dig the Kra Isthmus Canal." *China Times* 18 May 2015. in http://www.chinatimes.com/newspapers/20150518000727-260301. Latest update 3 December 2015.）

吳榮義。2015。〈我國是否加入亞投行的戰略性思考〉。《民報》2015/04/14。http://www.peoplenews.tw/news/830e8365-041a-450d-ae8b-7a393b9dc01c。2015/12/03。（Wu, Rongyu. 2015. "The Strategic Thinking of Whether Our Country Should Join the Asian Investment Bank." *Min Bao column* 4 April 2015. in http://www.peoplenews.tw/news/830e8365-041a-450d-ae8b-7a393b9dc01c. Latest update 3 December 2015.）

劉英。2015。〈「一帶一路」戰略不是中國版「馬歇爾計劃」〉。http://big5.china.com.cn/opinion/think/2015-01/09/content_34517925.htm。2015/04/30。（Liu, Ying. 2015. "Researcher of the Chongyang Financial Research Institute, deputy director of collaboration research division." 3 April 2015. in http://big5.china.com.cn/opinion/think/2015-01/09/content_34517925.htm. Latest update 30 April 2015.）

聯合新聞網。2015。〈財長老實說：遞亞投行意向書因為……美國不反對〉。2015/04/02。http://udn.com/news/story/7953/811529。2015/12/03。（UDN. 2015. "Finance Minister Frankly Spoke: Hand on Letter of Intent, Because, Because…the U. S. Does Not Oppose." *UDN News* 2 April 2015. in http://udn.com/news/story/7953/811529. Latest update 3 December 2015.

蘋果日報。2015。〈亞投行創始國臺被剔除〉。http://www.appledaily.com.tw/appledaily/article/headline/20150414/36492059/。2015/4/30。（AD. 2015. "Taiwan Is Excluded from the AIIB Founding Members." *Apple*

*Daily*4 April 2015. in http://www.appledaily.com.tw/appledaily/article/head-line/20150414/36492059/. Latest update 30 April 2015.）

蕭全政、許介鱗、李文志。1991。《臺灣的亞太戰略》。臺北：國策中心。（Xia, Quanzheng, Jielin Xu, Wenzhi Li. 1991. *Taiwan's Asia-Pacific Strategy*. Taipei: National Policy Center.）

The Rise of the Geopolitical Thinking in Asia: An Analysis of the "One Belt One Road" and the AIIB Policy of China from the Perspective of Taiwan

Chih-Chung Wu

Abstract

The rise in power has been a very important issue in geopolitics, and power politics is, moreover, a major mode of operation in geopolitics.The Author conducts a preliminary analysis on how Taiwan confronts China's setting up of the AIIB and forming of the "One Belt One Road" strategy as well as the geopolitical strategy and strategic thinking it has represented in the region.The article gives an in-depth insight into China's setting up of the AIIB along with its considerations and discuss its implicit thinking of national interests.

Keywords: Geopolitics, One Belt One Road, AIIB, Taiwan

第十一章
美國－臺灣與美國－波蘭之非對抗的不對稱性：比較分析

Piotr Ostaszewski

壹、前言

　　不對稱性表示缺乏平衡或不平均的分布，特別指涉在一分析情境中一個要件主宰另一個要件的情況，在國際關係的脈絡中這個詞似乎自然地就有負面的意涵。在現代，俄羅斯聯邦與其他後蘇聯獨立國家國協成員，或美國與南美的關係就是最佳案例。歷史上來說，冷戰時期兩極的世界，當兩個超級強權努力要平衡對方，透過削弱對方以擴大自己在世界上不同角落的勢力範圍則是另一個範例。[1]美國和蘇聯在他們的勢力範圍創造不對稱關係，而當他們的利益出現牴觸時，他們準備好要處理周邊衝突（Arreguín-Toft, 2001）。在俄羅斯的案例中，莫斯科不對稱地主導中歐。在美國的案例中，華盛頓不對稱地主導拉丁美洲（是為門羅宣言的延續）。[2]然而，兩者不同的是小羅斯福總統要從巨棒外交轉變成好鄰居政策的主張，這是二十世紀強權走向非對抗性的國家不對稱關係的第一步。該政策假定要在有不同國際潛力的國家間創造一個較友善的關係，在政治與經濟上皆然（Finnmore, 2003: 17-18）。

　　分析不對稱時應界定他的標準以讓我們能將特定的國際關係類型分類為不對稱關係。這包含硬實力和軟實力。然而，我們應該注意不可能在只

---

[1]　關於二次大戰後勢力範圍的問題之經典分析請見Gardner（1999）。

[2]　門羅宣言之分析請見：Dobrzycki（1996: 81）。

比較權力潛力的基礎上就能界定不對稱,這會誤導大眾。舉例來說,全球行為者像是美國、俄羅斯、中國,以及歐盟對全球其他國家都有像獨裁者一樣的優勢。然而在現實中,區域性的強權也可能在國際關係中有話語權。即使是那些不單獨行動而試圖組成聯盟以促進自己地位的國家。同時,歐盟的案例也顯示權力可以是以軟性特質為主的,像歐洲的硬實力就僅限於經濟。

貳、國家權力以及其在國與國不對稱關係中的重要性

定義國家權力並沒有一個普世的公式。首先,硬實力的組成要件中有些可能是無益的,甚至在整體權力評估上來說可能會產生問題。其次,軟實力在權力方程式中一直是不可能被量化的。然而,這並未讓發展模型以衡量一國的權力變得不可能,Ray Cline測量國家權力的公式就是一個案例。

國家權力=(人口與領土+國家經濟潛力+國家軍事潛力)×(一致性的計畫,國家戰略,社會的意志力)(Cline, 1980: 211)。

這個公式可由William Inboden(2009)的意見加以補充,他指出國家權力的五項基本特質:物質上的資產、相關的、累積性的與可再生的特質、在互動的政治文化中可以產生的作用,包括如政府型態、社會互信與風氣(不排除宗教的影響力)等因素,以及領導力。同時也請別忘了在全球化與科技進步的時代中,國際關係的變動讓衡量國家權力成為一種動態的途徑。如同Joseph S. Nye(2012: 17)指出兩個基本改變:權力在國家之間重新分配,且逐漸分散而因此對非國家行為者有益。這些改變加上科技演化的動能推動全球化前進。但是,對國家行為者和非國家行為者而言,這些改變的政治後果並不相同。

表11-1　比較美國、臺灣以及波蘭硬實力中最具代表性的要件
　　　　（到2014年為止）

	領土 （平方公里）	人口	軍隊大小	國民生產毛額 （美金）	平均國民生產 毛額（美金）
美國	9,857,306	310,000,000	1,500,000	17.7×10 21	48,100
臺灣	36,000	22,900,000	215,000	529.6×10 9	22,637
波蘭	312,000	36,200,000	100,000	413.3×10 9	15,100

資料來源：作者整理自Trading Economicz, World Economic Outlook Database, International Monetary後自製。http://www.tradingeconomiics.com/。

　　當分析美國和臺灣或美國和波蘭的不對稱關係時，他的不平衡是壓倒性的。就人力資本、天然資源，以及軍力，或甚至地理情況來說美國的權力都是無須討論的（見表11-1）。

　　波蘭的主要經濟夥伴包括德國、俄羅斯，以及中國。不同的經濟潛力讓波蘭落在美國經濟夥伴名單的遠端。波蘭的經濟遠不如都是以創新及新科技為主的美國或臺灣發達。波蘭同時也有陷入中等收入陷阱的風險（Zybertowicz, 2014）。同時，臺灣高度發展的經濟幫助建立臺北在地區和與美國關係中的地位，讓臺灣成為美國主要的經濟夥伴之一。

　　至於軟實力的部分，一個主要要件是社會的教育程度以及教育體系與勞工市場的相關性。另一個值得一提的要件是社會的組織及既存的社會政治體系與管理、政治菁英、與國家發展策略的品質是密切相符的（見表11-2）。

　　在教育政策方面臺灣似乎做得比波蘭好。看一下全球大學評比指南，十大最好的學校都來自美國或英國（QS World University Rankings, 2015）。波蘭的大學在400到500名間，而臺灣的大學已經可見於百大。舉例來說，臺灣大學全球排名第70，而亞捷隆大學是第411名（QS World University Rankings, 2015）。這是良好規劃與執行教育及經濟政策以讓教育部門與勞動市場需求相關的結果。在波蘭的案例中我們可以看到為外國

表11-2　比較美國、臺灣以及波蘭軟實力中最具代表性的要件
　　　　（精選主觀要件）

	政治體系	主要經濟行為	社會模型	最重要的經濟部門以及就業分布	在國際關係中的地位
美國	共和、民主	自由	基於多元文化、公民權利、以及自由的自由社會	現代科技、電子、電信、農業、機械業、採礦業 就業： 農業1.2% 工業19% 服務業80%	全球超級強權
臺灣	共和、民主（1990年）	國家干預主義	深受儒家影響、平等主義社會	現代科技、電子、電信、資訊科技 就業： 農業2% 工業30% 服務業68%	模糊的國際地位
波蘭	共和、民主（1989年）	私人財產為主但政府大量干預	自由社會、深受基督教價值的影響	礦業和重工業、農業 就業： 農業：12.4% 工業26.2% 服務業61.4%	歐盟和北大西洋公約組織的成員，中型歐洲國家

資料來源：作者自製

市場需求而教育的趨勢，大量年輕與高教育移民證實了這一點（2000到2015年有200萬移民，單2015年就有120萬宣稱要移民）。[3]不同於臺灣社會有很高的資訊科技能力，波蘭社會還停留在一般中歐國家的平均水準。

　　理性的管理公共經濟是另一個反應不同社會與經濟發展策略的有趣議題。1950年代臺灣的改革，基於美國財政與物質上的支持，替發展基於科技先進的現代性與創新性經濟開創了一條道路。波蘭的自由經濟市場，雖然有增長的發展潛力，仍然在追趕高度發展國家的階段。當然，波蘭市場和經濟的發展脈絡與臺灣的發展脈絡並不相同。不同於臺灣，波蘭在1945年後是東方陣營的成員，必須接受中央計畫經濟模型和所有災難性的結果。1989年之後的轉型期間並未有美國在財務上或物質上的援助。然而，波蘭經濟轉型的結果應被以正面的眼光看待。該轉型開啟了以小型和中型企業為基礎的經濟（和臺灣的案例類似）。然而，與臺灣的經濟不同，波蘭經濟並不是基於資訊和通信科技產業或電子業，而在2009年其創新程度位居為歐盟的第23位。[4]

　　兩個分析案例的外交活動都具有地區集中的特性。在臺灣的案例中，這是其國際地位的自然結果。在波蘭的案例中，這是其經濟挑戰和拓展國際活動領域之能力有限的結果。我們應該要強調，臺灣和波蘭都在強大鄰居的陰影底下。對波蘭來說是俄羅斯，對臺灣來說就是中國大陸。波蘭在1989年成功改變其地緣政治上的情勢並加入了歐盟和北約，臺灣的情況則是更加複雜。臺灣的國際地位是由美國和中國雙方協議所規範（1972年的上海公報），其國際安全是由華盛頓保證。波蘭可以參與國際組織的程序，但臺灣，儘管有可能，卻仍不是聯合國的一員。所有的會員身分（在世界貿易組織、亞太經合會、國際衛生組織，以及國際民航組織各有不同

---

[3]　根據波蘭中央統計局的資料，2014年有兩百萬波蘭人成為移民，有35%的年輕波蘭人（18至24歲）考慮移民。主要是因為「老」歐盟國家提供較高的薪資。這些國家也是波蘭人的主要移民地點。請參看Kowanda（2014）。

[4]　波蘭的經濟，以及匈牙利、希臘，以及葡萄牙同為歐盟四個官方的創新評比類別中的第三位，請參看Wojtas（2013: 608）。

的名稱）很大程度是世界主要強權（中國和美國）妥協的結果。和中國的
經濟合作架構協議（ECFA）仍具高度爭議性，因為這是由兩大基金會的
董事長，江丙坤代表海基會，陳雲林代表海協會所簽訂的，很難被視為是
國際活動（Chen, 2010: 15-30）。臺灣的地位被形容為非主權領土（Taipei
Times, 2013）。但波蘭在地區上的活動仍需考慮俄羅斯對其主權的潛在威
脅。[5]

　　華盛頓和華沙關係與華盛頓和臺北關係在硬實力上的不對稱性是明顯
的。美國是具不可匹敵之經濟潛力的強權，波蘭和臺灣都一定程度地依賴
美國的政治制定者。臺灣地緣戰略的位置是美國在東亞和太平洋地區之安
全基礎建設的重要要件，也是臺灣國際政治的資產。波蘭的戰略位置於蘇
聯垮臺後在北約擴張的脈絡下變得有趣。臺灣是美國前10大最重要的貿易
夥伴。[6]波蘭是排名在美國出口的第19位，在美國進口的第11位。[7]因此，
在比較三個國家的權力潛力，雖然美國有明顯的優勢，波蘭和美國與臺灣
和美國的不對稱性本質上是十分不同的。臺灣經濟是其地理位置的有效補
充品，但波蘭只有在大型的多方架構像是歐盟或北約內才是一個重要的角
色。

參、美國在亞洲和歐洲的安全體系之內的臺灣與波蘭

　　不對稱不需要被詮釋為霸權或是霸主，特別當我們將國際關係更大的
景象考慮進去。在美國和臺灣或美國和波蘭關係中，不對稱應被視為是強

5　一個有趣的類比是，二次戰後波蘭的地位也很大程度地由外國勢力間的協議主導。

6　該數據乃基於臺美入口網站，最新資訊請見http://www.ustaiwanconnect.org/US-Taiwan-Relations/Trade。

7　該據數乃基於波蘭外交部資料，最新資訊請見Polish Foreign Ministry (2013)。

權保證較小、較脆弱卻是重要盟友的國家的安全。在臺灣的案例中，上海公報（1972）、臺灣關係法（1979）以及臺灣政策法（2013）[8]形成了美國在該島嶼的安全保護傘的基礎。[9]因此，臺灣在國際層面的能見度是強權政治的運作和臺美不對稱的本質。[10]在波蘭的案例中，1989年之後的主權是無庸置疑的，他不再是依附於其他行為者的國際協定之下，如同在布涅茲洛夫主義下的情況。[11]然而，在加入北約以及之後的歐盟後，波蘭才可以開始有效地使用他的地區性潛力。若將俄羅斯在蘇聯瓦解之後敦促中歐保持中立一事納入考量，若非在1990年代加入美國聯盟並敦促北約東擴，波蘭現在的地緣政治現實不可能存在的。美國和臺灣以及美國和波蘭的不對稱關係的本質都是在保證較小行為者的主權與國家安全。因此，這不對稱是在展現美國的權力以保障臺灣作為非主權領土的存在，以及在北約架構內的波蘭主權。在臺灣的案例中，模糊的法律地位是由臺灣海峽的政治運作或關係做支撐，在波蘭的案例中1990年代的現實開啟了合法地重整中歐的政治空間。

　　不同於歐洲，美國二十世紀在亞洲並未設法發展一個一致性的多邊安全架構。東南亞條約組織（SEATO）的結果是完全失敗，而美國在越南的失敗動搖了華盛頓在該地區的可信度。現今美國對東南亞的雙邊路線是歷史環境（反共產圍堵策略以及冷戰時期與蘇聯的競爭）與多個區域性行

8　關於上海公報之內容與評論請見：http://www.stosunkimiedzynarodowe.info/haslo,komunikat_szanghajski. Latest update 16 January 2015；臺灣關係法：http://www.ait.org.tw/en/taiwan-relations-act.html. Latest update 01 January 2015；臺灣政策法案：http://foreignaffairs.house.gov/bill/hr-419-taiwan-policy-act-2013. Latest update 01 January 2015。

9　請參看Bullard (2007: 284); Historical Office. Congress. Senate. Committee on Foreign Relations (1957: 945).

10　關於臺灣國際地位請見：Antonowicz（1997: 42）。

11　1968年蘇聯入侵捷克斯洛伐克人後被提出的概念。根據該主義，企圖脫離蘇聯是被視為外國意識形態對東方陣營的入侵，華沙公約組織在這種情況下對該國進行干預將具有正當性。有趣的是，該主義被一些其他不屬於華沙公約組織的共產主義國家如中國譴責。

為者既有之對抗關係的結果（Gaddis, 2007）。最後華盛頓發展出以紐西蘭、澳洲、日本、臺灣和南韓為主的雙邊同盟網絡。

　　在臺灣案例中，在被降級為「反叛省」後，美國的政策乃基於臺灣安全加強法，保證美國在軍力和科技對臺灣的支持。這個戰略有兩大挑戰。第一個是臺灣自己宣布完全獨立。這種路徑，最常與陳水扁政府及民進黨在兩個任期內的立場相關，存在著與中國公開衝突的風險（Hung, 2011: 435-439）。宣布獨立會讓華盛頓在對北京關係上陷入一個非常具挑戰性的情況。[12]另一種則是中國逐漸在經濟上與臺灣糾葛，最終達成經濟與政治整合。美國外交限制了馬英九和國民黨在這方面的做法（Lo, 2010）。然而，臺灣往中國的勢力範圍移動會逐漸地削弱美國在確保臺灣安全方面的行動。不對稱關係會對臺灣有利，因為美國將無法干預北京－臺北在ECFA底下的經濟整合，當然整合的進程被2014年的太陽花運動阻擋，這兩面的挑戰讓臺灣成為美國在東南亞安全體系中特別的案例。一方面美國保證臺灣的存在，另一方面若臺北發展自己對中國的國家政策則美國也可能成為受害者，這是很弔詭的，但從美國的觀點來看，維持現狀這個選項讓華盛頓能有臺海穩定的願景。

　　不同於亞太地區，歐洲安全是由北約這個多邊同盟來保護。在冷戰之後，該同盟經歷了顯著的進化，不僅包括接受新成員，也在1999年改變戰略（華盛頓宣言）。協議重新定義的目標強調二十一世紀安全挑戰的複雜性。這包括政治、經濟、社會，以及甚至環境對會員國的威脅。因此，北約從傳統的防禦性協議演化成擴大利益範疇，包括成為一個在會員國領土外的進行軍事協助行動的政治和軍事的組織（NATO Press, 1999）。第一個大型的干預是科索沃（1999），接著是阿富汗（2001，駐阿富汗國際安全援助部隊）、蘇丹（2005，達佛）以及最後在利比亞（2011，聯合保護行動）。身為完全會員（從1999年開始），波蘭受到協定安全體系的保護。然而，根據北約的戰略目標，會員同時也牽涉一些義務（Polak and

---

[12] 關於臺灣宣布獨立對美國的潛在後果請見：Council on Foreign Relations（2000）。

Joniak, 2013: 356-370）。美國—波蘭合作是北約會員集體責任的運作，美國在協定中的領導性角色，波蘭的國家安全是由整個協定的架構所保證的。

在臺灣和波蘭的案例中，美國在區域安全中參與的形式和規模也是一個問題。從美國的觀點來看，波蘭只是協定當中的一員。從波蘭的觀點來說，雙邊關係不會比協定內的多邊義務不重要。舉例來說，波蘭會有興趣歡迎美國在波蘭的土地上駐軍。但在美國在認知在波蘭駐軍的可能性上不只考量安全問題（增加軍力並不會被理解為更多的安全），也考慮到其與俄羅斯的關係（俄羅斯總是以負面的方式反應美國在其邊境附近部署軍隊）。因此，美國在波蘭國家安全方面的參與形式和規模是其對北約的義務及其與俄羅斯的關係作用下的結果。在這種情況下，對波蘭來說，描述美國支持的基本文件為2008年簽署的戰略合作宣言。這是兩國戰略對話的基礎。2011年波蘭國防部與五角大廈雙方的備忘錄補充了關於波蘭和美國空軍在波蘭領土的合作。這為美國F-16和C-130飛機在波蘭領土上輪調駐軍開啟道路。2010年在里斯本舉行的北約高峰會上，機動性分層戰區導彈防禦計畫（Active Layered Theatre Ballistic Missiles Defense, ALTBMD）被接受成為協定的安全基礎建設的一部分。這包括2018年在波蘭的軍事基地。最後，2014年俄羅斯在烏克蘭的活動正面地影響美國與波蘭在歐洲安全基礎建設方面的合作。美國不只宣布已經準備好要保護其歐洲的盟友，也增加在波蘭聯合軍演的駐軍和強度。[13]

在臺灣的案例中，我們不能提及美國的駐軍。然而，在臺灣關係法與臺灣政策法案的基礎上，臺灣是美國軍事科技的主要接受者之一。美國在臺灣關係法下的軍事援助達120億美金。吳釗燮評論臺灣關係法是臺灣領

13　關於波蘭外交部在該議題上的官方態度請見波蘭外交部：https://www.msz.gov.pl/pl/
polityka_zagraniczna/inne_kontynenty/ameryka_polnocna/stosunki_dwustronne_ameryka_
pln/polsko_amerykanskie_stosunki_dwustronne;jsessionid=30615330C53F1FB4EC7DC9A0
07915DDF.cmsap1p . Latest update 16 January 2015。

土完整的基本價值。他也指出在臺灣的政策應將資金分配到：1.增加中山科學與科技中心的支出至3%的總預算，並強調火箭和飛彈計畫；2.增加網路安全，尤其是在與中國進行事實的網路戰的脈絡上；3.發展潛艇艦隊；4.全面性的與美國發展合作（Wu, 2014）。從美國的觀點上來說，美中雙方在1982年的公報中提到提供臺灣國防科技一事在上述的脈絡中扮演重要角色。[14]在這個基礎上，美國企業可以以純商業條款供應臺灣武器（直接商業銷售）。這會允許繞過外國軍事銷售架構下的武器包裹體系（Hu and Kuo, 2010）。美國在2010年宣布要針對這件事進行調整，欲抵消來自中國的政治反彈。

在中華民國的政治改變（民進黨的崛起以及對國民黨的支持降低）幫助美國可在臺灣的國家安全上更具彈性。2015年12月歐巴馬政府宣布要為未來四年提供臺灣最新一代價值18億3000萬美金的國防科技做好準備（Cameron, 2015）。美國將其視為強化臺灣國防安全以及穩定臺海情勢的作法（Cohen, 2015）。中國立即以該決定是威脅中國利益的評論反擊。中國會制裁即將參與其中的美國企業。歐巴馬的決定意味著美國更堅定的支持臺灣的國家安全。這也是一個來自華盛頓的明確訊息，即美國將臺灣視為亞太地區的主要夥伴。同時北京採取報復手段並不會造成美國的困擾。

關於美國在亞太地區安全政策的不對稱應該被放在缺乏地區多邊安全體系的脈絡下來看。亞太地區的安全架構反而都是基於雙邊協定。臺灣是美國其中一個主要的盟友。美國近期決定強化其維持一個自主的地區行為者的意向。在這樣的脈絡下，不對稱性是被放在雙方關係的脈絡以及臺灣依賴美國保證臺灣安全的結果。在波蘭的案例中，不對稱性較不明顯，因為波蘭是歐洲多邊架構的一部分。然而，對北約成員的安全的在地化威脅定義哪一個北約成員較仰賴北約保障方面扮演重要角色。在這個脈絡下我們應該強調，俄羅斯與烏克蘭的衝突只是同盟必須面對的許多安全挑戰之

---

[14] 1982年美國與中華人民共和國聯合公報，請參看 Joint Communque of the United States and the People's Republic of China (1982)。

一而已。然而，美國對歐洲安全的態度可能顯示，仍然在北約的架構下，未來美國可能更傾向在波蘭的邊界內或其他鄰近地區配置更多安全方面的政策。

肆、美中關係與美臺關係的不對稱性

在美臺不對稱性脈絡下的美中關係應被放在更大的美國亞太政策的脈絡下來看。

一般來說，歐巴馬政府缺乏明確的國際關係和國家安全政策主義。雖然試著要和他的前任總統不同，歐巴馬總統並不想以自己的主義取代布希主義（The New York Times, 2007）。在實際運作上，歐巴馬的方法缺乏一個優先計畫清單，讓他所宣稱的聰明且有意識地開發美國權力僅止於美國外交政策的重新概念化，而非一個具有一致性的新計畫（Dionne, 2009; Brzeziński, 2010）。結果，美國變成被動回應中國在經濟上和地緣政治上的和平崛起，而不是主動地制定自身對北京的獨立政策（Brzeziński, 2010: 27）。在這個脈絡下，我們或許可以分析美國在亞洲的再平衡戰略。該政策乃基於增加在澳洲和新加坡的駐軍，使得美國在面臨國防預算刪減時，在亞太地區的駐軍變得更具彈性，以及在未來幾年加入東協高峰會和促進跨太平洋夥伴關係成為一個經濟架構（Manyin et al., 2012: 1）。

美國在亞太地區緩慢地由領導者的地位演進成為穩定者（Wang, 2014: 3）。Wang Hongang（2014: 3）認為這是美國權力漸衰以及將國際政治的中心由大西洋重新定位到太平洋的結果。若將逐漸增長的中國影響力納入公式中，這個地區的權力平衡逐漸變得不那麼單邊。因此美國被迫接受北京是一個夥伴而不只是另一個具有野心的地區行為者（Bergstern, 2008）。在這種情況下北京自然期望華盛頓更能理解中國在地區的野心並依據中國的需求調整美國政策。未來地區的經濟發展將幫助進一步發展兩國間的互賴關係，讓中國的存在成為亞洲繁榮的中心要素。值得強調的

是，北京認為自己的倡議是在補足現行的地區合作架構如APEC、東亞高峰會、香格里拉對話。從中國的觀點來看，確保地區長期的穩定是有幫助的，即使中國人民解放軍的國防潛力持續擴大的這個事實可能在長遠的未來進一步平衡美國在東亞地區的存在（Heath, 2014）。

因此，如果比較美國對亞太的態度，強調價值（至少在口頭上），以及中國強調穩定（當然是根據自己的需求），我們可以發現中國在維持權力方面是利用美國在亞洲的存在，而美國是努力的要保存其早期在地區中的地位（Kaplan, 2010）。這特別和美國以地區安全提供者的角色介入地區有關。同時，基於多邊而非單邊的地區關係架構降低了美國優勢的隱憂。這個要素對分析美國和其地區性夥伴，包括與臺灣的不對稱關係是非常重要的。

某個程度來說，臺灣對兩大強權有相同的重要性。2005年中國公告的反分裂法是將臺灣視為中國內部事務的一部分。這表示必要時將以武力反對任何改變臺灣地位的嘗試。[15]更大程度上來說，這是中國區域性政治的結果，維持現狀是當中國武力持續成長，唯一符合現實且華盛頓可以接受的選項（Wei, 2010）。這種情況引發一個問題，若臺灣宣布獨立，美國會如何回應？考量規範臺灣地位的文件是在臺灣沒有參與的情況下宣布的（中國反分裂法及美國規範和臺北關係的法案），簽署者被迫要加以回應。另一個問題則是美國是否有能力在中國入侵的情況下防禦臺灣（Schlapak et al., 2009: XVI）。根據RAND智庫專家的說法，這個問題會被簡化計算臺灣是否值得美國承諾並且揚棄與中國的的和解關係。另一個問題則是將臺灣拉入中國經濟軌道的臺北—北京ECFA。在臺灣地位一事上，美國的立場是特別的複雜。「失去」臺灣可能被解讀為美國在整個區域中逐漸弱化的跡象。就像在輸掉越戰的案例可能造成美國在盟友眼中失去可信度。

在更廣的脈絡下，臺灣的地位是由逐漸對稱的美中關係決定的。中國

---

[15] 反分裂法，請參看 Mission of the People's Republic of China to the European union(2005)。

試圖發展一個政治現實，也就是中國與美國在妥協的基礎上可以在一個架構內彼此相互互補。這個妥協必須包含放棄美國在亞太地區的一些概念，包括堅持臺灣的地緣政治地位。因此，中國的野心要讓美國完全的接受中國對臺灣問題的認知。美國在2015年的決定顯示這件事對華府不是次等重要的。華盛頓似乎會將臺灣牌視為對稱關係中的中心要件。

伍、美國、俄羅斯關係以及美國、波蘭的不對稱關係

　　顯然，波蘭的地區性潛力不及俄羅斯或美國的全球潛力。普丁總統的政策是基於重建俄羅斯之潛力與影響力的抱負。傳統俄羅斯利益範圍，中歐和波羅的海國家，已因蘇聯的瓦解而失去。從那時候起，俄羅斯的意向包括維持緩衝國如烏克蘭和白俄羅斯的獨立性。他不接受任何在他鄰近國家有支持西方國家的野心，這些國家可能參與不是由俄羅斯發起的聯盟對給俄羅斯政治帶來不穩定。然而，做為一個對其他地區有利益的全球強權，如中東，在某些情況下俄羅斯的利益可能最後變得與歐洲的利益互補。

　　烏克蘭戰爭為波蘭的外交注入活力。華沙試圖支持基輔的主權意願。然而俄羅斯被未將波蘭視為軍事或經濟上的威脅（Kowalczyk, 2015）。俄羅斯的宣傳完美地利用了歷史因素，其正好是波蘭的民主弱點之一。俄羅斯的假象，展現出波蘭是一個具攻擊性但缺乏政治力量，正好呈現出俄羅斯是唯一在東歐的穩定力量，而這段歷史對俄羅斯正在進行的政治活動提供有力地的背景。然而，美國在波蘭的駐軍可能成為北約─俄羅斯關係中重要的議題。傳統上來說，在俄羅斯邊境的軍事上的駐軍（以任何一種軍事基地來說）會被莫斯科解讀為干預內部事務以及安全上的威脅（Blair, 2015）。

　　就算移動小部分美國在波蘭的駐軍也會大幅地複雜化情勢。這點由俄羅斯抗議美國在立陶宛、拉脫維亞、愛沙尼亞、波蘭、保加利亞、以及羅

馬尼亞有儲存重型軍用設備的基地中獲得證明。俄羅斯公開地暗示這樣的
活動違反了1997年北約—俄羅斯的協議，該協議指出聯盟確認不會在來自
中歐的新興成員國內部署軍事設備（NATO Russia Summit, 1998）。為了
證明俄羅斯的良善意圖，莫斯科指出他已經和平地將其軍力從中歐和波羅
的海國家中撤出。

　　對波蘭來說，在緊急時可以移動來支援波蘭武力的美國軍事支持將提
振其在北約架構內的地位，就國家安全來說也是對莫斯科—華沙關係的正
面發展。2015年波蘭和美國關於美國在波蘭部署軍事設備的協議是一個強
烈的訊號，也就是美國，雖然有所保留，但將這一部分的歐洲包括波蘭視
為自身安全體系的重要要素（Traynor, 2015）。除此之外，2016年7月在華
沙舉行的北約高峰會將進一步展現波蘭在聯盟中的永久性地位。[16]

　　因此，波蘭只是集體安全協定鏈中的一環。在協定中波蘭可能強化其
自我防禦的能力。就這方面來說，美國的軍力是最重要的，特別就軍事基
地部署上而言。然而，我們應該強調就美國的觀點來看，波蘭仍是與俄羅
斯有關的議題。美國和波蘭的不對稱本質是更大脈絡下的莫斯科和華盛頓
關係的結果，雖然華沙或多或少對羞辱了俄羅斯的政治。這讓波蘭更常是
俄羅斯—美國政治關係的客體而非主體。無論如何，當俄羅斯越來越被美
國視為是安全威脅，美國和波蘭的關係可能會逐漸地有利於華沙。

陸、結論

　　在兩個不同但相似的案例中我們分析了非對抗的不對稱性。臺灣和波
蘭的硬實力與軟實力潛力非常不同，如同他們的法律地位也非常不同。然

---

16 美國總統選舉一直在美國外交政策上扮演重要角色。然而，從軍事圈傳來的訊號是令
人不安的。聯合參謀長提名人Joseph Danford指出，俄羅斯是美國國家安全的主要軍事
威脅。他倡議支持烏克蘭是回應此威脅的適當方式。這對波蘭有一個明顯的後果，就
是成為歐洲和俄羅斯的另一個緩衝國。

而，依賴美國同盟和鄰近國家的威脅讓他們的部分行為值得被比較。看起來較弱的臺灣在美國的支持下可以成為經濟動源並極小化中國的負面影響。波蘭在某個程度來說透過加入歐盟（增加經濟的潛力）以及北約（增加國家安全，大多基於美國的軍事潛力）也達到一樣的效果。不同於一般的假定，在兩個案例中證明了不對稱性對方程式中較弱的一方是得利的。同時證明了不對稱性可能對較強的一方產生負擔，如較弱一方的易變行為可能對美國在地緣政治的複雜情勢中之利益產生負面影響。

參考書目

英文文獻

Antonowicz, L. 1997. "Status prawnomiędzynarodowy Republiki Chińskiej na Tajwanie." in Edward Haliżak. ed. *Tajwan w stosunkach międzynarodowych*: 33-43.Warszawa: Scholar.

Arreguín-Toft, Ivan. 2001. "How the Weak Win Wars, a Theory of Asymmetric Conflict." *International Security* 26, 1: 93-128.

Bergstern, C. Fred. 2008. "A Partnership of Equals." *Foreign Affairs* 87,4: 57-70.

Blair, David. 2015. "Russia Condemns 'Aggressive' US Plan for Tanks in Eastern Europe." *The Telegraph* 15 June 2015. in http://www.telegraph.co.uk/news/worldnews/europe/poland/11675648/Russia-condemns-aggressive-US-plan-for-tanks-in-Eastern-Europe.html. Latest update 18 February 2016.

Brzeziński, Z. 2010. "From Hope to Audacity, Appraising Obama's Foreign Policy." *Foreign Affairs* 89, 1: 16-30.

Bullard, Monte R. 2007. *Strait Talk: Avoiding a Nuclear War between the US and China Over Taiwan*. Monterey:Monterey Institute of International Studies.

Cameron, Doug. 2015. "U.S. Clears Weapons Sale to Taiwan." *The Wall Street Journal*. 16 December 2015. in http://www.wsj.com/articles/u-s-clears-weapons-sale-to-taiwan-1450291541. Latest update 16 December 2015.

Chen, Ming-tong. 2010. "China's Strategy Toward Taiwan." in Chih-Cheng Lo. ed. *Deconstructing ECFA, Challenges and Opportunities for Taiwan*: 15-30. Taipei: Taiwan Brain Trust Press.

Cline, R.S. 1980. *World Power Trends and U.S. Foreign Policy for the 1980's*. Boulder : Westview Press.

Cohen, Zachary. 2015. "U.S. Sells $1.83 Billion of Weapons to Taiwan despite Chinese Objections." *CNN Politics*.17 December 2015. in http://edition.cnn.com/2015/12/16/politics/u-s-taiwan-arms-sales/. Latest update 17 December 2015.

Council on Foreign Relations. 2000. "If Taiwan Declares Independence and China Reacts with Force, On Whom Should the US Lean Harder?" 19 April 2000. in http://www.cfr.org/asia-and-pacific/if-taiwan-declares-independence-china-reacts-force-whom-should-us-lean-harder-china-taiwan/p3628. Latest update 16 January 2015.

Dionne, Jr. E.J. 2009. "The Obama Doctrine in Action." *The Washington Post*. 16 April 2009. in http://www.washingtonpost.com/wp-dyn/content/article/2009/04/15/AR2009041502902.html. Latest update 16 January 2015.

Dobrzycki, W. 1996. *Historia stosunków międzynarodowych w czasach nowożytnych, 1815-1945*. Warszawa: Scholar.

Finnmore, M. 2003. *The Purpose of Intervention, Changing Believes about the Use of Force*. New York: Cornell University Press.

Gaddis, J.L. 2007. *Strategie powstrzymywania* Książka i Wiedza: Warszawa.

Gardner, L.C. 1999. *Strefy wpływów, wielkie mocarstwa i podział Europy*. Warszawa :Książka i Wiedza.

Heath, Timothy R. 2014. "China and the US Alliance System." *The Diplomat*. 11 June 2014. in http://thediplomat.com/2014/06/china-and-the-u-s-alliance-system/. Latest update 16 January 2015.

Historical Office. Congress. Senate. Committee on Foreign Relations. 1957. *American Foreign Policy. 1950-1955 Basic Documents.*Washington D.C.: U.S. Government Printing Office.

Hung, Chien-chao. 2011. *A New History of Taiwan.* Taipei: Central News Agency.

Inboden William. 2009. "What Is Power? A Bold New Design for a Master Metric of National Power." *The American Interest.* 52 1 November 2009. in http://www.the-american-interest.com/2009/11/01/what-is-power/. Latest update 17 December 2015.

Hu, Zep and Deborah Kuo. 2010. "U.S. Arms Sales to Return to Normal Track: Taiwan Official." *TheGlobalSecurity.org.* 26 August 2010. in http://www.globalsecurity.org/wmd/library/news/taiwan/2010/taiwan-100826-cna01.htm. Latest update 16 January 2015.

Joint Communiqué of the United States of America and the People's Republic of China.1982. in http://www.ait.org.tw/en/us-joint-communique-1982.html. Latest update 16 December 2015.

Kaplan, R. 2010. "The Geography of Chinese Power, How Far Can Beijing Reach on Land and at Sea." *Foreign Affairs* 89, 3: 22-42.

Kowalczyk, Adam. 2015. "Polityka Polski wobec Ukrainy w 2014 r.-próba bilansu." *Biuletyn OPINIE FAEA micus Europae* 10 February 2015. in http://fae.pl/biuletynopiniefaerpukraina2014. pdf. Latest update 17 December 2015.

Kowanda, C. 2014. "CBOS: 35 proc. młodych Polaków rozważa emigrację." *Polityka.* 5 December 2014. in http://www.polityka.pl/tygodnikpolityka/rynek/1601651,1,cbos-35-proc-mlodych-polakow-rozwaza-emigracje.read. Latest update 16 January 2015.

Lo, Chih-Cheng C. and Tien-Wang Tsaur. ed. 2010. *Deconstructing ECFA, Challenges and Opportunities for Taiwan.* Taipei: Taiwan Brain Trust Press.

Manyin, Mark E. et al. 2012. *Pivot to the Pacific? The Obama Administration's*

Rebalancing Toward Asia. Washington D.C.: Congressional Research Service.

Mission of the People's Republic of China to the European Union. 2005. "Anti-Secession Law." in http://www.fmprc.gov.cn/ce/cebe/eng/zt/gs/t187130.htm. Latest update 16 December 2015.

NATO Press. 1999. "The Washington Declaration." *NATO Summit* 23 April 1999. in http://www.nato.int/docu/pr/1999/p99-063e.htm. Latest update 16 January 2015.

NATO Russia Summit. 1998. "The Founding Act on Mutual Relations, Cooperation and Security between NATO and the Russian Federation." in http://www.nato.int/cps/en/natohq/official_texts_. Latest update 16 December 2015.

Nye J.S., Jr. 2012. *Przyszłość siły.* PWN: Warszawa.

Polak, A. and J. Joniak. 2013. *Sztuka Wojenna.* Warszawa: Akademia Obrony Narodowej.

Polish Foreign Ministry. 2013. "Poland-US Trade Talks." in http://www.msz.gov.pl/en/news/poland_us_trade_talks. Latest update 5 December 2014.

QS World University Rankings. 2015. in http://www.topuniversities.com/university-rankings/world-university-rankings/2015#sorting=rank+region=+country=+faculty=+stars=false+search=. Latest update 16 December 2015.

Schlapak David A. et al. 2009. *A Question of Balance, Political Context and Military Aspects of a China-Taiwan Dispute.* Santa Monica, CA: RAND Corporation, National Security Research Division. in http://www.rand.org/content/dam/rand/pubs/monographs/2009/RAND_MG888.pdf.Latest update 16 January 2015.

Taipei Times. 2013. "US Passes Law Supporting Taiwan ICAO bid." *Taipei Times* 14 July 2013. in http://www.taipeitimes.com/News/front/archives/2013/07/14/2003567056. Latest update 16 January 2015.

Traynor, Ian. 2015. "US and Poland in talks over Weapons Deployment in Eastern Europe." *The Guardian* 14 June 2015. in http://www.theguardian.com/

world/2015/jun/14/us-poland-weapons-deployment-eastern-europe-russia. Latest update 18 February 2016.

The New York Times. 2007. "Democratic Presidential Debate on NPR." *The New York Times* 4 December 2007. in http://www.nytimes.com/2007/12/04/ us/politics/04transcript-debate.html?pagewanted=7&_r=0. Latest update 16 January 2015.

Wang, Hongang. 2014. "With Great Power Comes Great Responsibility." Konrad Adenauer Stifftung Dicussion Paper.

Wei, Chunjuan Nancy. 2010. "China's Anti-Secession Law and Hu Jintao's Policy." *Yale Journal of International Affairs* 5: 112-127.

Wojtas M. 2013. "Innowacyjność Polskiej Gospodarki Na tle Krajów Unii Europejskiej." *Zeszyty Naukowe Uniwersytetu Szczecińskiego* 57: 605-617.

Wu, Jaushieh Joseph. 2014. "The Future of U.S.-Taiwan Relations." *The Diplomat* 14 May 2014. in http://thediplomat.com/2014/05/the-future-of-u-s-taiwan-relations/. Latest update 16 January 2015.

Zybertowicz, A. 2014. "Pułapka polega na zadowoleniu się widzialnym postępem i niedostrzeżeniu braku trwałych podstaw samodzielnego rozwoju." *W sieci* 9/2014. in http://wpolityce.pl/polityka/186963-pulapka-sredniego-rozwoju-pulapka-polega-na-zadowoleniu-sie-widzialnym-postepem-i-niedostrzezeniu-braku-trwalych-podstaw-samodzielnego-rozwoju. Latest update 16 January 2015.

US - Taiwan and US – Poland Non-Confrontational Asymmetry: a Comparative Analysis

Piotr Ostaszewski　　　　　　　**Full Professor**

Department of Political Studies　**Warsaw School of Economics**

Abstract

The article concerns the comparison of two cases of non-confrontational asymmetry in international relations: between Taiwan and the United States and between Poland and the United States. The author explores the differences and the common elements of both situations. The outcome provides a background for comparative studies concerning not only the international situation of Taipei and of Warsaw, but also an introduction to comparative approaches concerning political developments in Eastern Europe and East Asia.

Key Words: Asymmetry, United States, Taiwan, Poland, International Relations

國家圖書館出版品預行編目資料

虎口下的國家 —— 臺灣與波蘭／黃秀端,
Krzysztof Kozłowski編著. ——初版. ——
臺北市：五南, 2018.01
　　面；　公分
ISBN 978-957-11-9534-6（平裝）

1.國際關係　2.文集　3.臺灣　4.波蘭

578.2444　　　　　　　　106024370

1PUB

虎口下的國家 —— 臺灣與波蘭

主　　編 — 黃秀端（303.8）、Krzysztof Kozłowski

發 行 人 — 楊榮川

總 經 理 — 楊士清

副總編輯 — 劉靜芬

責任編輯 — 高丞嫻

封面設計 — 姚孝慈　謝瑩君

出 版 者 — 五南圖書出版股份有限公司

地　　址：106台北市大安區和平東路二段339號4樓

電　　話：(02)2705-5066　　傳　　真：(02)2706-6100

網　　址：http://www.wunan.com.tw

電子郵件：wunan@wunan.com.tw

劃撥帳號：01068953

戶　　名：五南圖書出版股份有限公司

法律顧問　林勝安律師事務所　林勝安律師

出版日期　2018年1月初版一刷

定　　價　新臺幣380元

※版權所有・欲利用本書內容，必須徵求本公司同意※